Marca personal

Cómo convertirse en la opción preferente

Madrid 2008

Marca personal

Cómo convertirse en la opción preferente

Andrés Pérez Ortega
Personal branding sherpa

BUSINESS&**MARKETING**SCHOOL
ESIC

Una marca consigue que algo ordinario
tenga un valor extraordinario.

Personas con marca que dejan marca a
diario en todo lo que hacen.

Gracias mamá, gracias Inma.

Gracias también a ti Raquel, por confiar.

© ESIC Editorial
Avda. de Valdenigrales, s/n
28223 Pozuelo de Alarcón · Madrid
Tel.: 91 452 41 00 · Fax: 91 352 85 34
www.esic.es

© Andrés Pérez Ortega
ISBN: 978-84-7356-557-8
Depósito legal: M. 41.945-2008
Cubierta: Gerardo Domínguez

Fotocomposición y Fotomecánica:
Anormi, S.L.
Doña Mencía, 39
28011 Madrid

Imprime:
Gráficas Dehon
La Morera, 23-25
28850 Torrejón de Ardoz · Madrid

Impreso en España

Índice

Prólogo
Marca personal, máximo valor de las personas

Fue Tom Peters quien puso en marcha el movimiento del personal branding, a través de un artículo aparecido en la revista Fast Company titulado "The brand called you". *Sus palabras, sin duda, aún suenan revolucionarias: "...cada uno de nosotros es el Director General de su propia empresa: YO, S.A. En el entorno laboral en el que nos ha tocado vivir, nuestro trabajo más importante es ser el principal vendedor de la marca que denominamos: YO, S.A." Para identificar su marca personal, Peters recomendaba a sus lectores que se preguntaran a sí mismos sobre aquello que los hacía diferentes al resto de la gente: "...quienes aspiran a tener marca deben preguntarse también cuales son sus principales fortalezas, sus rasgos más notables y aquello en lo que pueden aportar valor."*

En España, Andrés Pérez, introductor del concepto de marca personal es, sin duda, el profesional más destacado, influyente y apasionado de la marca aplicada a las personas. Impulsor y creador de la web de referencia de la marca personal en español (www.marcapropia.net), señala que: "Una marca personal necesita tiempo y persistencia para desarrollarse. Se basa en las percepciones que los demás tienen de cada uno. No puede exis-

tir aislada, necesita de los demás. La buena noticia es que, a partir de ahora, somos responsables de nosotros mismos. Ahora podemos, debemos descubrir nuestra marca personal y conseguir ser valorados. Si podemos sacar lo mejor de nosotros y comunicarlo, no sólo será bueno para nosotros sino para todos y todas los que nos rodean." Sus palabras, no dejan lugar a dudas: **estamos ante el libro más interesante sobre marca personal que encontrará en mucho tiempo**.

El valor de las personas vendrá por las habilidades "blandas". La capacidad de relacionarse, de transmitir innovación, de impulsar la singularidad personal. En definitiva, la diferencia estará en el desarrollo del branding personal. En la marca personal. Y esto no se aprende sólo en una facultad o en una escuela de negocios, eso lo da la práctica, impulsada y fomentada desde el descubrimiento de la marca personal.

La marca personal se encuentra entre los activos más importantes de una persona, es un aspecto intangible pero fundamental. Representa una serie de promesas, confianza, consistencia y sobre todo, un conjunto de expectativas. La marca personal ocupa un lugar en la mente de otras personas, se posiciona. Pero, implica mucho más que una táctica liderada por el marketing.

Para las personas, la gestión de su marca personal se transforma en fundamental. Las personas tienen que incorporar una visión de marca personal para establecer una clara ventaja competitiva. Nos encontramos, en definitiva, ante el momento de la marca personal. La cuestión fundamental está en superar la visión a corto, para pasar a tener otra a largo. O dicho de otra forma, dejar de hablar de la marca personal, como el futuro y empezar a plantear la manera de desarrollar la marca personal para que se haga eficaz en el futuro.

La idea más impactante siempre es la más sencilla. Para desarrollar una marca personal es, sobretodo, necesario una visión clara y convincente. Andrés Pérez ha condensado en este libro su visión sobre el descubrimiento y el desarrollo de la marca personal. Sencilla desde las claves para la puesta en marcha de la configuración de la marca personal. Convincente desde la presentación de los aspectos más relevantes para el desarrollo de la marca personal. Clara desde una perspectiva abierta, valiente y estructurada para abordar la creación de una estrategia de marca personal. Con su libro, Andrés Pérez, sobre todo, ha tratado de reflexionar y entretener. Proporcionando una visión que permite centrar el debate en lo fundamental: es posible. La marca personal es útil y práctica y, sobre todo, aumenta el valor de las personas. La marca personal es algo más que un activo personal, tiene una clara incidencia en la sociedad y se convierte en una forma de transformar nuestra sociedad.

Pronóstico: **estamos ante el libro de referencia de la marca personal en español**.

TOMÁS MARCOS
Estratega de Personal Branding
www.tomasmarcos.com / www.brandingpersonal.com

Los lectores opinan...

Desde el momento en que puse en marcha esta aventura entendí que no podía hacerlo solo. No quería convertirme en uno de esos expertos "top ten" que viven en una torre de marfil. Debía poner a prueba mis ideas y opiniones. Quería que otros me evaluasen, criticasen y opinasen sobre mis ocurrencias. Y así ha podido ser gracias a La Red, la blogosfera o una simple charla de café.

En todos estos años, han sido muchos los que me han acompañado, de forma anónima o directa. Su contribución desinteresada y brillante me ha permitido mantenerme centrado y no cometer más errores que los de mi propia cabezonería. Estos son los comentarios de algunos de ellos a los que estaré siempre agradecido:

Dos de los requisitos imprescindibles para poner en marcha un proyecto son creer en lo que haces y ser tenaz en su desarrollo. Éstas y otras muchas virtudes son las que han hecho posible que Andrés Pérez nos premie con la posibilidad de tener este libro en nuestras manos. La Marca

Personal, un concepto relevante en nuestra vida profesional y personal que el autor desmenuza para todos nosotros. No se lo pierda, no le dejará indiferente.

ANTONIO MARTÍN
Director General de Operaciones. El Economista

Andrés Pérez aporta una visión completa de la Marca propia, desde las bases teóricas de la disciplina hasta herramientas útiles para todo lector que desee desarrollar su marca personal.

NEUS ARQUÉS
Autora de "Y tú, ¿qué marca eres?"
y experta en marca personal. www.manfatta.com

Los pioneros se caracterizan porque exploran caminos nuevos. Como compañeros de viaje, siempre le acompañan riesgo e incertidumbre pero les animan su perseverancia y su pasión por hallar rutas alternativas; también han de ser valientes y generosos porque se exponen a la crítica de otros. Estas cualidades las posee Andrés que aquí, en su afán de abrir un espacio nuevo, nos ofrece una ventana de aire fresco en el modo de interpretar los que las personas podemos y debemos hacer.

Los que creemos firmemente en lo que aporta la asociación de marca-persona y conocemos lo que el proceso de crear ese vínculo conlleva, sabemos que esta propuesta no obedece a una moda más en el espectro del management empresarial, sino que es otra forma de entender la vida, aunando lo personal y lo profesional. Se nos sugiere un nuevo modo de vivir que, a la par que imprime carácter, transformará con seguridad nuestras vidas.

La oportunidad en el tiempo es propicia. Mercados, empresas, coyuntura y modelo socio-laboral exigen cambios profundos y urgentes. En este contexto, las personas, debemos de tomar la iniciativa, ser proactivos y pasar a ser protagonistas, en la confianza de que, modificando nuestra actitud y visión, mejoraremos nuestra empleabilidad de un modo permanente y continuo porque trabajaremos para nosotros mismos en empresas en las que, realmente, las personas se erigirán como una ventaja competitiva, diferenciadora, tangible y sostenible.

Opino que estamos en los albores de la creación de una nueva generación de hombres y mujeres satisfechos que comprenderán lo que quieren, que conocerán como alcanzarlo y que se automotivarán recorriendo el camino que ellos mismos han trazado.

JOSÉ ANTONIO MARTÍNEZ RÍOS
RRHH Profesionales PSA Peugeot Citroën. Vigo

¿Por qué la marca? Porque es la esencia de la diferenciación competitiva.

¿Por qué las personas? Porque cada uno de nosotros somos completamente diferentes y únicos.

La sociedad en la que actualmente vivimos y sus reglas hacen que los individuos perdamos estos rasgos diferenciadores y pasemos desapercibidos. Al mismo tiempo, esta sociedad muy competitiva e individualista, avanza frenéticamente convirtiendo a las personas en commodities.

Este trabajo, nos proporciona unas excelentes y simples herramientas, un método, fruto de la reflexión y de un profundo análisis que nos ayudarán, sin duda, a alcanzar el éxito tanto en nuestras vidas personales como profesionales.

Desarrollar una Marca Persona nos hace destacar, potencia nuestros valores y puntos fuertes, nos ayuda a ser únicos, a ser la opción preferente.

¡Enhorabuena Andrés!

IAGO MARTÍNEZ FRANCO
Marketing L'Oréal

En un mundo tan hiperglobalizado como el actual es muy fácil acabar pareciendo mediocre simplemente porque no consigues que se te distinga del resto de la gente.

Andrés Pérez es la referencia obligada para ser consciente de qué acciones puedes llevar a cabo para que aflore la Marca Personal que todos llevamos dentro y, de este modo, logremos notoriedad y diferenciación.

ENRIQUE BRITO
Ingeniero de Telecomunicación. Madrid
www.enrique.brito.es/blog

Considero de gran utilidad la aportación, en forma de libro, de todo el concepto "marca propia", que Andrés ha ido plasmando a lo largo de estos años en su blog, conferencias y seminarios. Es un referente que espero impacte en muchas personas que tienen alto potencial para desarrollar.

En el terreno profesional, Andrés Pérez va unido siempre a mi "marca personal". Él me hizo entender lo que significan los valores y las capacidades que todos podemos hacer explotar. En el camino como sherpa o guía, Andrés me ha demostrado que es un auténtico experto en dinamizar personas.

DIONI NESPRAL
Experto en Innovación. Madrid
www.businesstimemodel.com

Soy uno de esos lectores gorrones de Marca Personal, de esos que leen mucho y comentan poco. La verdad es que Andrés me ha hecho reflexionar sobre como enfrento mi carrera profesional y el por qué de mis propias motivaciones. Excelente lectura para alejarte de los caminos marcados y adentrarte en tus propios caminos.

JORGE FERNÁNDEZ
Director de Consultoria/Profesor Universitario. Barcelona
www.sistemasdecisionales.blogspot.com

Desmontando mitos y conceptos manoseados hasta el punto de perder su significado original, Andrés trata de convencernos de que se pueden unir términos que parecen antagónicos como son "empresa" y "persona". Lo mejor es que lo logra.

Y de igual manera, demuestra la efectividad de dejar atrás otros conceptos caducos, desfasados, inapropiados en el mundo de hoy... La apertura frente al cerrojazo, la individualidad frente al individualismo, el criterio frente al instinto gregario... de todo eso y mucho más trata una marca personal.

Personalmente, eso marca. Y mucho.

IVÁN LASSO
Profesor de informática / escribidor
Madrileño en Quito/Ecuador - www.proyectoautodidacta.com

Andrés Pérez ha conseguido en España (y fuera) lo que muchos ni se imaginaban: que los trabajadores puedan buscar un camino a su autoestima profesional, conocer su mercado de trabajo o negocios, y poder hablar con los empresarios de tú a tú.

Con la Marca Personal todos hemos salido ganando, excepto quizá, los que ganaban siempre. Su naturalidad y estilo llano es el punto clave para derribar mitos y creencias hasta ahora inamovibles. Ya era hora. Enhorabuena Andrés y sigue así.

FRANCISCO DOMÍNGUEZ
Ingeniero Comercial. Barcelona
www.franciscodominguez.es

Cuando sabes lo que vales pero no sabes cómo hacerlo valer, o primero, para aprender lo que vales, Andrés te llevará por el buen camino. TU eres lo importante, y la Marca Personal te ayudará a descubrir tus opciones, y sobre todo, a enfrentarte a ellas.

JOSÉ RAMÓN DÍAZ
Ingeniero Informático. San Sebastián
www.najaraba.blogspot.com

El de Marca Personal es un concepto que da vértigo. Nos lo da a las personas porque nos pone en la tesitura de asumir las riendas de nuestra propia vida, porque nos da la libertad, con la responsabilidad que supone y porque es una idea de acción. Y nos lo da a las empresas porque supone renunciar al control poniendo a las personas en un plano de igualdad. Pero, usando un símil de Andrés, en las empresas necesitamos marcas personales líderes igual que la distribución necesita a las marcas de consumo líderes. El trabajo de Andrés es el mejor remedio para este vértigo.

ANTONIO ESPAÑA
Consultoría Estratégica. Madrid
www.antonio-espana.es

Me impresionó la claridad y valentía con la que te expresabas en uno de tus artículos, así que seguí la pista hasta llegar a tu blog, que pocos días he dejado de leer con atención. Se aprende de las palabras, pero, sobre todo, de los hechos, y tu proyecto es creíble precisamente porque tú mismo y tu trayectoria conformáis un extraordinario modelo de Marca Personal.

CONCHA BARBERO
Filóloga. Ávila
www.silencioactivo.blogspot.com

Creo que aprender sobre marcas personales es francamente recomendable, sobre todo para un universitario que no aspire a convertirse en una "commodity" donde todo está parametrizado: Estudia mucho sobre algo y tendrás un título con el que te "darán" un buen empleo. Creo que hay que ir un poco más allá y aprovechar tus capacidades como universitario para aprender cosas nuevas como el branding y descubrir que no se trata de un tema de imagen personal, sino de como proyectar tus capacidades y valía al exterior.

CARLOS MARTÍNEZ CAICEDO
Estudiante Ingeniería Telecomunicación. Asturias
www.cmcarcedo.blogspot.com

"Faber est suae quisque fortunae", esta frase clásica podría ser el lema con el que Andrés Pérez expone su concepto de Marca Personal. Lo fundamental es ser consciente que nuestro desarrollo personal y profesional está en nuestras manos y, por tanto, somos nosotros los responsables de nuestro futuro. Construir nuestra Marca Personal significa erigir un faro que orientará y guiará, a buen puerto, a todos aquellos que nos encuentren.

GIAN LLUÍS RIBECHINI CREUS
Ingeniero Industrial. Barcelona
www.elingenierodeinnovacion.blogspot.com

Este libro es un complemento ideal a los blogs de MarcaPropia. Aporta una explicación más elaborada de las tendencias del personal branding, frente a la "chispa" y la inmediatez de los artículos de un blog. Se puede llevar encima, y se le coge cariño a través del tacto del papel, dándole vueltas a las reflexiones de Andrés. Esas que nos convierten en profesionales con herramientas más potentes para destacar en un mercado laboral que aunque ha empezado a hacerlo, debería relacionarse con personas en vez de con recursos humanos. Para ser responsable de su propia vida, un profesional debe consciente de su poder. Gracias Andrés por picarme el veneno de los blogs y de la marca personal, pero sobre todo gracias por compartir lo que sabes y lo que eres.

SERGIO IBÁÑEZ
Técnico de empleo y orientador. Zaragoza
www.blogempleo.com

Ahora sólo hace falta que las áreas de "personal" de las empresas, se enteren de que va a tener que dejar de administrar "recursos humanos", para pasar a gestionar personas con marca propia. La generación Einstein ya esta aquí.

ALEJANDRO DOMÍNGUEZ DONCEL
Director de aleamarketing. Madrid
www.aleamarketing.com

Introducción
Una historia personal

"Si nuestra única oportunidad es la de ser iguales, no es una oportunidad."

MARGARET THATCHER

Como muchos otros jóvenes de mi generación, en junio de 1990 finalicé mi licenciatura. Durante el verano de aquel año participé en un multitudinario proceso de selección de jóvenes titulados para trabajar en la principal empresa petroquímica del país. En septiembre me incorporé a esa compañía como flamante técnico de logística y aprovisionamientos.

Mi historia profesional no podía empezar mejor. El plan de carrera era excelente, el sueldo no estaba nada mal para un joven titulado sin experiencia y la empresa era de las que hacen que tu madre se sienta orgullosa. Había conseguido algo que la mayoría de mis compañeros de promoción solo podían soñar.

Solo había una pequeña nube que ensombrecía la situación. Unas semanas antes de mi incorporación, Sadam Hussein había invadido Kuwait. El mundo estaba a punto de entrar en uno de esos periodos cíclicos de crisis económica. En España sería aún más grave debido a la situación de crispación política y a la resaca de los eventos del año 92.

Tres años después de mi incorporación y de la de muchos otros jóvenes profesionales, el flamante contrato en prácticas no se convirtió en indefinido como todos esperábamos, sino en un justificante de demanda de empleo en el INEM.

Lo que parecía el principio de una larga carrera profesional como la que vivieron nuestros padres, se convirtió en una búsqueda permanente de empleos cada vez más precarios. Nos dimos de bruces con una situación laboral que nos ha acompañado hasta el día de hoy y que no da señales de que vaya a mejorar, más bien al contrario.

Como tantos otros jóvenes con poca experiencia, decidí engordar mi CV con un master en Administración y Dirección de Empresas. MBA que pagué con el dinero del desempleo.

Mi corta experiencia en una de las diez primeras empresas de este país y ese postgrado, que aún era un elemento diferenciador, me permitieron ir encadenando proyectos laborales interesantes.

De los departamentos más técnicos pasé a los más comerciales. De gestionar líneas de producción pasé a negociar con personas. El transporte de mercancías lo cambié por el desarrollo de productos de consumo. De pensar en toneladas y dólares pasé a pelearme por céntimos y diseños de envases.

Fue en ese momento en el que convergieron los dos elementos que han dado lugar a este proyecto de *marca personal*. La chispa saltó cuando fui realmente consciente de que lo que estaba ocurriendo con el trabajo de los profesionales no era muy diferente de lo que sucedía con los productos que gestionaba.

En ambos casos se trata de mercados que siguen las mismas reglas, se ajustan a los mismos principios y pueden gestionarse de formas casi idénticas.

En los ochenta, el mundo aceleró la tendencia a diversificarse, globalizarse y conectarse. Los vínculos de todo tipo que habían permanecido inmutables durante décadas, se habían destruido. Empresas, mercados, países, instituciones y organizaciones dejaron de ser bloques compactos y empezaron a disgregarse.

Las empresas se reestructuraban, fusionaban, disgregaban y empezó un proceso de convulsiones que no ha dejado de ocurrir. Los profesionales se convirtieron en recursos (humanos) y cualquier tipo de contrato psicológico dejó de existir.

Sin embargo, los que en aquel momento de cambio nos incorporábamos al mercado de trabajo estábamos programados con las viejas reglas.

Las nuevas generaciones son menos inocentes y tienen más claro lo que quieren y sobre todo lo que **no** quieren. Sin embargo, la mayoría de ellos aún tienen muchos de los rasgos que caracterizan a la mentalidad de **empleado**.

Las reglas del trabajo han cambiado. Ha llegado el momento de crear otras nuevas. Es la hora de poner al mismo nivel a profesionales y a organizaciones. Unos y otras se necesitan.

Este libro es para todos aquellos que quieran tomar el control de su carrera profesional, aumentar su valor en el mercado y ser más influyentes. Eso es lo que hacen las marcas y lo podemos aplicar a nuestro trabajo.

OBJETIVO DEL LIBRO

Mi concepto de marca personal en el que he basado mi modelo ADN, es una síntesis y reordenación de ideas, herramientas y modelos de muy diferentes orígenes. Uno de los elementos comunes a casi todas esas fuentes que constituyen el *personal branding* es la inexistencia de un protocolo único.

Entiendo que cualquier modelo que implique a las personas es mucho más complicado de sistematizar que si se trata de objetos o productos. Sin embargo, considero que cualquier método que no sea capaz de tener una línea conductora central y unos límites definidos, está abocado al fracaso.

No se trata de convertir el descubrimiento de la marca personal en un sistema en serie o industrializado; eso sería ir en contra de lo que predica. Lo que pretendo es señalar las directrices básicas y proporcionar las herramientas necesarias para conseguir el objetivo del personal branding, pero dejando un amplio margen de acción.

Puede parecer contradictorio, pero para alcanzar la libertad de elección y aumentar nuestras opciones profesionales debemos cumplir una serie de reglas y asegurarnos de que podemos asumir el control.

Muchos de los modelos de gestión y de desarrollo personal y profesional que han surgido en las últimas décadas solo tienen en común el nombre que las identifica. Sin embargo, no han sido capaces de generar sistema uniforme y común aplicable en momentos y situaciones diversas.

Mi objetivo como proyecto y como libro es **establecer las reglas y procedimientos estándar** que puedan aplicarse en la mayor parte de las situaciones. Hay muchos aspectos que son ampliamente tratados por otros autores especializados (comunicación, marketing, autoestima o estrategia), pero mi propósito es dar una visión global. Quiero dejar claros cuáles son los pasos que hay que dar para descubrir y desarrollar una marca personal.

Quiero convertir este libro en una guía de referencia que sirva como punto de partida para cualquier persona que desee construir su marca o ayudar a otros a conseguirlo.

Mi intención con este libro dirigido a los profesionales es:

- Ayudarles a convertirse en trabajadores independientes, aunque cobren una nómina.
- Proporcionarles las herramientas para pensar como microempresas, no como empleados.
- Enseñarles a gestionar su trabajo como un producto y su reputación como su marca.
- Conseguir que se posicionen como la opción preferente en un mercado saturado y homogéneo.

Primera Parte

El concepto

¿Quién teme al personal branding?

El personal branding es el camino. Pero ¿realmente podemos las personas tener una marca? ¿Sabes cuál es la tuya? ¿Cómo puedes hacer que tu trabajo tenga una marca propia y sea más visible, reconocido y valorado? ¿Cómo puede conseguir una marca personal que tus esfuerzos sean recompensados como merecen? ¿Por qué una marca nos hace ser más valorados como personas y como equipos? ¿Sabes cómo eres percibido a nivel personal y profesional? ¿Se puede aplicar el concepto de marca a un equipo o departamento?

En una economía que está estandarizando los procesos, homogeneizando los productos y convirtiendo a los trabajadores en "commodities" o profesionales de marca blanca, es imprescindible diferenciarse y que se reconozca el "valor añadido" que aportamos a las empresas y al mercado. La mejor forma de conseguirlo es descubriendo y comunicando aquello en lo que nos diferenciamos y nos hace ser percibidos como sobresalientes, nuestra marca personal.

En este mundo en el que nadie es imprescindible, tener una marca personal te ayuda a posicionarte en un lugar privilegiado en la mente de quienes quieras que te tengan en cuenta. Te hace ser percibido como un profesional o una persona singular, única y que aporta unos beneficios claros a tu mercado y a quienes te rodean.

Una marca personal es la percepción que tiene nuestro entorno de aquellos atributos que nos hacen sobresalir, diferenciarnos y ser tenidos en cuenta por aquellos que necesitan de nuestros servicios. Descubrir nuestra marca personal es la mejor manera de sobrevivir en un entorno como el actual.

Para descubrir nuestra marca personal, los profesionales tenemos que ser conscientes de quiénes somos, lo que sabemos hacer y lo que tenemos que mejorar para desarrollar nuestro trabajo con eficacia. Además, todo esto debe hacerse con una mentalidad de largo plazo, creando un plan de desarrollo profesional y personal. En definitiva, se trata de que cada persona asuma la responsabilidad de convertirse en protagonista de su futuro.

El concepto de marca personal proporciona herramientas, pero sobre todo una nueva visión del trabajo, que permite a los profesionales conocerse mejor y asumir un papel más efectivo y activo en los puestos en los que desarrollan su trabajo.

El resultado final es una mejora del desempeño de los profesionales mediante una transformación de la mentalidad, de "empleado" al de "microempresa YO, S.A.", para trabajar día a día con el fin de mejorar como individuos pero buscando siempre satisfacer las necesidades de nuestro entorno (clientes, compañeros, jefes, colaboradores, amigos, familia).

El concepto es revolucionario por su sencillez y su utilidad, no se limita al ámbito laboral sino que también es aplicable al entorno personal. Aunque lleva casi diez años practicándose en las principales empresas de EE.UU. (IBM, HP, Disney, Microsoft, American Airlines, Accenture y muchas más), hasta ahora nadie lo había puesto en marcha en nuestro país.

Si quieres saber cómo descubrir tu marca y cómo aplicarla a ti mismo o a tu equipo, te invito a que me acompañes en este proceso de descubrimiento.

Y todo esto ¿por qué?

En el año 2003 puse en marcha este proyecto con dos objetivos en mi cabeza:

- El primero, enseñar a las empresas a cómo sacar partido del potencial oculto que se encuentra en las personas que hacen funcionar las compañías.
- En segundo lugar, guiar a los profesionales en el viaje de descubrimiento y desarrollo de sus capacidades para obtener mayor rendimiento laboral y satisfacción personal.

No sabía muy bien de qué manera podría conseguirlo, pero era consciente de que había que hacer algo para cambiar las cosas. Intuía que la tecnología había madurado lo suficiente como para poner a nuestro alcance las herramientas adecuadas. Para que cualquier persona con un ordenador, una conexión a Internet y un poco de interés consiguiera hacer llegar su voz a todo el mundo.

Estoy convencido de la necesidad urgente de cambiar la forma de hacer negocios. Aunque pueda parecer que en algunos aspectos hay una relación entre la marca personal con algunos movimientos contrarios a la globalización, no es así. El personal branding pretende que los profesionales nos comportemos como empresas dentro del sistema y de las organizaciones. Como emprendedores e intraemprendedores. Suelo decir que las empresas son personas y las personas son empresas. En ningún caso se trata de enfrentarse, sino de colaborar como iguales.

Creo firmemente que el ajuste ha de hacerse desde dentro de las organizaciones y no con métodos violentos o poco ortodoxos. La solución no es enfrentarse a las grandes corporaciones, sino sacar lo mejor de las personas que las componen, permitiéndoles así desarrollar su potencial. No hay que olvidar que este concepto toma forma en EE.UU., país de emprendedores por excelencia.

Me gustan los negocios y las personas, no ciertos comportamientos descontrolados o poco predecibles; espero que eso quede claro desde este momento. Pero ¿qué es lo que crea riqueza? Los trabajadores, su energía, su inspiración, su imaginación, su compromiso, sus destrezas, el trabajo duro... El dinero es, simplemente, un ingrediente pasivo. Si el dinero comienza a quedar por encima de las personas, las fuentes reales y activas de riqueza se desmotivan.

Hace algunos meses pude charlar con Naomi Klein e, independientemente de mi opinión sobre su obra, me pareció una profesional seria, sensata, inteligente y preparada. Pudimos hablar sobre la aparente contradicción que supone tener un libro contra las marcas y ser al mismo tiempo una marca personal. Como anécdota puedo decir que, al entregarle mi tarjeta y ver cual era mi trabajo, pensé que iba a sacar los ajos y la cruz. Klein es posiblemente la más popular ideóloga antiglobalización, propone acabar con las marcas en su libro NO LOGO. Sin embargo, mi propuesta consiste en conseguir que cada individuo tome las riendas de su carrera, que convierta su trabajo en su propio producto y sea consciente de propia marca, YO LOGO.

He tenido la suerte de colaborar con centenares de compañías de varios países, de trabajar con unos cuantos jefes de los que he aprendido casi todo lo que sé, he dirigido equipos excelentes y conocido profesionales a todos los niveles en sectores muy diferentes (distribución, telecomunicaciones, energía, alimentación, Internet...).

Una y otra vez he comprobado algo que ya sabemos desde hace siglos pero que en las últimas décadas parecíamos haber olvidado: que, a pesar de todos los avances tecnológicos, o quizás precisamente por eso, lo que hoy vuelve a marcar la diferencia en los negocios es el factor humano. Por suerte, todos los indicios apuntan a que así va a seguir siendo en el siglo que acabamos de estrenar.

¡DÓNDE VAMOS A IR A PARAR!

En los últimos años, con frecuencia nos hemos encontrado en las páginas salmón con informes de consultoras y organismos oficiales que nos hablan del empeoramiento del clima interno de las compañías. Pero sin necesidad de recurrir a esos informes, es muy habitual que las conversaciones entre profesionales de toda una generación giren en torno al descontento, la desgana y la falta de motivación en el trabajo. Cada día aumenta la falta de comunicación, el desfase entre los valores, deseos, motivaciones y necesidades de los profesionales y los de las compañías. Todo eso está generando tensiones en el funcionamiento de las empresas. Solo hay una forma posible de invertir la situación: hacer lo posible para eliminar ese desfase.

PERO ¿HUBO UNA VEZ UN QUESO?

Hay un fenómeno anecdótico y absolutamente coyuntural pero muy representativo de la confusión a la que estamos llegando en determinados puestos de dirección. Me refiero a considerar algunos libros, supongo que se les puede denominar así, como "¿Quién se ha llevado mi queso?" y otros similares, como paradigmas de la administración de empresas. No se si pensar que es una tomadura de pelo, una locura colectiva, una mala copia de la actitud de algún alto ejecutivo norteamericano o la confirmación de que muy poca gente es capaz de leer un libro de más de cien páginas. Esto viene a cuento, y nunca mejor dicho, porque repartir ejemplares de esta historieta a los empleados de una compañía puede parecer muy "enrollado", pero no la hace más humana ni por ello sus empleados se convierten en apóstoles del cambio.

Lo que nos cuenta el señor Spencer Johnson ya lo sabían nuestras abuelas: "A quien madruga, Dios le ayuda", "A Dios rogando y con el mazo dando". O como dice un refrán que me contó un colega portugués: "Cuando no hay viento, rema."

La clave está en redescubrir herramientas y comportamientos antiguos, que conocemos desde hace siglos pero que al parecer hemos olvidado en el mundo empresarial. Términos como **comunicación, liderazgo, intuición, entusiasmo, emoción, diálogo, relaciones, autenticidad, confianza,** parece que han sido trivializados o eliminados debido al mal uso y al desprecio por parte de las facultades de Empresariales y en los programas de las escuelas de negocios.

EL CLIENTE NO ES LO PRIMERO

Los comerciales, los operarios, los mandos intermedios, las personas de administración, los prejubilados, las cajeras y los reponedores o los de contabilidad han sido considerados hasta hoy como "recursos humanos". Si queremos que las compañías sobrevivan y tengan éxito, ya es hora de volver a tener en cuenta los aspectos humanos de las corporaciones.

No es esta una visión romántica ni pienso que las empresas deban convertirse en parques temáticos de alegría y felicidad. Muy al contrario, se trata de sacar todo el jugo a esa riqueza que ha quedado oculta durante años, asfixiada tras los ilegibles manuales de procedimientos, la reingeniería de procesos, la búsqueda de valor para el accionista...

Los empleados son la empresa. Son ellos y no las teorías los que la llevan a lo más alto o la hacen fracasar.

Durante unos cuantos años he trabajado en departamentos comerciales y de marketing, gestionando una gama muy amplia de productos, y he tenido la inmensa suerte de negociar con infinidad de personas con culturas muy diferentes, con formación de lo más variado y actitudes de todo tipo.

En un entorno en el que los productos y servicios cada día son más indistinguibles, he podido comprobar una y otra vez que el elemento que diferencia a un buen negociador del resto no es el conocimiento profundo de las especificaciones de un producto, las habilidades aprendidas en los cursos de técnicas de ventas o su "labia", sino la confianza, la emoción y la sinceridad que transmite. En resumen, cualidades emocionales que darán la ventaja a quien sepa manejarlas mejor.

Aunque en el área comercial es más evidente, lo anterior es aplicable a todos los niveles. Hay estudios que nos cuentan que el rendimiento medio de los empleados es inferior a un 40% de su potencial. No se trata de dejadez o mala intención, sino más bien de que nadie se ha preocupado de aprovechar el 60% restante. Todos tenemos habilidades que aprovechamos en nuestra vida fuera del entorno laboral y que podría ser utilizada para satisfacción de empresa y empleado. Sin embargo, suele quedar oculta porque nadie se preocupa de aprovecharla.

He conocido casos de lo más sangrante. Por poner un ejemplo, el de un responsable de proceso de datos en una compañía de servicios cuyo negocio está basado en las presentaciones a los clientes de esos datos ya elaborados. La afición de esta persona en sus ratos libres es tocar en un grupo musical que da conciertos con algún éxito, todo hay que decirlo. Lo triste es que solamente los más cercanos conocemos esa afición. El potencial desaprovechado de la habilidad de esta persona para desenvolverse ante el público es un ejemplo de la riqueza que hay en las empresas y que nos estamos perdiendo por la carencia de habilidades de comunicación, confianza o de liderazgo.

Las empresas que quieran destacar en este siglo deben encontrar la manera de encontrar y desarrollar las cualidades de sus profesionales. Hay que ir más allá de la rutinaria evaluación anual para determinar la subida salarial.

¿PROFESIONALES MARCA BLANCA?

> *Marca blanca. También llamada marca de distribuidor o marca privada: Política practicada por fabricantes y grandes empresas de distribución, que llegan al acuerdo de vender productos de aquél apareciendo en ellos la marca de la empresa distribuidora. Así el distribuidor, aparte del prestigio que supone expender productos con la marca de sus establecimientos, disfruta de la considerable ventaja de comprar barato a fábrica y de poder vender con mayor libertad a la hora de marcar precios. Como consecuencia, puede lograr grandes márgenes. Un inconveniente importante es que los productos se perciben como si fueran de calidad inferior por los compradores* (Diccionario de Marketing y Publicidad, Ediciones Deusto).

¿Cuál es el valor de tu trabajo como "empleado de marca blanca"?

¿Cuánto valdría que fueses un profesional con marca personal?

Creo que estas dos preguntas nos pueden dar la clave de lo que está ocurriendo en el mercado laboral actual. En los últimos años se ha producido algo parecido a lo que ocurrió tras la Segunda Guerra Mundial con el mercado de consumo. Un exceso de oferta, de productos de calidad pero prácticamente indiferenciados. Fue necesario el desarrollo del marketing moderno y el branding para salir del atolladero.

Actualmente, el mercado laboral está saturado con la generación de profesionales mejor preparada de la historia. Esto ha provocado un exceso de oferta de profesionales de calidad en un mercado que cada día se homogeneiza más. Por lo tanto, no es extraño que desde hace algunos años se estén aplicando técnicas de marketing y branding como herramientas para competir en este mercado.

Procedimientos idénticos, políticas globales, decisiones centralizadas, miedo a asumir riesgos... Todos estos asuntos están convirtiendo a las empresas en fabricantes de productos y servicios indistinguibles cuya única ventaja competitiva es el precio. Y eso se transmite a los profesionales. En un mercado laboral inestable esto provoca que los profesionales eviten la creatividad, la iniciativa y la toma de decisiones. Se ha extendido la cultura del perfil bajo, de mejor no hacer ruido y pasar desapercibido, de evitar responsabilidades.

En definitiva, parece que la forma de sobrevivir es convertirse en un profesional "commodity", un profesional de marca blanca, barato, de calidad, pero perfectamente sustituible.

Los salarios han sufrido una disminución real, la seguridad es algo del pasado y el trabajo se ha convertido en una rutina. En consecuencia, la motivación baja, el clima laboral se enrarece y la productividad se hunde. Los profesionales han dejado de ser dueños de su trabajo, no tienen ningún incentivo para hacerlo más rentable. Si la maquinaria sigue en marcha es por las hipotecas reales y psicológicas de los profesionales.

Pero en el problema está la solución. ¿Y si empezásemos a pensar en nuestro trabajo como un producto? ¿Y en nosotros mismos como proveedores de servicios?

Las consecuencias de este cambio de mentalidad son evidentes y al mismo tiempo revolucionarias. Seríamos los dueños de nuestro trabajo y la empresa que nos paga la nómina sería nuestro cliente. Estamos dirigiéndonos a un mundo en el que los proyectos van a sustituir a los "empleos". De ahí a establecernos por nuestra cuenta, a ser emprendedores, hay un paso.

Pero para conseguirlo hay que transformar una forma de pensar muy arraigada en nuestro entorno, la del trabajo para toda la vida, la que ve al emprendedor o al empresario como una especie de loco aventurero.

Y para ello hay que realizar un proceso similar al que haría cualquier empresa. Tenemos que diseñar nuestro producto-servicio con marca que satisfaga una necesidad en el mercado. Si lo conseguimos, podremos cobrar una nómina a fin de mes o facturar como autónomos, pero seremos responsables de nuestra carrera profesional en lugar de dejarla en manos de las circunstancias. Y no es difícil.

La mala noticia es que los "empleos" están desapareciendo. Ya no encajan las clavijas redondas en los agujeros cuadrados. Sin embargo, la buena es que a partir de ahora somos responsables de nosotros mismos. Ya nadie va a cuidar de nosotros. Hemos dejado de ser marcas blancas sin valor. Ahora podemos, debemos descubrir nuestra marca personal y conseguir ser valorados como nos merecemos. Si lo conseguimos, si podemos sacar lo mejor de nosotros mismos y comunicarlo satisfactoriamente, no solo será bueno para nosotros, sino para todos los que nos rodean.

Durante algunos años he sido jefe de producto de marca blanca y siempre me ha llamado la atención el paralelismo entre el comportamiento de esos productos y las carreras profesionales.

La marca blanca ha sido durante los últimos años un excelente método de poner productos de calidad y a precios competitivos en las estanterías de los supermercados. Aunque se han producido algunos "daños colaterales", tenemos que aceptar que los consumidores nos hemos beneficiado, muchos pequeños y medianos fabricantes han podido modernizar y amortizar más rápidamente sus equipos y los distribuidores han podido crecer a buen ritmo. Pero una consecuencia inmediata ha sido la banalización de prácticamente todos los productos afectados por esta práctica, lo que ha provocado una reducción brutal de los márgenes, de tal manera que esos productos solamente pueden ser rentables vendiendo ingentes cantidades con un beneficio exiguo o mediante algún valor que lo haga atractivo y diferente.

La primera vía es la que han seguido los grandes distribuidores con sus políticas de expansión y por la segunda han optado los grandes fabricantes. El problema viene cuando esos productos con valor añadido caen en la tentación de convertirse en marca blanca. El ciclo empieza de nuevo, pero esa es otra historia.

PROFESIONALES A GRANEL

Profesionalmente está ocurriendo un fenómeno similar. Cada año se incorporan al mercado laboral miles de nuevos profesionales con una preparación académica muy superior a la de sus antecesores, pero cada vez es más difícil encontrar un puesto que se ajuste a esos conocimientos. En mi opinión, el problema es la uniformidad, no la sobreformación. Al igual que la leche, el arroz, los coches, los servicios, o los viajes al Caribe, se ha producido una uniformización por exceso de los perfiles de los profesionales.

Nos hemos convertido en "commodities", graneles. Se ha conseguido lo mismo que con los productos, formar equipos de profesionales con una formación de calidad y de bajo coste pero desgraciadamente idénticos, se ha pasado del trabajador de cuello blanco al "ejecutivo de marca blanca". Es así de terrible, así de simple.

Afortunadamente, ese fenómeno solo cierra una etapa, ahora empezamos otra mucho más interesante y no tenemos otra alternativa.

Los expertos en marketing advierten que el consumidor empieza a estar harto de productos y servicios fríos, idénticos, sin emoción. Se desespera ante las llamadas a las teleoperadoras con respuestas robotizadas. Pero el cambio no se puede hacer desde las zonas nobles de los consejos de administración. La transformación ha de ir de abajo a arriba. Es en primera línea donde se detectan las necesidades del cliente, donde se reciben las bofetadas por las decisiones tomadas cuatro niveles más arriba. Y ahí es donde los nuevos profesionales tendrán la oportunidad de dejar de ser una marca blanca para diferenciarse aportando valor añadido con su marca personal.

EL VALOR DE LAS PERSONAS

Ya no se trata solo de tener el mejor currículo, el valor de los profesionales vendrá de las habilidades “blandas”, de la capacidad para relacionarse, para tender puentes con clientes, proveedores y colegas, para aplicar la intuición, para transmitir entusiasmo, para resolver conflictos personales, para impulsar la creatividad propia y de los demás. En definitiva, la diferencia estará en el desarrollo de las **habilidades personales**, y eso no se aprende en una facultad o en una escuela de negocios; eso solo lo da la práctica, pero ha de estar impulsada y fomentada por las propias compañías si están interesadas en sobrevivir.

A pesar de los tópicos, el factor humano ha sido ignorado las últimas décadas: plantillas inseguras, desmoralizadas, carentes de visión y entusiasmo. Muchas firmas ponen sus cinco sentidos en transacciones financieras, pero descuidan la comunicación, la compatibilidad y la confianza, factores todos ellos que influyen en la productividad

Los métodos tradicionales de creación de equipos no han conseguido generar un verdadero sentido de camaradería, sentido común y visión compartida.

Mientras el contrato implícito habitual de trabajo entre el profesional y la organización continúa desenmarañándose, muchos de nosotros luchamos con las cuestiones básicas tales como el modo de liderar, motivar y planear en este nuevo ambiente inexplorado donde, nos guste o no, todos **somos empleados temporales**.

¿QUIERES CAMBIAR EL MUNDO?

El liderazgo es muy diferente en un personal liberado que se ha desembarazado del miedo, las falsas esperanzas de ascensos o las distracciones de la política y de tratar de impresionar al jefe.

La denominada paradoja de la seguridad en el puesto de trabajo de la que habla William Bridges en Usted S.A., consiste en que cuando las personas eligen permanecer por razones correctas (el trabajo y el cliente) en oposición a razones erróneas (falsas esperanzas de seguridad en el puesto de trabajo), ¡su seguridad en el puesto de trabajo tiende a aumentar!

Cerca del 100% de la innovación, desde los negocios a la política, se inspira no en el análisis de mercado sino en gente que está harta de cómo son las cosas. Nos enseñan a ser leales a nuestra tarea al extremo de que la confundimos con nuestra identidad. Cuando les preguntan cómo se ganan la vida, las personas describen las tareas que realizan todos los días, no el propósito de la empresa de la cual forman parte.

La mayoría se ven dentro de un "sistema" sobre el cual no ejercen ninguna influencia. "Hacen su trabajo", cumplen con su horario y tratan de apañárselas ante esas fuerzas que están fuera de su control. En consecuencia, ven sus responsabilidades como limitadas por el puesto que ocupan. Nadie está interesado en un producto calificable como genérico. Las personas adquieren sensaciones y emociones.

Dicen que ya no hay compromiso, pero este es la suma de dos factores: proyectos ilusionantes y credibilidad. Seamos sinceros, ¿cuántas empresas están ofreciendo trabajos que enamoren, que apasionen, que desees participar en ellos aunque sea sin cobrar un euro? En cuanto a la credibilidad, mejor no decir nada. Y esto puede aplicarse a la empresa, a la sociedad, a la política o a los medios de comunicación.

En un mundo conectado, en cambio continuo y en el que la información y las herramientas de conocimiento están al alcance de todos, triunfarán las empresas que sepan gestionar las relaciones humanas, que sepan tejer redes personales sólidas y crear una comunicación honesta y abierta entre empleados, clientes, proveedores.

Cuando los clientes tengan un acceso completo a la información y los productos, los precios, todo, las compañías no durarán mucho si no establecen relaciones basadas en la **confianza**.

Y la única forma de hacerlo es ofrecer un valor claro e indiscutible, no un precio arbitrario basado en un mercado internacional de materias primas.

Los consumidores no se sienten felices de ser anónimos individuos en una masa, eternamente agradecidos y entusiasmados por el microondas o la hipoteca que han adquirido siguiendo los dictados de las compañías. Como empleados, hay un hartazgo de pasar la vida en una gris carrera profesional. Hay una demanda de algo más que bienes y servicios, cheques y promociones. Hay rumores de fondo que demandan poder elegir la forma de vivir, especialmente por parte de los profesionales más jóvenes.

EL GRAN CAMBIO DEL FIN DE MILENIO

La mayoría de nosotros hemos pasado muchos años de nuestra vida en un mundo dividido en dos bloques, el del libre mercado y el resto. Ese mundo tenía dos líderes y dos formas radicalmente diferentes de entender la sociedad.

En uno de ellos se consideraba que todo debía estar planificado. Las personas no eran lo importante, solo eran un medio para lograr algunos fines sociales. Lo prioritario era el destino común. Todo se ajustaba a los planes establecidos por un grupo de dirigentes separado de la realidad. Lo correcto era obedecer, cumplir con las normas y evitar la difusión de informaciones contaminantes del exterior. Y lo lograron, consiguieron tener un sistema organizado, reglamentado, sin sorpresas, pero sobre todo... muerto. No hubo que acabar con él. Cayó solo.

Los del otro lado eran mucho más ingenuos, aparentemente. Creían en la libertad y en la responsabilidad individual. Consideraban que para que algo se desarrolle debe fluir la información y primar la flexibilidad sobre la rigidez. Se premiaba el trabajo, el esfuerzo, el talento. Y, como en toda comunidad humana, se producían desajustes, pero el sistema funcionaba y lo hacía relativamente bien. Se proporcionaban los medios para que las personas se desarrollasen y se eliminaban las trabas que impedían la creatividad y la iniciativa. Hoy, a pesar de sus defectos, sigue siendo el que fija las reglas.

Si bajamos de la geoestrategia mundial al mundo empresarial nos encontramos actualmente con dos mentalidades similares. Los que siguen con la rígida cultura empresarial del siglo pasado y los que han entendido que hay otra forma de gestionar personas. Porque al final, las organizaciones son solo eso, personas. Lo demás son herramientas al servicio de seres humanos, por muy sofisticadas que aquellas sean.

Hace ya bastante tiempo que la relación entre personas y organizaciones empezó a cambiar. Sin embargo, seguimos aplicando manuales, técnicas y procedimientos obsoletos.

Las empresas no pueden seguir gestionándose como sistemas cerrados en los que un grupo de cerebros desde sus despachos establecen unos planes quinquenales que se aplican a rajatabla. Las conexiones que se producen de forma exponencial a cada momento ya no lo permiten. No tiene sentido aplicar políticas de RRHH en las que se clasifica y gestiona a los "empleados" según modelos similares a los del planificador de una fábrica de tractores ucraniana. Aunque actualmente estos se realicen "online" y tengan colores vistosos.

Posiblemente todo eso tuvo sentido en una época en la que se establecían fuertes vínculos emocionales y materiales entre las empresas y los profesionales. Tiempos en los que el trabajo se podía medir y cronometrar. Hoy todo eso ha desaparecido. Y ¿sabes lo que pienso? Pues que es una buena noticia.

DE LAS PIRÁMIDES A MR. POTATO

Han caído las fronteras reales y virtuales. No se puede impedir la fuga de cerebros, de talento o la transmisión de información y conocimiento.

Cuando se habla de la retención del talento me viene a la mente la foto del soldado que salta el muro de Berlín. Lo que se hace no es dar facilidades para mantenerlo dentro de la compañía, sino levantar muros para evitar la huida.

La inseguridad laboral, los salarios a la baja, los valores de las nuevas generaciones han eliminado la barrera de potencial que mantenía unido el vínculo empleado-empleador. La tecnología permite a cualquiera con una buena conexión y un ordenador de seiscientos euros ofrecer sus servicios profesionales en cualquier parte del mundo. Y no hay firewall o regla que lo pare. Es curioso, pero Windows (ventanas) ha quitado las puertas (Gates, Bill) al campo.

Podemos seguir pensando en convenios colectivos, en gestión por competencias o en programas de retención del talento. Todos estos términos suenan a viejo y dicen a gritos una cosa evidente, que pocas veces se ha tenido en cuenta la opinión de los profesionales. Todas las decisiones sobre las personas han sido "cocinadas" desde el vértice de la pirámide. El problema es que ya no hay pirámide. Las estructuras se parecen más a Mr. Potato. Los profesionales entran y salen. Las empresas se reorganizan en función de sus necesidades y van cambiando su aspecto.

Pero después de todos estos años de reestructuraciones, de salarios a la baja y de falta de respeto a los profesionales por exceso de oferta, se ha perdido algo que es muy difícil de recuperar: la **confianza**.

Nos asustamos al ver los índices de productividad, de clima laboral, los problemas de conciliación, las tensiones en las estructuras. La razón de todo eso es una: hay miedo, mucho miedo. Miedo a perder el poder, a perder el trabajo, a perder el coche de empresa. Y el miedo paraliza, evita la toma de decisiones, frena la iniciativa y, sobre todo, acaba con la confianza.

¿Cuál es el resultado? Homogeneidad, profesionales "commodities", falta de motivación, "yo hago lo que me dicen", "ese no es mi trabajo" y "total para lo que me pagan"...

Pero hay una forma de volver a poner orden en este caos. Hay que recuperar la confianza. Se trata de devolver el poder a las personas. Es necesario convertir a los "empleados" en "profesionales de servicios".

Papá empresa no puede seguir dictando todas las normas. Los hijos se han hecho mayores y deben cuidarse de sí mismos. Han de pensar como proveedores de servicios y ser valorados por su trabajo. Hay que encontrar nuevas formas de lealtad. La que se genera cuando hay transparencia, claridad, honestidad y valores compartidos. El miedo no genera lealtad.

De acuerdo, aceptamos que nuestra relación no va a ser eterna. Las organizaciones se han convertido en ETTs, en **empresas TEMPORALES de trabajo**, pero aprovechemos al máximo cuando estemos juntos y si se acaba, pues quedamos como amigos.

Ya no vas a estar cuarenta años en la misma empresa y te vas a ir con un reloj de oro y unas palmaditas en la espalda. Ahora dependes de ti mismo. Los gestores de personas deben empezar a adaptarse a esta nueva mentalidad. Y rápido, porque se nos echa el tiempo encima.

AGENTES LIBRES

Como consecuencia de lo anterior, en Norteamérica surgió a mediados de los años noventa una corriente de profesionales que entendieron que ya no se encuentran "empleos" sino proyectos. Se denominaron **agentes libres (free agents)**, aunque a mí me gusta denominarlos radicales libres.

Fueron el resultado inevitable del choque de dos épocas. Surgieron cuando las reestructuraciones salvajes de los ochenta y la crisis económica de principios de los noventa se encontraron con el principio de la revolución de Internet y la explosión de las "telecos".

Deslocalización, fusiones, reingeniería. Todo un ejército de profesionales cualificados pero descontentos se dio cuenta de que las reglas estaban cambiando y de que a partir de ahora, acelerado por la caída demográfica, serían los empleados los que empezarían a fijar las reglas y no las empresas.

Tom Peters, en la revista de cabecera de estos nuevos profesionales, "Fast Company" (agosto 1997), escribió el artículo "The Brand Called You", que daría el pistoletazo de salida al concepto de personal branding. Peter Drucker lo terminó de impulsar con su artículo Managing Oneself (HBR, 1999) en el que reconocía la fuerza del individuo en este nuevo entorno.

Se empezaban a dar la vuelta a algunos términos y conceptos y en un número posterior de la revista citada lo explicaban más o menos así:

Delegar, dar poder, "empowerment": En la economía de los agentes libres y de los profesionales con marca personal, los individuos son los que otorgan su poder a la empresa y no al revés. Es hora de olvidarse de ciertos intentos condescendientes que pretenden dar unas migajas de poder a los empleados.

Flexibilidad: Buen intento, pero no es suficiente. Todo tiene un límite. Tienes que tratar a las personas como adultos. No pienses en flexibilidad. Piensa en libertad.

Recursos humanos: El petróleo es un recurso, la madera es un recurso. LAS PERSONAS NO SON RECURSOS. No están esperando en un yacimiento a que alguien les extraiga, les riegue o les perfore. Alternativa: Centro de talento.

Retención: Puedes inspirar, motivar, retar, aterrorizar y sobornar. Pero gracias a la fantástica combinación humana de brazos y piernas, NUNCA PODRÁS RETENERLES. Cosas que puedes retener: rebaños, ganancias, agua. Cosas que no puedes retener: SERES HUMANOS.

Deudas pendientes, contrato psicológico: El trabajo no es la mercería de la esquina. Nadie tiene deudas pendientes. Nadie le debe nada a nadie. Simplemente haces tu trabajo de la mejor manera posible a cambio de un salario. Se acabó el contrato psicológico.

Promoción: La economía de la marca personal trabaja siguiendo el anti-principio de Peter. ¿Quieres acabar con la satisfacción laboral de la gente más creativa y técnica de tu empresa? Intenta promocionarla.

Trabajar para... Pregunta: ¿Cuánta gente trabaja para ti? Si tu respuesta es mayor que cero, tienes serios problemas. Nadie trabaja para ti. La gente trabaja para sí misma, por el reto, por el dinero, por sus familias, pero NUNCA para ti. En todo caso, TÚ trabajas para ellos.

Posiblemente todo esto suene lejano, extraño. Quizá parezca algo que solo ocurre al otro lado del Atlántico. Algunos dirán que todo esto es cosa de los norteamericanos, que ya sabemos que no entienden nada del mundo de la empresa.

Aquí, en nuestra piel de toro, seguimos encantados de conocernos. Presumimos de esas comidas de negocios eternas, de las horas inútiles que echamos en nuestro cubículo o despacho, de lo bien que estamos porque en esta ocasión la reestructuración no nos ha afectado a nosotros. Podemos soñar con el mes de agosto y con nuestras vacaciones en alguna megaciudad de vacaciones con aspecto de parque temático. Pero mientras, vamos perdiendo competitividad, cada vez somos menos innovadores y si seguimos así, nuestros hijos acabarán cosiendo balones en cualquier polígono industrial.

Hay señales, síntomas, de que algo no funciona. Los lineales de libros de gestión parecen los de la sección de autoayuda. Los temas estrella son: "mobbing", "jefes tóxicos" por un lado y absurdas historias sobre quesos, hadas y brújulas por el otro. Los quioscos están llenos de revistas motivacionales y de psicología recreativa para principiantes. Nos hemos reído mucho de la ingenuidad de los norteamericanos, pero parece que no somos tan distintos.

Centenares de conferencias sobre conciliación o responsabilidad social corporativa ocupan los salones de actos a partir de las siete de la tarde. ¿Con algún resultado? Francamente, creo que no.

ENTONCES...

Muy bien. La situación es la que es y hay que dar un giro. Hay que empezar a repartir el poder. Sabemos que la empresa no es una democracia y que las decisiones no se toman por votación popular. De acuerdo. Pero tampoco debería ser un régimen totalitario en el que un pequeño grupo separado de la realidad toma todas las decisiones y cuida del bienestar de sus súbditos. Resulta que algunos "ciudadanos" quieren pensar por sí mismos, quieren convertirse en profesionales con mentalidad de microempresa. Quieren ser responsables de su propio servicio y ser valorados y reconocidos por ello. Quieren construir su propia marca, su marca personal.

¿Qué tal si empezamos a aplicar la meritocracia? Las posiciones jerárquicas deberían ser conquistadas en base al mérito y debería haber una predominancia de valores asociados a la educación y a la competencia.

Sería estupendo si nos hubiesen educado de otra forma. Pero desde muy pequeños nos están diciendo cosas como "ni lo intentes", "si fuese tan fácil ya lo habría hecho otro", "no te metas en líos", "si no haces ruido, nadie se fijará en ti", o la más importante de todas: "NO".

Tenemos tan inculcada la cultura del miedo, de la desconfianza, del "que inventen otros", que no podemos ni imaginar como sería una organización en la que los profesionales pensasen por sí mismos y fuesen capaces de tomar decisiones por su bien y por el de su empresa.

El nuestro es un país en el que rápidamente se importan los conceptos anglosajones, especialmente si alguno de sus términos es un gerundio. Sin embargo, hasta hace muy poco parece que todo el mundo miraba para otro lado cuando se hablaba de personal branding.

Al tratar de entender lo que ocurre y preguntar a los profesionales de la gestión de personas sobre este concepto, antes o después aparecen cuestiones como las siguientes:

"Pero tú, ¿eres consciente de que la marca personal supone una amenaza para el poder cómodamente establecido de los "hombres grises"?

¿Te das cuenta de que, tal y como funcionan las empresas, cualquier directivo mediocre va a poner todo tipo de trabas a los que le puedan mover el asiento aunque perjudique a su empresa?

¿Sabes que acabar con el miedo y fomentar la iniciativa puede complicar mucho la vida a algunos? En resumen, ¿tienes en cuenta que el personal branding implica trasladar el peso de las decisiones de unos pocos a toda la organización, especialmente a los que dan la cara (y reciben las tortas)?".

Pues claro que lo sé, y no veo nada malo en luchar por cambiarlo. Más bien todo lo contrario. No queda otra alternativa.

Podemos enfocarlo de la siguiente manera. Imaginaos que todo sigue igual.

Se sigue poniendo todo tipo de limitaciones a la información. Es curioso pero las barreras y firewalls reales y virtuales las encontramos en dos sitios, en las empresas y en los países totalitarios. Eso solo va a conseguir que aparezcan filtraciones y al mismo tiempo acabe con la poca confianza existente. Hasta que todo se derrumbe.

Se sigue gestionando a las personas como recursos. Eso solo va a conseguir que los profesionales "hagan su trabajo" y nada más. El verdadero talento o una habilidad o pasión potencialmente útil para la empresa y enriquecedora para el profesional van a quedar desaprovechados. Y no será por falta de valores o de ganas, aunque sea la excusa que utilizan algunos "expertos" para ocultar su falta de ideas y su desconocimiento de la realidad.

Se sigue evitando que los profesionales se desarrollen más allá de lo estrictamente necesario para su trabajo. Eso no va a evitar que encuentren otras oportunidades profesionales y abandonen la empresa en cuanto puedan. Pero además se irán echando pestes.

Se sigue pensando que lo importante es "que no piensen, que no sean felices, solo que hagan su trabajo, que para eso se les paga". Eso solo consigue que sigamos aumentando el numerador de la presión sin reducir el denominador de las tareas inútiles.

Se sigue teniendo una pirámide organizacional impecable y preciosa para una presentación. Pero como las otras pirámides construidas por esclavos, serán solo estructuras obsoletas y llenas de trampas y momias muertas hace mucho tiempo.

Se sigue pensando que todo va a seguir igual, que estos radicales libres solo son una anomalía del sistema. Pero no tardarán en darse cuenta de que esto no es una cuestión de gusto o de diversión. Es pura supervivencia. Cuando los datos nos dicen una y otra vez que nuestra productividad está por los suelos, no se puede seguir gestionando a las personas como hasta ahora.

EL PAPEL DE RRHH

Los responsables de RRHH deben tener muy claro su papel a partir de ahora. Han de ser "personal brand managers" internos y externos. Han de ser gestores de producto-servicio. Han de ser los que descubran y hagan sobresalir las aristas en lugar de limarlas o eliminarlas. Eso implica que han de favorecer, potenciar y valorar a aquellos intraemprendedores que más aporten a la organización.

¿Significa eso que los "proveedores de servicios" más rentables pueden exigir un trato preferente o pueden abandonar la organización si no están satisfechos? Posiblemente, pero ¿quién querría irse de una empresa que le reconoce su trabajo? O en el caso de aprovechar una mejor oportunidad profesional, ¿no serían unos excelentes embajadores de marca?

En cualquier caso, la alternativa no es aceptable. Unos profesionales-proveedores asustados, sin iniciativa y que consideran el trabajo como un empleo, a la empresa como el sitio en el que "hay que estar" y a RRHH como el que paga las nóminas, despide o contrata, posiblemente saldrán más baratos, estarán muy ordenaditos y no darán guerra. Pero ¿a quién benefician? ¿Durante cuánto tiempo? ¿Qué imagen van a dar a quienes se relacionen con ellos?

Los entomólogos, los clasificadores, los del "Yo no quiero que piensen", "Yo no quiero que sean felices", "Quiero que hagan su trabajo", seguirán buscando su camino. Seguirán preguntándose por qué la gestión de personas sigue alejada del negocio. Y no entenderán por qué a alguien se le escapa la risa tonta cuando dicen eso de "las personas son el principal activo de nuestra empresa".

Una marca personal fuerte es mucho más profunda que una apariencia superficial de una imagen falsa. Las marcas son relaciones, reflejan valores. Y eso beneficia a las empresas en las que colaboran.

Pero ¿qué es una marca?

Marcar: (verbo) dejar una impresión inolvidable en la mente de alguien

(Concise Oxford Dictionary)

Marcar: Actuar sobre alguien o algo imponiéndole carácter o dejándole huella moral

(Diccionario de la Real Academia Española)

Con mucha frecuencia, ni siquiera los profesionales del marketing tienen una respuesta clara, y muchos de ellos tienen su propia definición. Todo esto, lo único que consigue es generar confusión. Sin embargo, aquí tenéis algunas formas de definir este concepto.

Una marca es, según varias definiciones existentes:

- Un nombre o símbolo utilizado para identificar productos o servicios de los fabricantes para diferenciarlos de otros bienes o competidores. (Los nombres o símbolos son parte de una marca, pero es una definición incompleta).
- Una forma de identificar y asociar un producto o servicio con un compromiso de satisfacción y calidad.

- Un conjunto de características (o cualidades) asociadas a un símbolo o nombre de marca que incrementa (o reduce) valor a un producto o servicio.
- Es un conjunto de percepciones en la mente del consumidor
- Es una promesa de valor.
- Es una conexión emocional entre nosotros y nuestro entorno.
- Es la expresión de que algo es único.
- Es un reflejo de nuestras competencias.
- Es la percepción de nuestra identidad.
- Es la muestra de nuestra autenticidad.
- Es una descripción poco convencional de nuestra personalidad.
- Es un reflejo de nuestros valores y pasiones.
- Es una comunicación constante de nuestras habilidades.
- Es la definición de la confianza.

El valor de un refresco no está en sus ingredientes; las características técnicas de un automóvil no son lo que determinan el precio. Ni tampoco el historial profesional es el único factor para remunerar a una persona con marca personal. Pero hay algo que quiero que tengas claro desde ahora:

Todos tenemos una marca.

¿Sabes cuál es la tuya? ¿Sabes cuánto vale?

Una marca es la suma de todas las expectativas y asociaciones que crea en la mente de su audiencia. El objetivo de una marca comercial es dejar una impresión duradera acerca de la naturaleza de una empresa, un producto, un servicio, un proceso o una persona.

Lo que realmente hace valiosa una marca, personal o comercial, son los intangibles. Una marca implica calidad, confianza, seguridad. Una marca reduce la incertidumbre a la hora de tomar una decisión. Por lo tanto, si un profesional por cuenta propia o ajena llega a desarrollar una marca personal fuerte, habrá conseguido posicionarse en la mente de su mercado, de sus clientes, como la referencia en su sector.

Antes de meternos a fondo, es necesario dejar claro qué es esto de la marca y del branding. Desgraciadamente hay mucho desconocimiento y confusión al respecto y quiero dejar claro lo que queremos conseguir. Publicidad, anuncios, logotipos, marketing, cuando preguntas a una persona de la calle puede decirte qué marca es todo eso y algunas cosas más. Sin embargo, la marca en general es algo más profundo, y cuando hablamos de marca personal debemos tener claro su auténtico significado para evitar confusiones.

Pero no olvidemos nunca que la clave de los negocios está en la venta y se vende mejor cuando hay una marca.

A continuación voy a exponer y combinar opiniones, definiciones y teorías de expertos que han tratado de definir el concepto.

Los más puristas, como "The Dictionary of Business and Management", definen una marca como "un nombre, signo o símbolo utilizado para identificar productos o servicios del vendedor y diferenciarlos de los bienes de los competidores". Sin embargo, aunque los símbolos y los logotipos son parte de una marca, esta no es una definición completa.

CONFIANZA

La marca está asociada a fiabilidad, a credibilidad. La marca representa un nivel de calidad, consistencia y confianza que hace que la decisión del comprador sea menos incierta y estresante, porque el consumidor cree que conoce lo que compra, y puede confiar en que la marca le ofrezca el nivel esperado de fiabilidad y resultados.

La marca es la expresión de aquello que la empresa y sus clientes valoran, es el medio a través del cual las empresas son reconocidas por la calidad que representan y entregan. Una marca es equivalente a tener crédito en un banco. Cada vez que estableces algún tipo de relación, intercambio o comunicación con otra persona o grupo de personas, tu marca se fortalece o debilita.

Si hay algo que no me canso de recalcar es que marca es la definición de confianza. Las marcas fuertes se basan en la consistencia y en la claridad. Si una marca está bien asentada y lleva años comportándose de forma consistente, es capaz de resistir todo tipo de retos y posibles errores.

EXPECTATIVAS

Las personas en su vida personal y profesional establecen unas expectativas basadas en su percepción de tu habilidad, tus actitudes y tus valores. También deciden de antemano cómo van a reaccionar si no satisfaces esas expectativas.

La marca es una forma de valorar aquello que esperamos de algo o alguien. Una marca es la suma de todas las expectativas y asociaciones que crea en la mente de su audiencia, una promesa que crea una creencia duradera en el comprador: "Cuando compro esto, conseguiré esto". La marca es la manera en que la empresa dice a sus clientes qué pueden esperar. Las cosas pueden cambiar rápidamente en el mundo empresarial y los clientes se sienten más cómodos si saben qué pueden esperar.

RELACIONES

Las marcas se basan en las relaciones. A lo largo de este libro verás que insisto en que una marca no puede existir aislada. Para que adquiera su verdadero valor debe interaccionar con su entorno. Por lo tanto, podremos decir que una marca es el reflejo de la relación que una empresa tiene con sus clientes y se expresa a través de sus compromisos y de lo que esta defiende. La marca es un puente conocido a través del cual las empresas y sus clientes realizan las transacciones que les llevan a crear relaciones mutuamente beneficiosas y duraderas.

DIFERENCIACIÓN

Lo opuesto a la noción de "commodity" (producto indiferenciado, a granel) es la "marca" (diferenciación única que hace que nos elijan). Una marca es aquello que nos diferencia y hace memorables, o lo que es lo mismo, nos permite posicionarnos en la mente de nuestro mercado. La marca de un producto es una identidad única que desea diferenciarse de productos similares.

VALOR

La marca es la expresión de aquello que la empresa y sus clientes valoran, es el medio a través del cual las empresas son reconocidas por la calidad que representan y entregan. Por lo tanto, una marca es lo que los expertos denominan promesa de valor. Cuando alguien tiene una marca fuerte es porque es capaz de cumplir lo prometido.

Los productos y servicios con marca fuerte son percibidos como de mayor calidad. Son demandados. Se les puede aplicar un precio superior. Los productos genéricos compiten solo por precio. Decía el poeta que "todo necio confunde valor y precio", pero las marcas están ahí para evitarle problemas al necio. La marca consigue que un producto sea mucho más que el coste de materiales, mano de obra, etc. La marca incrementa el valor porque proporciona seguridad, prestigio, confianza. Pero estamos hablando de percepciones y el único argumento que puede sustentar la idea de que un producto es de mejor calidad que otro es la percepción del cliente. Los consumidores siempre elegirán el producto o servicio de mayor calidad, pero de acuerdo con lo que ellos entiendan y perciban como calidad.

Por lo tanto, el objetivo de desarrollar una marca comercial es dejar una impresión duradera acerca de la naturaleza de una empresa, un producto, un servicio, un proceso o, como luego veremos, de una persona."

INFORMACIÓN

La marca es una forma de comprimir información. Una marca es una forma de condensar y comunicar la fuerza de un producto, argumento y posición de la forma más concisa posible: la combinación de un nombre y una imagen visual (una personalidad) que cualquiera en cualquier lugar reconocerá e interpretará de la misma forma. Una marca es una forma de condensar y comunicar la fuerza de un producto, argumento y posición de la forma más concisa posible.

Ancho de banda, currículo y MP3

Hay un símil de marca (personal o empresarial) que me viene a la cabeza siempre que me preguntan por su utilidad, y es el de herramienta para comprimir información.

Me explico.

Cuando ves una marca por ahí, rápidamente te vienen a la cabeza un montón de asociaciones mentales. Cuando ves la manzana de Apple, la estrella de Mercedes o las gafas de Harry Potter, no necesitas que nadie te explique nada. En lo que dura un parpadeo recibes un huevo de datos. Se podría decir que una marca de éxito ha conseguido un alto grado de compresión (y también de comprensión).

En un mundo saturado de información, las marcas son como ficheros comprimidos que transmiten mucho contenido en poco espacio. Pues bien, imaginadlo aplicado a las personas.

Actualmente hay demasiados datos personales fluyendo por ahí. Pero posiblemente el que más nos afecte profesionalmente es el currículo (CV). Lo que ocurre es que este es un instrumento analógico y su información es poco accesible y en muchos casos, irrelevante.

Además, se da la circunstancia de que el ancho de banda de los receptores de esa información (RRHH, cazatalentos, empresas de selección y similares) no ha aumentado. Parece que la única utilidad que han encontrado en la tecnología es la de sustituir la papelera, que ahora es de reciclaje y de pixels. Quienes gestionaban este tipo de asuntos no dejan de ser intermediarios. No demasiado diferentes a las empresas discográficas. Y ya vemos lo que está ocurriendo con ellas. El negocio está cambiando delante de sus narices y ni se enteran.

Les está ocurriendo como a los protagonistas de la película "Alta fidelidad", que se pasan el día haciendo clasificaciones de profesionales-discos y ordenándolos de todas las formas posibles mientras la vida pasa por delante de ellos. Y los profesionales estamos encontrando otros canales donde el ancho de banda es mucho mayor.

En ese sentido creo que las ETTs y las webs de trabajo llevan camino de convertirse, en el mercado laboral, en el equivalente a los mostradores de las casetes de gasolinera.

Antes comprabas un CD por una canción y te acordabas de la familia del cantante por la bazofia que era el resto. Ahora seleccionas lo que te gusta.

De igual modo, creo que empresarialmente pronto se empezará a seleccionar a los profesionales por lo que son capaces de hacer en concreto y no se comprará un disco entero (MBA, licenciado, idiomas, etc.) para hacer una tarea específica o por una cualidad demandada. Y el resto de los títulos (de canciones o académicos) no servirán para casi nada.

Y la forma de llegar al mercado no será de una forma anai-LOGICA, es decir, vía CV. Cada cual deberá ser capaz de promocionar su "canción". Pero antes debe saber cuál es su estilo preferido (especialización y prioridades) y su destreza con un instrumento (conocimiento, talento, habilidades).

Vivimos en una Operación Triunfo global y es la hora de empezar a grabar maquetas (relaciones personales, blog, web, artículos,...). Si no lo haces, no serás capaz de comprimir la información y convertirla en parca personal.

El CV no es ni siquiera el CD, es el Vinilo. **CD + Vinilo = CV**.

Por lo tanto, o pasas tu información a un formato apropiado o pronto nadie te escuchará.

Tienes que tener tu MP3, tu marca "comprimida", no un fichero de voz (por cierto, ¿lo de MP es por marca personal?), grabado y circulando. No puedes esperar a que no te contraten ni para cantar en las fiestas de cumpleaños. Debes ser capaz de comprimir la información de lo que eres capaz de hacer y empezar a hacerla visible (o audible).

Creo que en el futuro, un auténtico cazatalentos, un profesional que pretenda localizar a los mejores profesionales será un experto en buscadores y sobre todo tendrá algo así como una IPOD (su traducción es: Yo vaina) repleta de marcas personales (información comprimida). ¿Aparecerá un emule de profesionales?

Entonces, ¿qué es el personal branding?

Como decía hace unas líneas, **marcar** es actuar sobre alguien o algo imponiéndole carácter o dejándole huella moral, o dejar una impresión inolvidable en la mente de alguien.

Es decir, el objetivo de una marca es ocupar un lugar en la mente de alguien, o como lo denominan los expertos en marketing, posicionarse en su memoria de la mejor manera posible.

Por lo tanto, el trabajo de un gestor de marcas es conseguir que un producto o servicio

a) sea recordado,

b) sea tenido en cuenta,

c) sea la opción preferente,

d) sea elegido.

El objetivo del personal branding es el mismo pero aplicado a personas o a grupos de personas (departamentos, equipos o empresas enteras).

El personal branding es una forma de conseguir que un profesional o un equipo se conviertan en **la primera opción** en la mente de quienes componen "su mercado".

Pero para conseguirlo debe ofrecer algo relevante, diferenciarse y hacerse visible. Y ahí reside el problema.

Hemos estado diciendo que la estructura actual de nuestras organizaciones no fomenta la iniciativa. Penaliza a aquellos que asumen riesgos. Ha acabado con la confianza. Convierte a los profesionales en perfiles que encajan en puestos. No hay lugar para colocar tornillos redondos en tuercas cuadradas.

Las personas no somos homogéneas, todos somos únicos y podemos aportar mucho más de lo que dice una "job description" o de lo que se puede poner en un par de hojas de un CV o unas pruebas de personalidad.

La obsesión por clasificar a los profesionales mediante alguno de los miles de modelos de gestión de perfiles ha creado un ejército de clones con corbata y traje de chaqueta. Gracias a eso, se facilita enormemente la gestión de personas, pero acaba convirtiendo las organizaciones en entidades grises y sin creatividad.

El Personal Branding pretende que sea cada profesional el que gestione su trabajo como "un producto-servicio". Ya no se trata de ser "empleados" que cobran una nómina a final de mes sino intraempresarios que actúan como empresas que dan servicios a otras empresas, independientemente del contrato que los vincule. ¿Eso puede complicar la gestión de personas? Seguro, pero de lo que se trata es de trabajar mejor, no de hacer la vida más cómoda a quienes diseñan los organigramas.

Si empezamos a pensar y actuar así, se altera radicalmente el sistema.

	ÁMBITO PERSONAL		**ÁMBITO PROFESIONAL**			
Tipología	Dirigido a una persona	Dirigido a un grupo de personas	Dirigido a una persona		Dirigido a un grupo de personas	
			Persona/s dentro de la organización	Persona/s fuera de la organización	Persona /s dentro de la organización	Persona/s fuera de la organización
Ejemplos	Amigos, parejas	Grupo de amigos, la familia	Superior, subordinado	Clientes, proveedores	Sindicatos	Políticos, profesores
Beneficios	Incrementa la confianza, la relación	Une	Mejora la relación, minimiza las fricciones	Mejora la relación, incrementa la confianza, minimiza los costes, maximiza los beneficios, ventaja competitiva	Minimiza las fricciones	Afianza, define el posicionamiento
Tipo de relación	P2P	P2G	P2P	P2G	P2P	P2G

Cuadro de Iago Martínez, experto en marca personal.

- Ya no hay perfiles del puesto sino objetivos que cumplir.
- Ya no hay planes de carrera sino apoyo en el desarrollo de marcas personales.
- Ya no hay departamento de recursos humanos sino gestores de marcas personales.
- Ya no hay despidos sino proyectos terminados.
- Ya no hay entrevistas de trabajo sino negociación de servicios.
- Ya no hay horas extraordinarias sino trabajo no contemplado en el presupuesto.
- Ya no hay cultura corporativa sino valores compartidos.
- Ya no hay contrato psicológico sino relación cliente-proveedor.
- Ya no hay empleado y empleador sino dos empresas que realizan una transacción mutuamente beneficiosa.

EL NUEVO PROFESIONAL CON MARCA PERSONAL

Una vez visto todo lo anterior, ¿debemos pensar que todos los profesionales están deseando convertirse en agentes libres, en marcas personales? Sinceramente, lo dudo mucho. Llevamos décadas fomentando el "hijo, prepara unas oposiciones". No va a ser una revolución, sino más bien una re-evolución.

Cuando el concepto de personal branding llegue a todas partes, no se va a producir una desbandada de profesionales. Se nos ocurren una lista de razones que lo impiden. Entre otras que nos hemos encontrado, aparecen las siguientes:

1. No se para qué sirve.
2. No tengo un objetivo definido, así que no necesito nada que me ayude a conseguir algo que desconozco.
3. (Creo que) no tengo nada valioso o diferente que ofrecer.
4. No tengo recursos (dinero, tiempo, amigos, autoestima, familia...) para construir una marca personal que mejore la percepción que los demás tienen de mí y aumente mi valor en el mercado.
5. No tengo una lista de prioridades (valores) clara, ni creo en nada con suficiente intensidad como para intentar cambiar las cosas. ¿Para qué, si no tengo un objetivo claro...?
6. Tengo una lista inmensa de miedos, ideas preconcebidas, creencias negativas y pensamientos apocalípticos sobre lo que ocurriría si..., sobre lo que dirían si...
7. No tengo ni idea de cómo me ven los demás, por lo tanto me paso la vida pensando que soy mucho peor (o mejor) de lo que realmente me perciben.
8. No tengo ni idea de quién puede estar interesado en lo que yo podría ofrecer. Ni cuanto estarían dispuesto a pagar.
9. Soy teleco, fontanero, taxista o diseñador, eso es lo que pone mi DNI y por lo tanto lo llevaré como una condena hasta que me muera.
10. No sé cómo puedo darme a conocer. Conseguir visibilidad es cosa de ricos y famosos.
11. No tengo ni idea de cómo diseñar una estrategia para llegar a donde quiero con los recursos escasos de los que dispongo.

12. No tengo paciencia, voluntad o interés en salir de esta situación.

Afortunadamente, cada razón tiene una solución, pero requiere esfuerzo y un método.

Hay numerosas razones que hacen que ahora sea el momento en el que este concepto surja con fuerza y para quedarse. No se trata de una herramienta que sea solo aplicable a una situación coyuntural o concreta. La marca personal es una forma de ver la vida personal y profesional. Se trata de recuperar la capacidad de las personas para cambiar las cosas. Pretende poner al mismo nivel a los individuos y a las organizaciones.

Como digo, los motivos no son pocos. Se me ocurren los siguientes:

- Fin del trabajo para toda la vida. Se ha acabado la seguridad laboral.
- Exceso de oferta. Poca demanda.
- Aumento de la profesionalidad al ser responsables de nuestro trabajo.
- Aumento del número de horas de trabajo para poder sobresalir.
- Búsqueda de calidad de vida.
- Aumento del trabajo relacionado con el conocimiento.
- Nadie debe nada a nadie. Somos responsables de nosotros mismos.
- Un trabajador debe aportar valor. Ya no basta con ser buena persona.
- Fin de la confianza en las empresas.
- Aparición de agentes libres.

- Hay que considerar la carrera como un negocio.
- Mercado con necesidades cambiantes.
- Se han acabado los empleos. Ahora solo hay proyectos.
- Necesidad de trabajadores más flexibles.

Por qué en este momento:

- Porque el mercado es competitivo.
- Porque el mercado es homogéneo.
- Porque hacen falta héroes.
- Porque hay que fomentar la creatividad.
- Porque hay que recuperar iniciativa.
- Porque hay que recuperar la confianza.
- Porque hay que recuperar la ilusión.
- Porque queremos pero no sabemos.
- Porque se pierden los valores.
- Porque tenemos los medios.

LO QUE *NO* ES

En el desarrollo de este modelo de marca personal he tomado elementos de varias disciplinas. Desde la psicología al marketing, desde la consultoría a la inteligencia emocional, desde la gestión de proyectos a la investigación de mercados. Pero, sobre todo, este proyecto se basa en la experiencia y en el sentido común.

La marca personal tiene un objetivo muy claro y concreto: posicionarnos en la mente de los demás como deseamos para ser escogidos entre varias alternativas aparentemente similares.

Como resultado de lo anterior podemos llegar a [illegible]a vida mejor al ser tenidos en cuenta como profesiona[illegible]-sos. Podemos ser más felices al hacer aquello que n[illegible]. Podemos pasar más tiempo con nuestra familia al a[illegible] nuestro valor en el mercado y poder elegir, pero estas son consecuencias, no la finalidad esencial.

En los últimos años he leído mucho sobre lo que se denomina genéricamente **coaching** y he detectado dos problemas que creo que van a impedir que esa disciplina se consolide en nuestro país. El primero es que no existe un método o un protocolo único. El segundo, posiblemente derivado del anterior, es que los autores de esta materia se pasan más tiempo explicando lo que NO es que lo que ES. Y encima no suelen coincidir entre ellos.

Yo no quiero cometer ese error y dedicaré muy poco espacio a decir lo que no hace el personal branding:

- No es una herramienta de autoayuda que pretenda conseguir la felicidad con unos cuantas recetas.
- No es una forma de hacerte famoso.
- No es la forma en que te vistes, tu aspecto exterior o asesoría de imagen.
- No es una herramienta de búsqueda de empleo.
- No es un sistema de manipulación.

Y ahora podemos pasar tranquilamente a lo que nos interesa.

LO QUE ES

Una vez dicho lo que no es, creo que es más importante saber lo que es. El resto de este libro trata sobre la forma de conseguirlo.

La marca personal es una forma de denominar algo que existe desde que el hombre es hombre. Se trata de conseguir que ocupemos un lugar preferente en la mente de otras personas. Lo que pretende es conseguir que nos elijan entre varias opciones. Es aplicable siempre que se establece una relación entre dos o más personas.

Hay quién define el personal branding como una herramienta para gestionar la percepción que los demás tienen de nosotros. En mi opinión es una visión parcial del concepto, ya que da la sensación de que es una forma de influir en los demás mediante argucias o trucos. Mi punto de vista y mi enfoque en este libro es mucho más global y humanista.

La marca personal no es algo que construimos, diseñamos o creamos, sino más bien algo que descubrimos. La marca personal es un reflejo de aquello que somos. Afortunadamente las personas somos complejas, diversas y con múltiples matices que nos hacen únicos, singulares y atractivos. El personal branding se encarga de descubrir, escoger y dar visibilidad a aquellos elementos o atributos que nos hacen ser deseables, fiables y finalmente escogidos.

Por lo tanto, es útil tanto en el ámbito personal como en el profesional. Aunque en este libro nos centraremos sobre todo en el último.

Por lo tanto, desarrollar una marca personal consiste en identificar y comunicar las características que nos hacen sobresalir, ser relevantes, diferentes y visibles en un entorno homogéneo, competitivo y cambiante.

Y para que no te olvides de la finalidad del personal branding te lo recuerdo:

- Ser recordados.
- Ser tenidos en cuenta.

- Ser la opción preferente.
- Ser elegidos.

Y es aplicable a profesionales, emprendedores, directivos, equipos comerciales y en general a cualquier persona que quiera ocupar un lugar preferente en la mente de su mercado.

Breve historia de la marca personal

¿Quién no ha deseado ser elegido en una competición? ¿Quién no ha hecho todo lo posible por conseguir el cariño o el aprecio de un ser querido? ¿Quién no se ha preguntado por qué algunos tienen una carrera profesional en ascenso y otros se estancan?

- El colegio es un entorno altamente competitivo, posiblemente más que el de los adultos.
- En el entorno empresarial, lo queramos o no, luchamos constantemente por defender una posición.
- En las relaciones personales constantemente estamos tratando de comportarnos de manera que se acepten nuestras propuestas o intentando conseguir que la persona que nos gusta se sienta atraída por nosotros.
- A todos nos gusta que nos tengan en cuenta y utilizamos todo lo que tenemos a nuestra disposición para conseguirlo.

El personal branding pretende exactamente lo mismo, pero de una manera controlada.

Algunos pueden considerar esto como una cierta manipulación. Yo no lo veo de esa manera. Creo que a lo largo del día surgen decenas de situaciones en las que tenemos que influir en las decisiones de otros. La marca personal consigue que seas percibido como creíble, fiable y por lo tanto influyente. Pero una marca no se sostiene con mentiras, al menos no durante demasiado tiempo.

Esas situaciones y muchas más que te puedas imaginar están relacionadas con ocupar un lugar en la mente de los que deciden. Personas que se relacionan con personas y cuyas decisiones son complejas y construidas sobre decenas de variables.

Y todo esto ¿a qué viene? Pues es muy sencillo. El personal branding existía mucho antes de que se inventase el concepto de marca, de branding, de marketing o cualquiera de los términos que actualmente identifican la influencia de algo o alguien en sus decisiones.

Estoy convencido de que los fenicios, los chinos que comerciaban con Marco Polo o los comerciantes de cualquier mercadillo de pueblo conocían las herramientas y los mecanismos psicológicos que nos empujan a elegir entre varias opciones. Aunque ellos les diesen otros nombres. El buen paño en el arca se vende, a quien madruga Dios le ayuda o dime con quién andas y te diré quién eres.

El propio nombre, "branding", define el proceso de marcar el ganado, de poner un sello que identifica al propietario de los animales. Lo que pretende el branding de negocios es algo similar, aunque menos doloroso. Quiere poner un sello en nuestra memoria, quiere ocupar y convertirse en propietario de un hueco en nuestras mentes. El experto en marcas va a hacer todo lo posible para plantar la bandera y defender la posición (posicionamiento).

El objetivo del personal branding es el mismo que el de los viejos ganaderos. Conseguir marcar nuestro territorio. Pretende introducirnos en la memoria de quienes van a tomar una decisión que afecte a nuestra vida y dirigirla hacia donde nos interesa. Las situaciones en las que esto ocurre son constantes: un contrato, un ascenso, una cita o ser tenidos en cuenta entre un grupo de personas con características similares.

Sin embargo, hasta casi entrados en este siglo no se ha producido un movimiento que diese forma conceptual a esta idea. Tuvo que ser en EE.UU., de la mano de Tom Peters, donde se bautizase de forma oficial a esta forma de entender las relaciones profesionales. En agosto de 1997, en la revista “Fast Company”, apareció un artículo emblemático en el que se establecía la filosofía básica del personal branding.

Posteriormente, el mismo Peters escribió un libro titulado “50 claves para hacer de usted una marca” y se convirtió en el abanderado de esta forma de pensar.

Hay que tener en cuenta el momento en que ocurría. El fenómeno de Internet estaba en plena ebullición. Parecía que la vieja economía iba a desaparecer y muchos lo celebraban. Las décadas anteriores, especialmente los ochenta y primeros noventa, fueron terribles para el mercado laboral. Crisis sucesivas, escándalos bursátiles, el fin del compromiso de las empresas con los empleados, despidos masivos. El fin de la inocencia. Las cosas no eran como nos habían contado y algunas personas empezaron a reaccionar.

No se trataba de una revolución sino de una e-volución lógica. La seguridad había terminado, el mundo se había hecho pequeño, la materia prima ya no era materia, era conocimiento y era posible encontrar empleados baratos en cualquier parte. Aunque los profesionales tardaron algún tiempo en reaccionar, cuando se dieron cuenta de lo que ocurría empezaron a diseñar nuevas reglas.

Ya no hay empleados ni patronos, sino solo empresas. Todos tienen algo que ofrecer y se pide una contraprestación. Salarios, trabajo, servicios, confianza, calidad... Lo que antes era unidireccional, ahora es bidireccional.

Según la consultora de marketing Kristie Tamsevicius, el supuesto principal que subyace tras la filosofía de la marca propia es que cada uno de nosotros tiene unas habilidades propias y una misión diferente en la vida.

Tamsevicius dice que mediante la conexión de ese talento y misión podemos conseguir una vida más plena y facilitar el éxito profesional.

Peter Montoya, autor de *The Personal Branding Phenomenon*, cree que la clave de la marca propia consiste en ser consciente de la percepción que los demás tienen de ti. Dice Montoya: "La marca propia te permite controlar cómo te perciben los demás... Les estás diciendo que existes y estás vivito y coleando, pero de una forma tan sutil y oportuna que lleguen a pensar que son ellos los que han desarrollado esa percepción por sí mismos... Una vez hecho esto de una forma adecuada, se convierte en algo irresistible..., de modo que cualquier posible resistencia se disipa por completo".

Marcas como Nike, Coca-Cola o Starbucks prueban que el producto que venden es menos importante que la marca que comercializan y la misma idea puede ser aplicada al marketing de profesionales. En "The Persona Principle: How to Succeed in Business with Image Marketing" (1996), Derek Lee Armstrong y Kim Wai Yu se situaron entre los primeros en utilizar el concepto de marca propia o el método del caso para demostrar las similitudes de la marca personal con las marcas corporativas.

Armstrong dice que más tarde rechazó una invitación de su editorial para escribir una segunda parte dedicada específicamente a marcas personales porque no se sentía suficientemente preparado para escribir sobre el tema.

Posteriormente, como antes decía, el gurú de gestión Tom Peters fue quien puso en marcha el movimiento de creación de marcas personales con el artículo que apareció en la revista "Fast Company" en 1997 bajo el título "The Brand Called You".

Peters escribió: "Independientemente de la edad, de la posición, del área de negocio en el que nos encontremos, todos debemos ser conscientes de la importancia de la creación de una marca. Cada uno de nosotros es el director general de su propia empresa: YO, S.A. En el entorno laboral en el que nos ha tocado vivir, nuestro trabajo más importante es ser el principal vendedor de la marca que denominamos: YO, S.A."

Para identificar su marca personal, Peters decía a sus lectores que se preguntasen a sí mismos sobre aquello que los hace diferentes al resto de la gente. Quienes aspiran a tener una marca deben preguntarse también cuáles son sus principales fortalezas, sus rasgos más notables y aquello en lo que pueden aportar valor.

Escribía Peters: "Si vas a crear una marca propia, debes conseguir estar concentrado sin descanso en que aquello que hagas aporte valor a alguien". El paso final, obviamente, es comercializar tu marca, ponerla en el mercado. La forma en que podría o debería hacerse, aún sigue suscitando polémica. Algunos consultores sugieren que puedes promocionar una marca personal prestando atención a los aspectos externos. Montoya, por el contrario escribe en "The Personal Branding Phenomenon", que hay que hacer mucho menos hincapié en los aspectos cosméticos o superficiales y mucho más en estrategias de marketing de negocios para promocionar a la persona.

Prácticamente todos los gurús de la creación de marcas están de acuerdo en que crear una imagen y venderla supone un gran esfuerzo. A un escéptico del marketing no le sorprendería saber que los consultores de desarrollo de marca están al acecho para ayudarte a realizar ese duro esfuerzo. Ellos te recomendarán tomar las decisiones más apropiadas en aspectos tales como la gente con la que debes relacionarte, la ropa que debes vestir o incluso la forma como debes hablar.

Ahora bien, ¿la marca personal es algo más profundo que todo lo dicho anteriormente? Karl D. Speak, presidente de Beyond Marketing Thought y coautor de "Sea su propia marca", cree que sí.

Speak sostiene que la creación de marcas propias no es simplemente la aplicación de un barniz superficial. Dice que "se trata de aprender a conseguir credibilidad por lo que eres, lo que realmente significa que entiendes cuáles son tus valores y aprender cuáles son los aspectos que te hacen ser importante y necesario para otras personas".

La asesora de marcas Jan Marie Dore parece estar de acuerdo. Crear una marca propia se refiere a "determinar quién eres en lo más profundo de ti mismo, en lugar de inventar una marca con la que te gustaría ser percibido", dice ella. Según sostiene Dore, la marca personal de uno mismo emerge de la búsqueda de identidad y significado, como resultado de lo cual viene una conciencia de las fortalezas y habilidades personales.

Para ayudar a responder las preguntas referentes a sacar a flote una marca, tales como valores personales, fortalezas y debilidades, algunos asesores orientan a sus clientes mediante ejercicios que tienen el propósito de hacerlos conscientes de la impresión que producen en los demás.

A las personas con marcas personales más nuevas se les pide que hagan un recuento de sus activos personales, especialmente aquellos que les hacen destacar del resto. El simple hecho de elevar su nivel de autoconciencia hace que el trabajo de los consultores de marca personal merezca la pena, consiguiendo una sensible mejora personal y profesional de sus clientes.

Una gran parte del trabajo del desarrollo de marcas personales se centra en la identificación de los valores personales. En "Sea su propia marca", Speak incluye un perfil de valores de marca con la intención de ayudar a sus clientes a identificar los suyos propios, pero reconoce que la lista puede no ser suficiente para todos. "Puedes repasar la lista y seleccionar aquellos aspectos que creas que reflejan tus valores. Pero una prueba es como la gente te percibe a ti y a tus valores. Si pregunto a cinco de mis amigos o colegas, y ellos no asocian esos valores conmigo, entonces debería reflexionar sobre la verdadera importancia que yo le doy a creer en ellos".

No está claro que todo el mundo pueda tener una marca, después de todo. Speak, por ejemplo, encuentra más fácil enseñar la forma de crear marcas personales a trabajadores que forman parte de empresas; otros asesores prefieren trabajar con emprendedores, autónomos o profesionales independientes. Montoya, por su parte, duda de que cualquiera tenga la habilidad para hacer la búsqueda interior necesaria para llegar a convertirse en una marca. Aunque él cree que la capacidad para mirar honesta y abiertamente dentro de uno mismo es la habilidad más importante y poderosa para llegar a crear una marca personal fuerte, también dice: "Algunas personas la tienen y otras no. No estoy seguro si es algo que se puede aprender o no."

Pero identificar los principales valores propios no es demasiado difícil si se tiene destreza, según Montoya. "La forma más sencilla es decir: ¿Qué es lo más importante para mí en la vida? La respuesta que aparece de golpe en tu mente representa lo más importante. Entonces pregúntate que es lo segundo más importante. Es una manera rápida y sencilla de decirte cuáles son tus valores", dice Montoya.

Denise Kinsmill, vicepresidenta de la Britain's Monopolies and Mergers Commission y una fuerte defensora de la marca personal, ve un lado oscuro en las estrategias de marketing personal. Kingsmill decía en el "Financial Times" en 1998: "Ser consciente de tu marca propia puede convertirte un egocentrista a menos que tengas muy claros tus objetivos".

En realidad, los resultados de la creación de una marca personal pueden conseguir hacer sentir a las personas más responsables y conscientes. De acuerdo con un mando intermedio que recientemente había creado su marca, refiriéndose a una conversación con su jefe, decía: "Antes yo simplemente decía que me gustaría tener más horas de formación. Ahora tengo los argumentos necesarios para permitirme decirle que tengo una necesidad de formación en mi departamento reconocida, concreta y urgente. No solo eso, sino también que me gustaría poner en práctica los resultados del análisis de mis competencias para asumir un papel de liderazgo en la puesta en marcha de un nuevo sistema de gestión de mi departamento".

Si tenemos en cuenta la proliferación de libros y seminarios en Inglaterra y EEUU relacionados con el tema, la popularidad del fenómeno de la marca propia no ha hecho más que empezar.

Según Speak, mucho del atractivo actual de esta nueva forma de marketing individual puede ser debido a la crisis económica mundial. A medida que las personas pierden su empleo, tratan de saber realmente quiénes son con el fin de hacerse más atractivos y desarrollar una imagen fuerte de cara a un potencial empleador. Pero, añade que muchos trabajadores que han sido despedidos están al mismo tiempo preguntándose a sí mismos quiénes son realmente en un intento sincero de encontrar empleos consistentes con sus valores.

UNA NUEVA FORMA DE PENSAR

A partir de ahora dependemos de nosotros mismos. No podemos esperar a que venga nadie a salvarnos. Aunque parezca lo contrario, esa es una buena noticia.

Es el fin de los "empleados" y el comienzo de la era de los profesionales. El profesional con marca ya no busca trabajo, ofrece sus servicios y a cambio espera una contraprestación justa. Los nuevos profesionales con marca personal trabajan por proyectos, por objetivos concretos. Sus servicios tienen sentido mientras sean capaces de satisfacer las necesidades de su cliente, aunque este sea la empresa que paga la nómina. Cuando finaliza su proyecto, encuentra otro lugar en el que sea valioso.

Este es un concepto que pretende que tomemos el control de nuestras vidas. Eso implica que todos somos responsables de nuestras decisiones y nuestra libertad acaba donde empieza la de los demás. Pero no espera que nadie nos saque las castañas del fuego. Considera a los profesionales como adultos. Por lo tanto, posiblemente sea muy mal aceptado por organizaciones, entidades y grupos de todo tipo que basan su fuerza en el anonimato de sus integrantes. Este tipo de mecanismos pertenecen a la vieja mentalidad en la que hemos sido educados, en la que lo mejor es no sobresalir, no destacar, no diferenciarse.

La marca personal defiende la diversidad, el que todos somos únicos, singulares, especiales y tenemos algo diferente que ofrecer. El personal branding se enfrenta con todos aquellos que pretenden recortar nuestras aristas, con los que quieren limar nuestras asperezas para hacernos más manejables. El personal branding huye de herramientas uniformizadoras como la gestión por competencias y engendros similares. Mecanismos que pretenden hacer más fácil la vida de los gestores de personas metiendo a presión a los profesionales en casilleros que jamás les permitirán ser lo que pueden ser.

Soy consciente de que muchas de estas ideas no serán fácilmente aceptadas y posiblemente recibirán críticas. Pero es que mi modelo de marca personal no pretende ser políticamente correcto. Creo que en las últimas décadas ha surgido demasiada moda de gestión impactante, vistosa, agradable y en la mayoría de los casos, inútil. Mientras el mundo de la empresa no ha dejado de endurecerse, paralelamente la literatura de gestión se ha convertido en autoayuda, en cuentos de hadas, ratones y quesos.

Los despidos de decenas de miles de profesionales, las deslocalizaciones y los contratos basura han convivido con historietas moralizantes que no aportaban nada.

Creo que es la hora de poner las cartas sobre la mesa, decir las cosas como son y aportar soluciones concretas. Dos de los elementos de una marca personal fuerte, como veremos más adelante, son la claridad y la conciencia. Podemos seguir engañándonos y pensando que vivimos en el mejor de los mundos, hasta que un día ocurre lo inevitable. Sin embargo, un profesional con marca sabe en cada momento cuál es la situación y es capaz de reaccionar de forma apropiada.

Por lo tanto, este libro pretende ser la guía que nos lleve de un mundo de dependencia profesional a otro en el que seamos capaces no solo de seguir sino también de crear nuestro propio camino.

Como decía antes, este no es un concepto anticorporativo, sino más bien lo contrario. Pretende volver a los orígenes de los negocios, a los tiempos en los que las personas establecían relaciones comerciales basadas en la confianza. Tiempos en los que un apretón de manos era suficiente para cerrar un acuerdo porque la reputación de cada parte estaba en juego.

Según el diccionario de la RAE, empresa se define como: "Acción o tarea que entraña dificultad y cuya ejecución requiere decisión y esfuerzo", y precisamente por eso todas las partes debemos hacer lo posible para sacarla adelante.

Con el tiempo, muchas organizaciones han adulterado su misión, convirtiéndose en caparazones vacíos, en estructuras complejas y gigantescas que solo pretenden mantener la maquinaria en marcha.

El personal branding pretende devolver a las organizaciones ese sentido de misión y visión que caracteriza a las personas. El objetivo de las empresas no es solo sobrevivir, sino crear algo nuevo y que ayude a enriquecer el entorno en el que están situadas y, por supuesto, a quienes han invertido en ellas.

Esto solo se puede conseguir si existe un espíritu de innovación, de mejora constante y de mentalidad de satisfacción de necesidades (¿Qué puedo hacer por ti?). Pero también es imprescindible que haya un acuerdo implícito en el que se asuma que toda aportación tendrá una recompensa.

Construir una marca comercial o personal es duro, difícil y requiere encontrar recursos donde no los hay, por eso debe existir una motivación, una razón que te empuje a luchar. Esta puede ser interior o puede venir de fuera, como veremos más adelante. Es muy difícil ser persistente en la construcción de una marca cuando el destino no está definido.

Una marca personal no te asegura que consigas cualquier objetivo que te propongas, pero va a aumentar tremendamente tus posibilidades de éxito. El proceso te va a ayudar a poner las cosas en su sitio, a aclarar ideas, a definir prioridades, a ser más eficiente en tu vida personal y profesional. Los subproductos derivados de este análisis y descubrimiento pueden ser tan importantes como tener una vida más completa, más útil y más productiva para ti mismo y para quienes se relacionan contigo.

Por lo tanto, te invito a que te sumerjas conmigo en esta aventura y demos los pasos necesarios para que puedas sacarte todo el partido.

El modo de formar a la gente, en especial a los jóvenes, es despertar su interés y sus buenos sentimientos. Hay que aprovechar todas las oportunidades para encender la imaginación de los empleados, para hacerles sentir que están haciendo algo importante, que no son una voz solitaria sino que son las personas más influyentes y poderosas del planeta.

Como le dijo Steve Jobs de Apple a John Sculley todavía en Pepsi: ¿Quieres pasarte el resto de tu vida vendiendo agua azucarada o quieres una oportunidad para cambiar el mundo?

El proyecto personal branding trata de todo eso y mucho más. Espero que te unas a esta aventura. Te invito a que eches un vistazo al futuro. Estoy aquí para acompañarte.

Segunda Parte

La guía

Modelo ADN

A partir de ahora voy a explicarte mi modelo de desarrollo de personal branding. Está basado en esta matriz que incluye todos los componentes básicos de una marca personal. Todos los capítulos que vienen a continuación explican y describen cada uno de esos componentes.

Como puedes ver, aquí se relacionan las marcas con las personas, la estrategia con los objetivos o las emociones con el entorno.

Aunque todo está conectado y relacionado, no hay unas reglas fijas ni hay que seguir un proceso rígido. Esta matriz es más bien un sistema mnemotécnico para que no te olvides de ningún componente.

Como ves, hay

- Cuatro componentes exteriores: Qué, por qué, estrategia y control.
- Seis componentes interiores en los que he utilizado términos que empiezan por la letra E para hacerlos más fácilmente memorizables: elementos, estructura, emoción, evidencias, entorno y escaparate.

- Seis componentes descriptivos que nos permiten entender mejor como encajan unas piezas con otras. producto, marca, marketing, quién, dónde y cómo.

Para simplificarlo aún más, el modelo ADN sintetiza de forma más práctica este cuadro, como veremos más adelante.

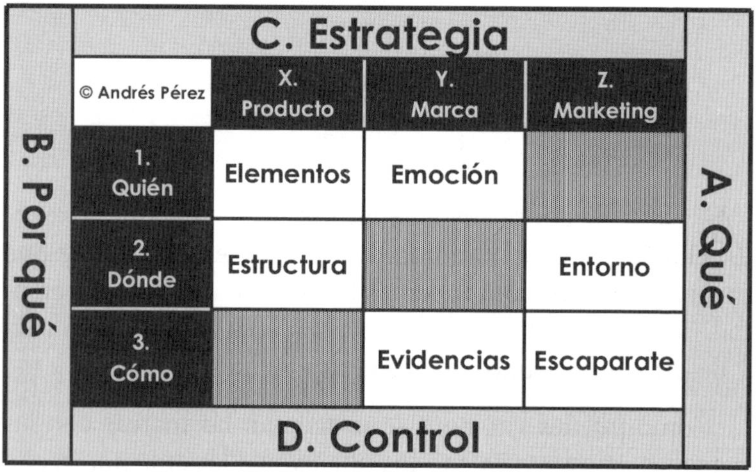

A partir de ahora te iré contando qué es y para qué sirve cada componente.

Hace tiempo leí que muchas de las teorías, modelos y sistemas que se nos presentan como nuevos, no son más que combinaciones más o menos brillantes y novedosas de otros que ya existían. El coaching, la inteligencia emocional o la gestión por competencias son solo cócteles de ingredientes existentes, aunque en diferentes proporciones y agitados con mayor o menor destreza.

El personal branding tampoco es un descubrimiento revolucionario, más bien es un redescubrimiento de elementos que parecían olvidados a los que se han añadido nuevas herramientas y experiencias de varias disciplinas.

Esquema ADN

Marca personal / Personal branding Ser elegido									
Análisis / Atributos / Autenticidad **Autenticidad** Soy útil				**Diferenciación** Soy distinto		**Notoriedad** Soy visible			
Qué	**Por qué**	**Elementos**	**Estructura**	**Emoción**	**Evidencias**	**Entorno**	**Escaparate**	**Estrategia**	**Control**
Objetivo Misión Visión	Motivación	Conocimientos Habilidades Talento Hábitos	Recursos DAFO	Valores Creencias Conciencia Responsabilidad Limitaciones	Feedback Pilares	Mercado Clientes Competencia Socios	Mix Personal Comunicación Imagen Otras herramientas	Plan	Cuadro de mando
Autenticidad Especialización Credibilidad Claridad		Liderazgo Persistencia Visibilidad Unidad o personalidad Actitud positiva		Competencia Estándares Estilo			Diferenciación Relevancia Consistencia		
+	Cambio Compromiso Flexibilidad Motivación	Control Creatividad Desarrollo Asertividad	Calidad Eficacia Estructura Fidelización	Imagen Iniciativa Integridad Independencia Posicionamiento	Prestigio Atracción Confianza Credibilidad Influencia	Reconocimiento Relaciones Reputación Valor		Seguridad Simplicidad Talento Tiempo	
-	**Manipulación**		**Incertidumbre**			**Presión**		**Homogeneidad**	
Aumenta tu valor									

En mi modelo se reúnen muchas ideas, teorías y conceptos que seguramente conocerás. Mi trabajo ha sido reunirlas todas y darles una forma coherente. Para que puedas tenerlo presente de un vistazo, te lo resumo en este esquema que reordena la matriz anterior.

Mi modelo está compuesto por más de un centenar de "ingredientes" que incluyen desde la responsabilidad individual a Internet, de los valores personales a la comunicación no verbal, del establecimiento de objetivos a la gestión de proyectos, de la política a la cultura o de la intuición a la investigación de mercados.

Frente a una visión sencilla, casi simplista de los modelos anglosajones, en mi opinión demasiado centrados en la aplicación comercial de la marca personal, yo he pretendido crear un modelo más global, más humanista. Sin embargo, también creo que ambas facetas pueden convivir y eso es lo que trato de transmitir en este libro.

Las personas podemos llegar a tener una vida profesional satisfactoria y al mismo tiempo ser recompensados como merece nuestro esfuerzo y nuestra valía. Se trata de descubrir y sacar lo mejor de nosotros mismos para aumentar nuestro valor en el mercado, pero al mismo tiempo para ser más nosotros. Se trata de sumar, no de restar.

Según esto, creo que la marca personal está en sus inicios. Aunque llevo varios años trabajando en el tema, creo que para una persona es imposible llegar hasta el fondo de todas las derivadas que aparecen al descubrir este concepto. Por eso es necesario establecer alguna forma de ordenar y transmitir esta idea que espero que cambie nuestra forma de concebir el trabajo.

Supongo que una de las consecuencias de haber pasado por una facultad de ciencias es que tengo cierta tendencia a ver moléculas y átomos con más frecuencia que el resto. Por eso hace algunos meses se me ocurrió que la marca personal es equivalente a nuestro ADN cuando nos relacionamos con otras personas. Tanto a nivel personal como profesional.

La marca personal como el ADN es algo que nos hace únicos, que nos diferencia del resto, que nos convierte en seres singulares e irrepetibles. En ambos casos es como nuestra huella digital, algo que nos permite ser reconocidos entre millones de seres parecidos.

El ADN es una molécula compuesta de solo cuatro elementos combinados y repetidos innumerables veces. Se trata de un ladrillo maravilloso que a base de combinarse llega a producir algo tan grande y complejo como el ser humano. Creo que debemos hacer todo lo posible para sacar todo el partido a este milagro. Si el ADN nos hace diferentes y valiosos, ¿por qué tenemos esa extraña tendencia a minimizarnos?

Por eso adopté el ADN como metáfora de mi proyecto. Además, me di cuenta de que el acrónimo ADN podía asociarse con mucha facilidad a las etapas de desarrollo de mi modelo.

- A: Análisis, atributos, autenticidad.
- D: Diferenciación.
- N: Notoriedad.

X. Producto

¿QUÉ PUEDES HACER POR MÍ?

¿Qué ofrecemos? ¿Qué somos capaces de hacer? ¿Por qué tendría alguien que pagarnos? ¿Cuál es el valor real de nuestro "producto"?

Hasta ahora hemos hablado de nuestros objetivos, de nuestra misión, de nuestras motivaciones. Pero si queremos que alguien nos tenga en cuenta, debemos descubrir qué es lo que podemos ofrecer. Las marcas personales fuertes se basan en el ganar-ganar. Cualquier otra fórmula solo funciona a corto plazo y las consecuencias pueden ser irreversibles.

Nos hemos acostumbrado a buscar "empleos". Es decir, tratamos de encontrar huecos en los que encajar nuestro currículo. Desgraciadamente eso ha terminado. Los sistemas de selección se han sofisticado, los CVs ya no van a papeleras de metal, van directamente a la papelera de reciclaje del ordenador del departamento de RRHH. En las últimas décadas ha salido al mercado un exceso de profesionales con títulos, MBAs, idiomas y experiencias de lo más variado. Al mismo tiempo la tecnología ha simplificado los procesos y reducido la mano de obra, incluso la de "cuello blanco".

En cualquier entorno profesional las personas interpretan dos papeles que están relacionados.

- Como personas responsables de la creación de estos productos o servicios.
- Como proveedores de productos o servicios en si mismas.

Por eso es necesario rediseñar nuestra oferta. Tenemos que darnos cuenta de que ya no somos solo lo que dice nuestra tarjeta o nuestra "job description". Nuestro valor va mucho más allá. Hemos de descubrir las necesidades en el mercado que somos realmente capaces de satisfacer. Y quizá nos demos cuenta de que aunque nuestros estudios o conocimientos no encajan, tenemos habilidades o talentos ocultos que pueden permitirnos ganarnos la vida haciendo lo que nos gusta.

El CV ha pasado a la historia. Es una herramienta del siglo XX. En el siglo XXI los profesionales con marca personal deben aprender a utilizar las herramientas que la tecnología pone a su alcance. El CV era una herramienta pensada para tener que vender tu trabajo; la marca personal pretende que te compren, que sean los demás los que te busquen.

Las herramientas de búsqueda como Google se están convirtiendo en filtros para seleccionar profesionales. Las relaciones personales gestionadas por programas de Networking van a llegar a ser más potentes que los anuncios dominicales de las páginas salmón. Un blog, un videoblog o cualquiera de los medios que constantemente aparecen en la Red puede ser una muestra del trabajo de un profesional mucho más eficaz que una entrevista de dos horas con un consultor de selección. La mensajería instantánea o los programas de voz sobre IP nos permiten tener clientes en todo el mundo. Esto ya está ocurriendo.

Y en un escenario como este hemos de actualizar nuestra aportación para no quedarnos obsoletos, pero siempre sin perder de vista nuestros objetivos. Sin embargo, antes de salir al mercado a gritar que estamos vivitos, coleando y disponibles, debemos tener claro lo que podemos ofrecer y nuestro valor diferencial.

Hay unas cuantas cosas que debes tener claras a la hora de definir tu producto. La más importante de todas y que no debes olvidar **jamás** es que **tú no eres un producto**, el producto es el resultado de tu trabajo.

Cuando te vendes tú, estás poniendo precio a tus valores, a tus creencias. Estás recibiendo un pago (de cualquier especie) por traicionar aquello que te hace ser lo que eres. A partir del momento en que lo aceptas serás menos tú mismo. Y cuanto más se hace más fácil es..., y también más doloroso.

Sin embargo, cuando vendes tu trabajo estás recibiendo una compensación por algo que tiene valor. Por eso es muy importante que reconozcas y reconozcan la importancia de lo que haces. La remuneración que recibes es una medida de lo que valoran tu trabajo (o valoras tú el de los demás cuando os toca pagar), no es un regalo. Cada acto que sirve a alguien en tu vida tiene un valor, no necesariamente material, y hay que tenerlo siempre en cuenta.

Hacer algo desagradable no implica necesariamente ir contra tus valores. Puede ser incómodo pero no tiene por qué ser venderte. Cuidar leprosos o pasar un fin de semana sin dormir para terminar un proyecto no tiene por qué ser ir contra los valores o las creencias de uno. Incluso puede ser lo contrario.

A veces puede ser inevitable sacrificar unos valores menores por otros más importantes. Por ejemplo, puede ser necesario (y habitual) ceder parcelas de independencia para comprar pañales o pagar hipotecas. En la escala de prioridades, la familia está por encima de la libertad de acción. Pero siempre se puede empezar a tomar medidas. Y no hace falta ser un superhéroe.

El problema surge cuando valores como la honestidad se tienen que sacrificar por esa misma razón. Porque la honradez y la familia suelen estar cercanos en esa escala.

Por eso, la próxima vez que te cuestiones si te vendes tú o tu trabajo, revisa cuál de tus valores o creencias van a verse afectados y de qué manera. Si no hay problema y crees que estás realizando un buen servicio, cóbralo como corresponde. Si no lo haces así, te estarás devaluando y aceptando que otros pongan precio a tus esfuerzos.

Los seres humanos no somos objetos sino personas que proporcionamos "productos y servicios" que otros compran y valoran. Y aunque no te lo creas, todos servimos para algo, todos tenemos la capacidad de proporcionar algo que otras personas desean y están dispuestas a dar algo a cambio, material o emocional.

Cuando la persona conecta y se relaciona con otras, adquiere un valor de producto o servicio para las demás. Por eso es muy importante tener una actitud positiva hacia las relaciones personales. En el apartado de "Notoriedad" te explicaré cómo hacerlo y qué errores debes evitar.

Los anglosajones denominan ***deliverable*** al resultado que vas a proporcionar a tu cliente; creo que la traducción más apropiada en este contexto es la de ***contribución***. En este momento debes pensar en tu producto o servicio personal como aquello en lo que vas a contribuir para que otros se beneficien. Ese beneficio puede ser ahorro de tiempo, aumento de eficacia, reducción de costes o la creación de un ambiente agradable. Las posibilidades son infinitas. Cada cliente o persona que se beneficie de tu contribución va a tener unas necesidades diferentes. Tu misión es detectarla, encontrar la forma de satisfacerla y utilizar tu marca personal para ser la primera opción a tener en cuenta.

No te olvides jamás de esto:

Sin un producto, no es posible construir una marca.

Los críticos del branding y de las marcas dicen que solo sirven para engañar, para crear necesidades ficticias, pero no es así. Si no hay algo detrás de lo que ofreces, te aseguro que durarás poco y difícilmente podrás recuperar la confianza.

El éxito económico o personal es la consecuencia de ofrecer a la sociedad un producto, un servicio, una experiencia que sea beneficiosa. Se trata de ofrecer y dar valor a algo que has creado a partir de la mejor materia prima de que dispones: tú mismo.

Como intuirás, esto significa que nuestro trabajo o nuestra contribución es válida en muchos contextos y situaciones posibles. Ya no hace falta estar encadenado a un contrato indefinido o de otro tipo. Esta forma de pensar flexibiliza las relaciones profesionales y personales. Por lo tanto, si hubiese una mentalidad de micromarca, microempresa o de empresa YO, S.A., cada vez sería más probable que los profesionales saliesen de sus organizaciones para satisfacer necesidades. Y eso asusta mucho a los profesionales de RRHH, aunque presuman de establecer políticas de retención del talento y cuestiones similares.

La necesidad de saber cuál es tu producto no sólo será importante si decides operar fuera de la empresa. Si tienes mentalidad de agente libre puedes y debes considerar a la empresa que te paga la nómina todos los meses como un cliente con un tipo de relación especial. Si quieres conservar a ese cliente que te proporciona unos ingresos estables, debes ser consciente de que necesitas mejorar, innovar, aportar valor y por supuesto ser reconocido por ello. Precisamente por eso el personal branding debería ser una herramienta fundamental en la gestión de empresas en el siglo XXI.

Dice William Bridges en Usted S.A. que las empresas modernas no necesitan empleados leales sino proveedores comprometidos y con mentalidad de mercado. No se trata de cumplir el expediente o de estar muchas horas. Un profesional con marca se alinea con su cliente para conseguir un resultado mutuamente beneficioso para ambos. El cortoplacismo en las marcas personales no tiene sentido.

La personas debemos considerar que todo lo que hacemos por otros es un servicio y esto es aplicable tanto en la vida personal como en la profesional. Cuando estamos con nuestros hijos, pareja o amigos estamos proporcionando cariño, alimento, diversión, confianza, tranquilidad o cualquier otra cosa que se te ocurra que puede ser necesaria para ellos. Por lo tanto estamos contribuyendo con nuestro "producto" a hacerles más fácil, agradable o divertida la vida o el rato que estemos con ellos. Eso tiene un valor y eso también forma parte de nuestra marca personal.

Por lo tanto, creo que está claro que los "productos" no son solo para empresarios. Los productos no son solo para empresas. A estas alturas, habrás caído en la cuenta de que si esto es así, una marca personal está íntimamente asociada a una forma especial de entender la vida. Se trata de estar mejorando continuamente, para beneficio propio y para satisfacer las necesidades de los demás.

Esta visión emprendedora de los profesionales, por cuenta propia o ajena, se contrapone a la mentalidad de "empleado". Los empleos no maximizan los beneficios de las empresas modernas, ni satisfacen sus necesidades. Esto es algo que asusta tanto a los profesionales como a los gestores. Implica tener libertad de movimiento y de depender únicamente de nuestro trabajo. Lo que pretende es que tengamos mentalidad de proveedores de servicios en lugar de seguir viviendo en un entorno paternalista y protegido. Algunos se echarán las manos a la cabeza, pero en realidad estamos viviendo esta situación desde hace décadas. Las relaciones entre empresa y profesional se han ido debilitando hasta desaparecer, pero parece que queremos seguir viviendo en un mundo de relaciones laborales ficticias.

Los "empleos" nos distraen del producto que podemos entregar a un cliente. Están pensados para hacer lo que se espera que debe hacer un empleado pero no un profesional con mentalidad de servicio, un profesional con marca personal.

Un profesional con marca personal no "busca un empleo"; lo que realmente está haciendo es localizar a clientes que estén interesados en lo que ofrece. Por eso decía antes que el CV está muerto, porque no dice lo que el profesional es capaz de hacer. El CV solo es un catálogo de títulos que apenas significan nada en el entorno laboral actual.

Por lo tanto, un profesional con marca consigue no solo acceder a puestos que existen, sino también a empleos creados a propósito para que contribuya con su aportación diferencial. Para un agente libre lo importante no es dónde trabaja, lo que realmente le hace valioso es lo que hace.

Pero aunque estés meneando la cabeza y pensando que esto es demasiado complicado para ti, debes tener en cuenta que sea cual sea tu situación laboral, siempre serás un trabajador con un producto. Aunque no quieras verlo así, los que te contratan lo hacen porque entienden que eres valioso. Cuando dejes de serlo o haya alguien cuyo valor añadido sea mayor, no tengas ninguna duda de que serás reemplazado. Por lo tanto, te aconsejo que empieces a ver tu profesión como una forma de dar valor a lo que eres capaz de hacer. Si no lo haces, otros se encargarán de hacerlo por ti.

Si un producto no satisface necesidades, no será comprado, no será un producto, morirá, se extinguirá. Eso ocurre con los empleos. Cualquier historial profesional, por muy brillante que fuese en su momento, deja de ser valioso si no se renueva constantemente. Las marcas, comerciales o personales, deben estar añadiendo características y atributos constantemente, porque el mercado lo exige. Si tu trabajo deja de ser útil o eficiente, se buscará a otro "proveedor" capaz de hacerlo mejor. Pero como decían en "El Padrino": "No es nada personal, solo negocios".

Creo que una buena forma de entender todo esto es pensar que en realidad no vendemos nuestro trabajo, lo alquilamos. Lo que hacemos es dejar que otros se beneficien de nuestra contribución mediante un pago o remuneración durante un tiempo. Pero nadie se puede apoderar de lo que ofrecemos, solo de los resultados. Nadie puede comprarnos como personas, solo a aquello que somos capaces de generar.

Por lo tanto, recuerda que

- Necesitarás administrar tu "producto", dentro o fuera de tu compañía, siendo tu propio jefe o trabajando a las órdenes de otros.
- No te olvides que un cliente busca soluciones a problemas y respuestas a necesidades; en pocas palabras, busca "productos".

- Un producto no es necesariamente algo material o con valor económico, solo algo deseado por otro.
- Vives en un entorno competitivo, puedes quedar fuera de juego si te dejas y no te preocupas de los demás.

BSP: BENEFICIO SINGULAR PERCIBIDO

Para conseguir un producto valioso y demandado debes encontrar la forma de destacar y sobresalir. Aunque hablaremos de diferenciación más adelante, a partir de ahora debes reflexionar sobre lo que los expertos en marketing denominan BSP o beneficio singular percibido.

El BSP es lo que tienes tú y no tienen tus colegas o competidores. Como comprenderás, lo que pone un CV apenas va a suponer un elemento diferencial entre lo que ofreces y lo que ofrecen los demás. Por lo tanto, debes reunir otros atributos que te hagan sobresalir en un mercado homogéneo. Debes preguntarte qué es diferente y especial en comparación a otros y por qué es importante.

Piensa en las cosas que sabes hacer bien y en las que te gustan, aunque casualmente suelen ir muy unidas. Regresa al pasado y recuerda aquellas habilidades por las que te felicitaban tus padres o profesores. ¿Eres más rápido? ¿Más fiable? ¿Más perfeccionista? ¿Menos alterable?... Perfecto. ¿Eres capaz de encontrar la forma de justificarlo y demostrarlo?

BSP significa ser el primero, el mejor, el único, el más barato, el más caro, el más divertido y además que lo perciban así. El beneficio singular percibido es la gran idea que buscan las marcas. Y si quieres desarrollar una marca personal sobresaliente, debes esforzarte en encontrar la característica o combinación de atributos que te hacen diferente y valioso.

Tener una marca es encontrar tu gran idea, tu BSP. Cuando la encuentres habrás dado con la clave para llegar de forma convincente a tu mercado objetivo.

Y. Marca personal

PERSONAL BRANDING, LA MEJOR VERSIÓN DE TI MISMO

Según el diccionario de la RAE, una marca es una "señal hecha en una persona, animal o cosa, para distinguirla de otra, o denotar calidad o pertenencia", o "Instrumento con que se marca o señala una cosa para diferenciarla de otras, o para denotar su calidad, peso o tamaño". Los anglosajones utilizan el término "branding" para describir el proceso de marcar a los animales de una ganadería.

Y marcar ¿qué significa? Según el diccionario,

"Señalar con signos distintivos",

"Actuar sobre alguien o algo imponiéndole carácter o dejándole huella moral",

"Prescribir, determinar, fijar" o

"Mostrar algo destacada o acentuadamente, hacerlo resaltar".

Como ves, en todos los casos el objetivo es el mismo: conseguir asociar un símbolo a un conjunto de características, atributos o cualidades. Así de sencillo. Los expertos en marketing y en branding no han inventado nada. Todo está en el diccionario.

Pues bien, ¿que ocurriría si te aplicases todas estas ideas y conceptos a ti mismo? ¿Podrían ayudarte a conseguir diferenciarte de "la competencia"? ¿Ser más valorado? ¿Ser percibido como alguien a tener en cuenta, como un referente? En definitiva, ¿hay alguna forma de crear marcas personales?

La respuesta es afirmativa. Por eso he puesto en marcha este proyecto y he escrito este libro. De hecho desde hace siglos hay personas que lo han puesto en práctica aunque no le hayan puesto un nombre tan "moderno". Lo que pretende el personal branding es hacerlo de una forma científica y sistemática.

Al mismo tiempo, desde que el hombre es hombre ha sentido la necesidad de pertenecer a un grupo pero al mismo tiempo ha tratado de defender su identidad individual. Todos somos diferentes, pero las fuerzas sociales y el mercado nos empujan a evitar la diferenciación. Se ve con malos ojos y se penaliza a todo aquel que pretende destacar, sobresalir o mostrar su individualidad.

Por lo tanto, cualquier concepto, teoría o movimiento que fomente los valores individuales no es bien aceptado. Y esto es especialmente evidente en las organizaciones públicas o privadas. Pero si actualmente hay una necesidad urgente de acabar con la homogeneidad es en el mundo empresarial e institucional.

Productos idénticos, servicios indistinguibles, profesionales sustituibles, las mismas herramientas en todas partes. En este entorno es cada día más difícil conseguir llamar la atención del mercado. Parece casi imposible levantar al cliente de su asiento para probar algo diferente. Por una sencilla razón: ya nada parece distinto.

Coches, detergentes o cereales para el desayuno, da lo mismo, todos parecen buenos y todos parecen iguales. Se impone la copia. Las marcas blancas o marcas de distribución han conseguido crear clones de los productos líderes. Y lo mismo ocurre con las personas. Nos han convertido en "commodities", proveedores de servicios indistinguibles, baratos y sustituibles. Y cuando eso ocurre, la calidad y el servicio se deterioran. La igualación se produce a la baja, todos tienden a ser iguales... de malos.

Por eso ha llegado el momento de que hagamos lo que llevan haciendo las empresas desde hace décadas: utilizar herramientas que nos permitan aumentar nuestro valor en el mercado, desarrollar nuestra marca personal para sacar todo el partido a nuestras cualidades.

Para conseguir que una marca personal adquiera todo su valor, debe ser conocida y reconocida y para ello debe ser visible de forma repetida. Solo de esta manera puede ocupar un hueco en la mente de su "mercado". Debe dejar una huella imborrable, ocupar un hueco en la cabeza de sus "clientes". Posicionarse. Para dejar esa señal no se utilizan hierros candentes, sino herramientas mucho más sutiles.

Una marca personal fuerte se construye a lo largo del tiempo, con trabajo, paciencia, persistencia y controlando todos los aspectos que la definen. De esta manera se va ganando la credibilidad y la confianza necesaria para que la asociación mental automática de un símbolo con unas características reduzca la incertidumbre de ser elegida.

Pero debe quedarte claro, una vez más te lo digo, que una marca personal no puede existir sola. Es incapaz de sobrevivir si está aislada. Una marca solo adquiere valor cuando interacciona, cuando se relaciona, cuando es capaz de ser asociada a una necesidad no satisfecha. El personal branding se basa en la gestión de las percepciones que los demás tienen de uno. Una marca personal no puede existir aislada, necesita de los demás, por eso la retroalimentación debe ser constante.

Como luego veremos, una marca personal necesita tiempo y persistencia para desarrollarse. Se basa en atributos como autenticidad, consistencia, competencia, relevancia, estilo, visibilidad, valores positivos, diferenciación o especialización.

Además, un profesional no puede construir una marca personal sólida sin unos valores, unos principios, unas prioridades y unas creencias definidas. Es lo que le va a permitir ser reconocido como un individuo coherente, responsable y consciente del que sabes lo que puedes esperar. Y es que a las personas no nos gustan las sorpresas.

La marca personal te enseña a ver tu trabajo como un producto en un entorno competitivo. La marca personal no solo te beneficia a ti sino también a la empresa para la que trabajas o a las personas que conoces. La marca personal es para gente inquieta que quiera hacer algo más con sus vidas. Definitivamente, la marca personal trata sobre los seres humanos, pero teniendo en cuenta todas sus facetas.

Las personas hemos sido educadas para no destacar, para no hacer ruido desde que ocupábamos un pupitre en el colegio. Hemos crecido en un ambiente que fomentaba la homogeneidad frente a la individualidad. El grupo sobre el individuo. Al llegar a la empresa esa impronta se multiplica. La inseguridad laboral, los procedimientos establecidos, la cultura empresarial, las normas escritas y no escritas. Esa mezcla de factores se convierte en un veneno letal para la creatividad, la innovación o la asunción de riesgos.

Además, las frecuentes reestructuraciones, las mentes cerradas y casposas de algunos directivos, expedientes de regulación de empleo o simplemente la reducción de unas décimas en la facturación prevista han conseguido que la inmensa mayoría de los profesionales se limite a hacer su trabajo. El mensaje es que si no haces demasiado ruido no se fijarán en ti y podrás aguantar unos meses más en tu cubículo.

El resultado es que los productos y servicios son idénticos, habría que decir que son idénticamente mediocres. Por lo tanto solo quedan dos posibilidades de aguantar en el mercado, reduciendo los precios o siendo percibidos como diferentes y superiores. ¿Y no es esto último lo que hace una marca?

Las personas en la empresa o en el mercado son proveedores de servicios y como tales tienen que ser valoradas. Deben ser capaces de aportar un valor añadido y ser reconocidas por eso, de lo contrario simplemente serán piezas reemplazables en el mercado de repuestos.

Por lo tanto nos encontramos con un dilema: o nos diferenciamos mediante la asunción de riesgos, utilizando nuestra creatividad y tomando iniciativas para aumentar nuestro valor, o cumplimos las reglas establecidas sin aportar nada más que lo imprescindible y cruzamos los dedos para no caer en la próxima reestructuración.

La solución la tenemos ante nuestros ojos, la conocemos desde que el hombre empezó a establecer relaciones. Debemos ser capaces de proporcionar a los demás algo valioso, algo que satisfaga alguna de sus necesidades. Y para eso es necesario que pensemos en todo lo que hacemos como en un producto o en un servicio. Eso implica conocer bien aquello que podemos aportar y encontrar la forma de darnos visibilidad y de ser conocidos por ello.

Sin hacer una reflexión más profunda, pensar en nuestras relaciones personales o profesionales como en un intercambio de productos o servicios puede parecer escandaloso o polémico. Es posible que algunas personas lleguen a confundir incluso a la persona con el producto, a transformarla en un objeto o en una mercancía. Nada más alejado de la realidad.

Para entender y asumir el concepto de marca personal debemos entender que, salvo que vivamos encerrados en una burbuja y absolutamente aislados del resto de la humanidad, nuestra vida es una continua sucesión de relaciones.

En cada una de esas relaciones se produce de forma consciente o inconsciente una comunicación y a veces una transacción que nos va situando en la mente de los demás, nos posiciona.

Hijos, colegas, jefes, colaboradores, clientes, amigos..., todos esperan algo de nosotros. No es necesariamente algo material, puede ser algo intangible o inmaterial. Una sonrisa, un rato de conversación, un informe, una idea brillante, una respuesta rápida, un regalo inesperado, un pedido entregado a tiempo. Todos esos son nuestros productos o servicios. Y vamos a ser valorados por ello.

Cada vez que interactuemos con otras personas vamos a ir forjando nuestra imagen como "proveedores de servicios". Vamos a ir haciendo crecer (o menguar) nuestro crédito personal. Y podemos hacerlo de una forma rutinaria, gris o aburrida o, por el contrario, podemos dar un valor diferencial a todo lo que hacemos.

Por lo tanto, debemos entender que nosotros no somos objetos, no tenemos precio. El valor viene de lo que hagamos y de cómo lo hagamos. Simplemente somos responsables de nuestro producto y todo lo que hacemos va a situarnos de una manera determinada ante los ojos de los demás.

Lo que aportemos a quienes nos rodean y la forma de hacerlo va a ser un reflejo de nuestra individualidad, de nuestras creencias, de nuestros objetivos, de nuestros valores, de nuestros recursos. Lo queramos o no, la gente nos va a percibir en función de lo que hagamos, de lo que aportemos. Y nos van a valorar por ello.

Vamos a ser más o menos queridos, mejor o peor pagados, más o menos solicitados, más o menos respetados en función de lo que hagamos, de cómo lo hagamos y finalmente de cómo lo perciban. Nos van a poner una etiqueta queramos o no. Por lo tanto, es importante ser conscientes de ello y poner manos a la obra para que ese sello sea el que nosotros queremos.

Y eso, como hemos visto antes, tiene un nombre: marca.

La marca es una metáfora. Es una forma de decir que algo tiene personalidad propia. Que es diferente. Que es consistente. Que es valioso para algunas personas. Que es reconocible.

Una marca no es algo que deba ser aceptado por todos. Una marca tiene éxito en un grupo determinado y en otro puede ser despreciada. Pero en todos los casos debe ser reconocible, consistente y debe destacar sobre otras de su categoría. Pero una marca solo existe cuando se relaciona. Por sí misma no vale nada.

Y esto, ¿qué relación tiene con la situación actual? Pues la respuesta es simple. Una marca en general o una marca personal en particular es la herramienta perfecta para sobrevivir y prosperar en el mercado en el que vivimos.

Una marca fuerte debe ser reconocida, debe ocupar un lugar en la mente de las personas, y para ello debe ser diferente, debe satisfacer una necesidad de esas personas y debe llegar a ellas, a hacerse visible.

Eso implica asumir riesgos, salirse de los caminos asfaltados, romper algunas reglas y estirar el cuello para que sobresalga la cabeza. Aunque a veces haya alguien esperando para cortarla o ponerla otra vez en su sitio.

No olvidemos que la mente humana necesita tener sensación de orden y trata de clasificarlo todo. Por lo tanto, queramos o no, todos tenemos una marca o al menos una etiqueta. El mayor problema no es que esta sea mala, sino que ni siquiera sepamos cuál es. Y para eso hay una solución sencilla. Debemos descubrirla preguntándonos a nosotros mismos y a los demás.

Porque son los otros los que van a dar el auténtico valor a una marca. Y para que llegue a las cotas más altas debemos tener claro a quién le puede beneficiar lo que hacemos, quién puede hacer lo mismo que nosotros o cuál es la situación del entorno.

Y cuando no nos quede ninguna duda, debemos hacer todo lo posible para comunicar lo que hacemos, informar al mundo que podemos satisfacer alguna de sus necesidades y que somos los más apropiados para ello. Y eso tiene un nombre: marketing. Aunque lo veremos más adelante

Supongo que a estas alturas, con todo este bombardeo al que te he sometido, tendrás bastante claro que el personal branding no es una forma de convertir a las personas en objetos, sino todo lo contrario. Se trata de encontrar aquello que te hace diferente, mejor y sobre todo auténtico. Se trata, en definitiva, de desarrollar la mejor versión de ti mismo. Para beneficio tuyo y de los demás.

Podríamos definir la marca personal como una combinación de ciencia y arte, de emoción y razón, de aptitud y actitud. No se trata solo de ser capaz de hacer algo, sino de sentirlo y de darlo a conocer.

Para conseguir desarrollar una marca personal propia o para otros, es necesario tratar a las personas como si fueran lo que deberían ser y ayudarlas a convertirse en lo que son capaces de ser. La marca personal siempre es una herramienta de mejora y de innovación que nos permite destacar y ser singulares en un mundo homogéneo y gris.

En este libro te estoy insistiendo en la importancia de asumir tus propias responsabilidades y no esperar que nadie venga a salvarte o a arreglar tus problemas. Con una marca personal te das poder a ti mismo. El "empowerment" que dicen los anglosajones viene de ti y no de alguien externo.

DEFINICIONES Y MÁS DEFINICIONES

Con este libro pretendo sentar las bases de un modelo de marca personal aceptado en nuestro entorno y por eso no me importa insistir en todos estos conceptos hasta que queden claros y fijados.

- El personal branding es para gente que se ha dado cuenta de que necesita tener un control de su identidad. No puede depender de la suerte, de otras personas o de las circunstancias.

- El personal branding es una forma de establecer aquello que quieres ser y como quieres ser percibido mientras estés aquí y después de haberte ido.
- El personal branding trata sobre el control del proceso que afecta a la forma en que los demás te perciben y de gestionar esos procesos estratégicamente para ayudarte a conseguir tus objetivos.
- El personal branding es una forma de identificar tus objetivos y trabajar para conseguirlos. La marca personal es hacer más de lo que has conseguido. Es una comunicación constante de nuestras habilidades hacia el exterior.
- El personal branding implica comunicar claramente el valor añadido que ofreces a tus clientes. Por lo tanto, una marca personal es todo aquello que representas y que la gente identifica en ti.
- El personal branding es una forma de aclarar y comunicar aquello que te hace diferente y especial y utilizar esas cualidades para guiar tus decisiones profesionales y empresariales. Implica conocer los atributos que te hacen único, tus fortalezas, habilidades, valores y pasiones, y utilizarlos para diferenciarte de tu competencia.
- El personal branding es para gente que es inteligente y buena en lo que hace, pero no lo es tanto en crear su propia marca y vender su trabajo de forma apropiada.
- El personal branding es un método para identificar tu valor como ser humano, para conseguir que sea ampliamente conocido y con el fin de alimentar y aumentar ese valor a lo largo de tu vida.

Las personas son como las marcas: deben ser alimentadas y gestionadas hasta convertirse en marcas de éxito.

Construir una marca no es conseguir estatus, bienestar o fama. Consiste en asumir la responsabilidad de la propia felicidad y realización. Se trata de crear una vida de valor poniendo tus fortalezas y atributos a disposición de un uso superior (el mejor uso posible).

Algún experto decía que una marca personal es la idea poderosa, clara y positiva que viene a la mente cuando otra persona piensa en ti. Nadie espera que seas perfecto, pero algunas veces los valores positivos de tu marca personal pueden hacerte sobresalir si sabes presentarlos de forma correcta.

La marca personal es aquello en lo que destacas, los valores, habilidades, acciones que los demás asocian contigo. Es tu OTRO YO profesional diseñado con el objetivo de influir en la forma en que los demás te perciben y transformar la percepción en oportunidad. Esto se consigue diciéndole a tu entorno quién eres, qué haces y qué te diferencia o cómo aportas valor a tu mercado objetivo.

CAMBIO DE REGLAS

El personal branding pretende cambiar las reglas en el mercado de trabajo y desplazar el centro de gravedad de las empresas a las personas. Mi intención es que sean las organizaciones las que graviten alrededor de los profesionales y no como ha sido hasta ahora. Porque una marca personal te proporciona las herramientas para atraer a tu mercado, a tus clientes.

Ya no tienes que ir vendiendo tu trabajo, sino que ahora lo pones a la vista de todos para que "te compren". Los demandantes ahora son los que están interesados por lo que eres capaz de ofrecer en lugar de ser tú el que vaya a la búsqueda de un "hueco" o, dicho de otra forma, de "un empleo".

SER MÁS

Tener una marca personal implica aprender a maximizar el potencial de tu principal activo, que eres tú mismo. No te engañes: aunque suene egocéntrico, tú eres lo mejor que te ha pasado. Una marca personal no debería cambiar tu forma de ser ni crearte más enemigos de los necesarios o afectar negativamente a tu vida personal sino potenciar lo bueno que ya tienes.

La marca personal es para gente que quiere conseguir más con los recursos con los que cuenta, gente que no se conforma con vivir una vida mediocre y gente que quiere reinventarse a sí misma.

Porque una marca personal te sirve para saber dónde fallas y cómo corregirlo, pero sobre todo te ayuda a encontrar aquello que sabes hacer de una forma superior y que se te reconozca por ello. Eres una mezcla de características "buenas" y otras que "podrían ser mejores".

Pero, como dice el experto Peter Montoya, hay cosas que una marca personal no puede conseguir, como ocultar tu incompetencia o hacerte famoso. El personal branding trata de influir, no de conseguir la fama.

SINGULARIDAD. ERES ÚNICO

La marca de un producto es una identidad única que desea diferenciarse de productos similares. Cuando se trata de personas podemos decir que todos somos únicos, singulares. Precisamente por eso, lo opuesto a la noción de "commodity", o producto indiferenciado o a granel, es la "marca", que es la diferenciación única que hace que nos elijan y seamos recordados y tenidos en cuenta.

Cuando uno tiene una identidad definida y reconocida, la vida es mucho más sencilla porque todo el mundo sabe a qué atenerse, empezando por uno mismo. El problema es que esa identidad es increíblemente difícil de inculcar a la gente y muy difícil de mantener. Pero ahí está el mérito y por eso hay tan pocos individuos que sean reconocidos por tener una marca personal fuerte. Podríamos decir que las marcas dejan marca.

MÁS ALLÁ DE LA IMAGEN

Pero la marca personal es más que tu nombre, identidad e imagen. Es todo lo que haces para diferenciarte y venderte a ti mismo, incluidos tus mensajes, aspecto y estrategias para hacerte visible. Es la forma de descubrir tu valor diferencial y comunicarlo al mercado. Es una descripción de nuestra personalidad de una forma distinta y única. Cuando sepas quién eres, qué puedes y debes hacer y qué te hace diferente, habrás creado tu marca personal

PODER BLANDO (SOFT POWER)

El personal branding está relacionado con lo que los anglosajones denominan el poder blando (soft power): marcas, reputación, ideas, capital intelectual, relaciones con clientes y alianzas empresariales. Y eso tiene muchísimo valor en el mundo actual. El poder blando nos afecta diariamente porque influye en cómo nos sentimos. Las marcas no son racionales, las más poderosas dan de lleno en las emociones y en los sentimientos. El elemento emocional es lo que nos hace actuar.

Las empresas del futuro deberán gestionar sentimientos, creencias, percepciones y valores. Todos ellos son activos de lo que se denomina el capital emocional y que hacen que la gente transforme el conocimiento en acción. Por lo tanto, podemos decir que las empresas poderosas del futuro estarán compuestas de marcas personales que sean capaces de establecer una conexión entre ellas y el entorno.

HONESTIDAD

El personal branding es la forma en que comunicas tus valores, habilidades, pasiones y talentos, los sentimientos que provocas y la forma como eres percibido. El "lado oscuro" de una marca personal de éxito es que, una vez que empiezas, no podrás esconderte en ninguna parte. Cuando la gente te perciba e identifique como alguien capaz de cumplir con tus promesas y actuar de una manera consistente, deberás ser profundamente honesto. Serás reconocido en función de las promesas que mantengas. La marca es confianza, es credibilidad y no puedes desarrollar un posicionamiento sólido si no eres considerado como una persona fiable en todo lo que hagas.

INNOVACIÓN

Las marcas de éxito piensan y actúan con mentalidad de innovación y riesgo, incluso aunque sean los líderes en su categoría. Porque las marcas, personales o comerciales, deben responder con agilidad a los cambios en un mercado cambiante. Cuando descubres y desarrollas una marca personal, lo que estás haciendo es tomar las riendas y jugar un papel activo en tu carrera y en tu vida, y aprender a posicionarte y vender tu trabajo para conseguir la mayor ventaja posible.

SI NO CREAS TU PROPIA MARCA, ALGUIEN LO HARÁ POR TI

Todo es una marca. La mayor parte de la gente no lo reconoce ni quiere admitirlo. La empresa en la que trabajas, la casa en la que resides, el coche que conduces..., son marcas y se relacionan con la tuya. Todos tenemos una marca, somos percibidos de una determinada manera en nuestra familia, círculos sociales y profesión. No sabemos cómo la hemos creado, pero ha sido construida a lo largo de los años. Las personas tenemos marca, identidad, reputación.

Todos tenemos una marca en el sentido de que tenemos una cierta identidad y hemos de mantener una cierta calidad en nuestras relaciones. La mayoría de la gente tiene una marca accidentalmente. No tienen ni idea de que han desarrollado una marca a lo largo del tiempo, por lo tanto están fallando en la capitalización de sus fortalezas de marca y continúan siendo saboteados por sus debilidades. El personal branding consiste en construir una marca intencionadamente en lugar de dejar que ocurran las cosas al azar.

La ventaja de tener una marca personal fuerte pero no desarrollada de forma consciente es que puedes potenciar las fortalezas de tu marca empezando a establecer una estrategia. Por supuesto, hay un problema, algo que podríamos denominar como la inercia de marca. Si una persona con marca ha estado proyectando ideas no deseadas en la mente de su entorno, hay un camino largo, duro y difícil para modificarla o eliminarla. ¿Eres el chistoso, el antipático, el que lo resuelve todo? Una vez que has conseguido posicionarte de una determinada manera, incluso de forma accidental, es muy difícil cambiar la percepción en ese entorno.

Una marca personal es la suma total de tus éxitos, actitudes, acciones y sobre todo tu forma de relacionarte con los demás a lo largo de los años. Cuanto más consistentemente te has comportado, más fuertemente es percibida tu marca, para bien o para mal.

¿Quieres saber cómo perciben tu marca personal? Haz una prueba. Pídele a alguien de confianza que te diga cómo te presentaría a alguien a quien no conoces. ¿Con qué adjetivos te describiría? Eso es algo que lo dice todo. Lo que te define es lo que tus amigos, familia y colegas dicen sobre ti cuando no estás cerca. Si pudieses hacer una encuesta a la gente de tu entorno, podrías tener una imagen clara de tu marca personal.

Las características más frecuentes por las que las personas son etiquetadas son cuestiones tales como su forma de ser, su empleo, su aspecto, sus éxitos, sus posesiones, su estilo de vida, sus habilidades, intereses, aspecto o amigos.

El término personal branding es una invención moderna, pero el fenómeno de que la gente etiquete a otras personas instantáneamente basándose en la reputación y el comportamiento es tan antiguo como las relaciones humanas. Incluso dentro de las sociedades primitivas, los individuos se juzgaban unos a otros basándose en rápidas impresiones, y decidían en quién confiar basándose en contextos emocionales poco fiables. Hoy, todos hacemos juicios sobre otras personas solo con información superficial a mano.

Por lo tanto, el personal branding es natural, una parte orgánica de la sociedad humana. La diferencia hoy en día es que hemos aprendido los secretos que nos permiten determinar cómo los otros nos perciben. Lo que estamos diciendo básicamente es: Define tu marca o tu marca te definirá a ti.

Como dicen los maestros norteamericanos de marca personal, si no te marcas tú mismo (defines tu marca), alguien lo hará. Las marcas siempre funcionan. Hagas lo que hagas, si lo haces de forma visible, siempre producen un resultado, pero ¿es el que tú deseas?

Si no eres consciente de cuál es tu marca personal, puede que no te des cuenta de cómo ha afectado a tu vida. Nada es más importante: personal branding trata de tomar el control de cómo te afectan las percepciones de los demás.

Una marca personal es una identidad personal que estimula percepciones precisas y valiosas en su entorno sobre los valores y cualidades que hacen destacar a la persona. Si tienes una marca personal poco desarrollada, además de ser competente en lo que haces, también necesitarás desarrollar tu reputación: una identidad personal estable, distintiva y reconocible. La idea es que todo lo que tenga que ver contigo sea una confirmación de la identidad que has diseñado para ti mismo.

Por lo tanto, el personal branding proporciona las herramientas para que cada uno se vea a sí mismo como una marca y a su trabajo como un producto, utilizando los conceptos que utilizan los expertos en marketing y publicidad con el fin de manifestar tu personalidad y valores a tus amigos, colegas y conocidos de una manera positiva y honesta.

MANIPULACIÓN E INFLUENCIA

Vivimos en una época en la que las marcas corporativas sustituyen con frecuencia a símbolos más tradicionales y el marketing es reconocido con creciente sospecha e incredulidad. Hablar de marcas personales puede parecer completamente deshumanizador. Pero eso no tiene por qué ser así. Depende de lo que hagas y de lo que te propongas. El personal branding no es bueno ni malo en sí mismo, depende de la forma como lo utilices, pero eso ocurre con un cuchillo, con Internet o con una información.

¿Es manipuladora la marca personal? No lo creo. El problema es que construir una marca personal va contra los instintos naturales de la gente. El personal branding solo pretende gestionar un proceso que ocurre de todos modos para convertirlo en una ventaja para ti. Tener una marca personal implica que te defines, que estás perfectamente posicionado en tu mercado, que siempre te comunicas con eficacia y que aprovechas todas las oportunidades que se te ofrezcan. Suena bien, ¿verdad?

Una marca se construye basándose en lo que uno realmente es, no en quien piensas que la gente puede querer que seas. Por eso es lo contrario a la manipulación o a las malas artes. Mucha de la literatura actual de personal branding habla de venderte a ti mismo a potenciales empleadores, clientes o consumidores. Se trata más bien de tener diferentes métodos probados para gestionar tu marca personal con el fin de ayudarte a ampliar al máximo tus oportunidades. Se trata de destacar sobre la multitud. De tener vidas plenas y con sentido. De alcanzar el éxito a nuestra manera. Pero siempre de una manera honesta y auténtica.

El personal branding es un método para gestionar tu vida. Es una forma de entender las relaciones que abarca todos los aspectos de tu existencia. Se trata de mantenerte centrado en las cosas que son verdaderamente únicas sobre ti e importantes para ti. Se trata de ayudar a mantener un equilibrio entre trabajo, familia y servicio a quienes se relacionan contigo. Cuando tienes claro todo esto, tu vida se simplifica y las necesidades se reducen.

Es útil cuando nos enfrentamos a decisiones importantes, para ayudarte a diferenciar entre aquellas oportunidades que están alineadas con tus objetivos a largo plazo en todos los aspectos de tu marca personal y aquellas que no lo están.

Marca = Karma

He comentado en algunas ocasiones que a medida que he ido desarrollando mi proyecto de marca personal me he ido encontrando con similitudes curiosas con algunas filosofías orientales.

No soy un místico ni nada parecido, de hecho soy extremadamente racional y escéptico. Sin embargo, con mucha frecuencia detecto paralelismos más o menos profundos con el budismo. Responsabilidad individual, control personal, conciencia, respeto por los demás...

Quizás por eso el logo de una de mis páginas web está basado en el Yin y el Yang.

El budismo se centra en la persona, en el individuo y no en el poder de unos sobre otros. Aunque estoy muy pez en estos temas, me da la sensación de que deja a cada uno la posibilidad de elegir y no ha generado tantas reglas, normas o leyes como otras filosofías o religiones.

En una ocasión leía una vez más sobre un concepto que todos hemos escuchado. Se trata del Karma. Decía:

"La doctrina del karma es aquella en la que todo el universo de los fenómenos tal y como nosotros los percibimos se entiende que es un efecto, que se corresponde a pensamientos, discursos y acciones físicas previos del individuo y de todos los seres vivos, que son la causa" (Ashvaghosah, Buddhacarita, siglo I a.C.)

En otro sitio leía:

"La ley del karma es aquella ley que ajusta sabia e inteligentemente el efecto a su causa. Todo lo bueno o malo que hemos hecho en una vida, nos traerá consecuencias buenas o malas para ésta o próximas existencias".

Creo que esto encaja perfectamente con todo lo que he dicho sobre marca personal. Todo lo que hacemos importa, cualquier acto que realicemos influye en la percepción que los demás tienen de nosotros, antes o después recibiremos castigo o recompensa por nuestra forma de comportarnos.

Lo que está ocurriendo con los escándalos de dopaje en el deporte, ¿no es una consecuencia de acciones anteriores?

Cuando un deportista con marca personal trata de batir su propia marca de forma poco clara, ¿no estará batiendo su propio karma?

Marca/Karma

Markarma

Karmarca

Solo un cambio de letras.

Siempre digo que en lo referente a las personas está todo inventado... desde hace siglos.

ALGUNOS CONCEPTOS BÁSICOS

Antes de seguir, echa un vistazo a estas preguntas y reflexiona sobre ellas:

- ¿Quién eres?
- ¿A quién le importas?
- ¿Por qué deberías importarles?
- ¿Cuál es tu misión en la vida?
- ¿Qué es lo que quieres comunicarle a la gente?
- ¿Cómo puedes estar seguro de que aquello que tienes para ofrecerle al mundo es algo único?
- ¿Eres capaz de verte como una marca con todo lo que ello significa?
- ¿Te desagrada esa idea? ¿En qué sentido?

- ¿Puede una carrera profesional ser gestionada de la misma forma que un producto con marca?
- ¿Cómo has manejado tu carrera y tu trayectoria laboral?
- ¿Qué productos o servicios has desarrollado o participado en su desarrollo en los últimos 6-12 meses?
- ¿Cuál es la promesa de valor de tu marca?
- ¿Quién reconoce tu trabajo?
- ¿Cómo y por qué lo reconoce?
- ¿Por qué valoran tu contribución?

Estas preguntas tienen un denominador común: están relacionadas con el concepto de marca personal.

La marca personal es una respuesta a nuestra necesidad de reconocimiento y de diferenciación del ser humano. Maslow ya nos lo explicaba con su famosa pirámide de necesidades. Es una forma de ir más allá, de escapar a la noción de hombre-masa a la que peligrosamente le está llevando el sistema económico actual.

Construir una marca requiere conocimiento, paciencia y persistencia. La construcción de una marca no se produce de la noche a la mañana. Tienes que tener en cuenta que tanto las marcas comerciales como las personales necesitan tiempo para desarrollarse, crecen orgánicamente, no son racionales, requieren consistencia y claridad y siempre producen un efecto, aunque si no la sabes gestionar posiblemente no será el que deseas.

Tu objetivo, por lo tanto, será conseguir que tu marca se convierta en un vehículo para ser más auténtico y relevante. De este modo te diferenciarás de otros que hacen un trabajo similar, afirmarás tu auténtica identidad, destacarás tu talento y establecerás tu reputación en los negocios.

Reforzando tu marca, practicando la consistencia y la coherencia, conseguirás que la gente responda como quieres, de forma que cuando oigan tu nombre te asocien con aspectos positivos. Al final, una marca de confianza se gana la lealtad del cliente. Tú puedes esperar el mismo resultado.

Con cierta frecuencia leo o escucho comentarios críticos sobre el concepto de marca personal de individuos que lo consideran poco apropiado para aplicarlo a las personas. Frases como "las personas no somos marcas", "no creo en las marcas", o "las marcas solo sirven para que las empresas se aprovechen de la gente", suelen ser las más habituales.

En general suelen ser opiniones bastante simplistas y en el fondo reflejan un desconocimiento del personal branding en particular y del concepto de marca en general. Esto es algo muy habitual en una cultura que se ha acostumbrado a vivir rodeado de marcas pero que al mismo tiempo desconoce su utilidad y su razón de ser.

Como cualquier herramienta, esta puede ser utilizada correctamente o no, pero sobre todo debe ser entendida para poder dar una opinión ajustada. Y desde luego, el personal branding es cualquier cosa menos simple o materialista.

Mi visión del personal branding está más relacionada con el desarrollo del ser humano, con el descubrimiento y la utilización de sus fortalezas, con la consecución de sus objetivos. El objetivo final de la marca personal es aumentar el valor de las personas, no limitarlo. Pretende sacar lo mejor del hombre, no reducirlo a un objeto o a un producto. Utilizarlo para mejorar su entorno, no para aprovecharse de él. Se me ocurren algunas facetas de aplicación del personal branding que confirman que este concepto es todo menos una herramienta de gestión de imagen o de manipulación.

Faceta emprendedora: El desarrollo de una marca personal parte del establecimiento de objetivos y la elaboración de estrategias para alcanzarlos. Normalmente, en nuestra vida cotidiana solemos dejarnos llevar por lo que nos ocurre, por miedo a no alcanzar lo que deseamos o por simple rutina. Pero cuando tratamos de descubrir nuestra marca personal, nos vemos obligados a dar pasos, a salir de nuestra zona de comodidad, a aceptar los cambios y aprovecharnos de ellos. Al mismo tiempo, descubrir nuestra marca implica hacer un análisis profundo de quiénes somos, qué somos capaces de hacer y con qué recursos contamos. Cuando llegamos a descubrirlo y aceptarlo estamos en mejor disposición para asumir riesgos, ser más creativos y tomar iniciativas.

Faceta ideológico-filosófica: Puede parecer extraño relacionar un concepto "de gestión" con la filosofía o la ideología, pero creo que, cuando tratamos con personas, no solo es necesario, sino también imprescindible, salir de la neutralidad. La marca personal parte de la creencia en el ser humano, en el individuo y en la capacidad de gestionar su vida. El personal branding cree en el poder del individuo y en su derecho a tomar sus propias decisiones. Es un concepto profundamente respetuoso con las personas y considera que cada persona es responsable de sus propios actos. Para que el ser humano sea libre debe ser responsable y asumir las consecuencias de sus decisiones. Cuando las personas cedemos parcelas de nuestra responsabilidad, vamos siendo menos libres. Y al perder libertad, la marca es menos nuestra y más de quienes nos controlan.

Faceta de relaciones: Leyendo el apartado anterior se podría cometer el error, bastante común, de pensar que el personal branding fomenta el egoísmo y la competitividad salvaje. En realidad lo que pretende es fomentar la individualidad, el valor único de cada persona para ponerlo a disposición de su entorno. Una marca no existe sola, solo adquiere su valor cuando se relaciona con otras, cuando ofrece sus servicios a quienes puedan necesitarlo. Por lo tanto, las Marcas Personales más fuertes e influyentes son aquellas que satisfacen las necesidades de otros. Últimamente se habla de los mercados como conversaciones (clientes, proveedores, consumidores...), y si hay un concepto que basa su fuerza en las relaciones y en la comunicación, es el branding. Si hay un medio que ha proporcionado el impulso definitivo al personal branding es Internet, porque basa su éxito en la interrelación, en el establecimiento de vínculos personales y en la creación de redes sociales. Y en eso se basa la fortaleza de una marca.

Faceta de desarrollo: La construcción de una marca personal implica un autoanálisis serio y sincero de lo que somos. Es el análisis de nuestro producto. Difícilmente podremos salir al mercado y ofrecer algo que desconocemos sin saber lo que podemos ofrecer. Necesitamos descubrir aquellos aspectos en los que somos mejores y en los que lo somos menos. Y también tenemos que entender los desfases que se producen entre cómo nos vemos y como nos ven. Si hacemos ese ejercicio, quizá descubramos que la visión que tenemos de nosotros mismos es muy diferente de la que debería ser. Y eso a veces es doloroso. Es nuestra investigación de mercado personal. Pero una vez que sabemos por dónde empezar, será más fácil diseñar nuestra estrategia de desarrollo.

En resumen, el personal branding es mucho más que una simple asesoría de imagen o de la creación de microcampañas de publicidad. Parte del ser humano que la sostiene, de sus valores, de sus creencias, de sus fortalezas... Y le anima a tomar sus propias decisiones. Quizá sea el concepto más humanista que ha surgido en los últimos tiempos.

¿Puede una persona tener una marca? Sí, de hecho es imprescindible tal y como se están poniendo las cosas. Tener una marca personal no implica deshumanizarte; de hecho, se trata más bien de lo contrario. El proceso de crear una marca personal te hace más consciente de tus características más sobresalientes y te ayuda a tener claros tus valores y prioridades para alcanzar tus objetivos.

El personal branding es la gestión de las percepciones. Construir una marca personal no perjudica a nadie, no es un lavado de cerebro, y no trata a la gente como si fuera estúpida. Lo que hace es respetar la inteligencia de quienes forman tu entorno asumiendo que, si no puedes cumplir lo que prometes, y tu marca está basada en una mentira, tu mercado será lo suficientemente inteligente como para darse cuenta y situarte donde te corresponde.

En este momento se están alineando varios acontecimientos que nos ponen en una situación privilegiada. El desarrollo de la tecnología nos permite hacer llegar nuestro mensaje a todo el mundo. Internet es una herramienta fundamental para la creación de marcas personales y ha sido el catalizador para esta revolución. Consigue que la comunicación sea instantánea y universal. Permite que cualquiera pueda crear sus propias herramientas de marketing y agrupar a quienes tienen sus mismos intereses.

Pero la Red puede ser una bendición o una maldición para una marca. Aunque te permite comunicarte con una gran cantidad de gente en cuestión de segundos, también permite a esas personas hacer circular comentarios negativos de tu trabajo en el mismo periodo de tiempo.

Debes aprender a utilizar Internet de la misma forma que lo haces con otras herramientas: entiéndelo, gestiónalo, poténcialo. Aprende lo que puedas sobre páginas web, foros, blogs, webs, herramientas de networking y similares. Adelántate a la competencia gestionando la información y creando tu propia página y blog. De esta manera podrás gestionar y contrarrestar la información sobre la que no tienes control. Es muy importante que uses Internet para ser mejor hagas lo que hagas.

¿PARA QUÉ SIRVE UNA MARCA PERSONAL?

Si no descubres y desarrollas tu propia marca, alguien lo hará por ti.

Una marca personal tiene muchísimas aplicaciones a todos los niveles. Por enumerar unas cuantas, aquí tienes estas:

- Ser más atractivo para otros,
- Conseguir la clase de clientes que quieres. Los más ajustados a tu negocio.
- Conocerte mejor para competir y diferenciarte en el mercado.
- Ser más uno mismo.
- Conseguir una mejor visión de ti mismo y de tus objetivos como profesional.
- Mejor adaptación a los cambios.
- Facilitar la toma de decisiones.
- Aportar claridad respecto a quien puede interesar y lo que tiene que ofrecer.
- Transmitir tu mensaje de una manera clara y rápida.
- Dar credibilidad a tus proyectos.

- Inspirar confianza.
- Aumentar la autoridad y credibilidad de las decisiones, ideas y afirmaciones.
- Influir en la calidad percibida de tu servicio o producto.
- Encontrar un trabajo u otro mejor.
- Crecer personal y profesionalmente.
- Establecer metas y objetivos profesionales para renovar o impulsar la carrera profesional.
- Ayudarte a crear un entorno para alcanzar tus sueños y reinventar tu vida.
- Diferenciarte de la competencia cualquiera que sea el área que hayas elegido.
- Mejorar la eficiencia en la gestión del tiempo.
- Tener una vida más estructurada.
- Desarrollar la conciencia y la responsabilidad.
- Mejorar el trabajo en equipo al tener un mejor conocimiento de lo que cada compañero puede ofrecer.
- Fortalecer y gestionar la imagen interior y exterior, personal o profesional.
- Incrementar el esfuerzo que tus colaboradores hacen por ti.
- Situarte en una posición de liderazgo.
- Aumentar la satisfacción personal en el trabajo.
- Transformar la mentalidad de los profesionales de empleados a intraemprendedores.
- Fomentar la creatividad.
- Fomentar la iniciativa.
- Más empleabilidad.
- Más flexibilidad.

- Mayor disposición, interés e iniciativa de los profesionales en su mejora.
- Elevar el estatus, la posición respecto a los otros.
- Realzar el prestigio.
- Ganar reconocimiento.
- Obtener respeto por tu trabajo, reputación de experto.
- Reducción de la incertidumbre.
- Descubrir lo que es realmente importante.
- Ganar la guerra por la retención de talento.
- Favorecer la atracción y conservación de empleados, socios y clientes.
- Añadir valor percibido a lo que vendes.
- Que la gente te pague lo que te mereces.
- Mejorar la posición económica al ser percibido como de mayor valor.
- Ser una marca te enseña a convertir todo lo que haces en un producto vendible.

La marca personal es aplicable a cualquier negocio construido alrededor de las ideas, habilidades, pasión y liderazgo de un profesional individual. No tiene por qué ser un negocio unipersonal necesariamente, sino simplemente uno en el cual se identifique a alguien con la reputación de la empresa. Se podría resumir en una expresión como esta:

Conocimiento (YO) + Reconocimiento (OTROS) = marca personal (¿Quién eres? ¿Quién lo sabe?)

Una marca personal influye en la forma como tu mercado te percibe. Si has hecho tus deberes y conoces las características que las personas encuentran valiosas, crearás percepciones que generarán un sentimiento de comodidad y confianza cuando se hable contigo para hacer negocios. Para que tu marca personal sea efectiva debe evocar tres percepciones básicas en las mentes de tu mercado objetivo:

- Eres diferente.
- Eres mejor.
- Eres auténtico.

El que consigas o no una oportunidad en un trabajo, un cliente o una promoción va a depender de que estés en el grupo en el que hay que elegir a la persona adecuada. La percepción tiene tanto que ver con conseguir una entrevista o una oportunidad como con la habilidad y la experiencia.

Igual que las oportunidades, el reconocimiento de los jefes o los clientes están a menudo predeterminados por la confianza de que merezca la pena. Un actor puede ganar el Oscar por su trayectoria en películas de éxito, mientras que otro con una buena trayectoria en teatro o en cine independiente puede pasar sin pena ni gloria.

En general se puede decir que la marca personal es útil para todo tipo de profesionales que prestan servicios a otros, por cuenta propia o ajena.

Pero es que una marca personal es más fuerte que una marca empresarial por muchas razones. En general confiamos más en las personas que en las empresas, los profesionales que dan la cara tienen más que perder que las empresas, las personas son más "reales" que las empresas y, sobre todo, las personas se preocupan más que las empresas.

Tener una marca personal significa que te vas a posicionar en la mente de quienes te conocen. Posicionamiento significa establecer un lugar para ti en la mente de tu mercado objetivo, de forma que te identifiquen con una sola idea poderosa. Míralo de esta manera: igual que hacemos cuando vemos un producto, a la gente que vemos diariamente la clasificamos en algo parecido a archivos mentales, la etiquetamos como alguien muy parecido al "director intratable" o al "fontanero fiable".

Cuando te posicionas de una forma activa y consciente, controlas "la etiqueta" que te van a poner en su archivo mental. Estás diciendo a tu mercado objetivo cómo clasificar tu marca personal y cómo deben pensar sobre ti.

Me equivoqué. Marcas y Etiquetas

En muchas ocasiones he dicho y has leído que todos tenemos una marca.

Constantemente hablo de las ventajas de la marca.

Con frecuencia pongo ejemplos de personajes con marca.

Sin embargo, una y otra vez encuentro focos de resistencia e incomprensión. Entonces me pregunto si este es un concepto tan interesante, potente y atractivo. ¿Por qué no hay más interés en construir Marcas Personales? ¿Qué me falta para llegar a esos focos de resistencia?

En una ocasión reflexionaba en uno de los mejores sitios para hacerlo: el autobús ("*los gurús van en autobús*") y entendí que me estaba equivocando. No le he dado la importancia suficiente a la diferencia entre dos términos cercanos: marcas y etiquetas.

- Etiquetas hay muchas, todos tenemos una, o mejor dicho, nos la ponen.
- El CV, el DNI, el número de la Seguridad Social, la empresa en la que estamos, la clase social, la ropa que vestimos o la partida de nacimiento nos describen, nos etiquetan.

- Etiquetas son: mujer, niño, negro, extranjero, parado, viejo, bloguero, facha, enano, funcionario, licenciado, prostituta, idiota, o banquero.
- Como ocurre en el lineal del supermercado, podemos encontrarnos muchos productos y podemos diferenciarlos mirando su etiqueta. Es una forma de seleccionar si no sabemos nada más.
- Incluso ponemos etiquetas (tags) a lo que escribimos en nuestro blog del mismo modo que lo hacemos con alguien a quien acabamos de conocer.
- Esto funciona en una sociedad que solo quiere la funcionalidad, el usar y tirar, el consumo rápido, la reflexión nula. Y vamos a peor.
- Las etiquetas sirven para mantener el orden, para que nadie saque los pies del tiesto.
- Las etiquetas ponen de acuerdo a empresas, sindicatos, capitalistas, comunistas, antisistema y gobiernos de todo tipo. Los extremos se tocan. ¿Os imagináis a cualquiera de esas instituciones o grupos fomentando la diversidad o la individualidad?
- Cuanto más extremistas son las organizaciones, más tienden a la homogeneización, la uniformidad y la clasificación. Testigos de Jehová, hooligans, Hare Krishna o rastas. Da igual que sea la túnica naranja, la chaqueta Mao y el pelo rapado o la chaqueta gris y la corbata de seda.
- Pero lo peor de las etiquetas es que en la mayoría de las ocasiones las llevamos encantados. Nos gusta que nos asocien a algo. No nos gusta sentirnos solos. Respiramos si nos dicen todo lo que tenemos que hacer. Nos quitan un peso de encima si nos dan una "job description" y una lista de competencias profesionales.

TODO EN ORDEN.

- Pero la marca es mucho más.
- Una marca no es un logo, ni un envase, ni un peinado, ni llevar una PDA.
- Una marca personal y comercial necesita tener una misión, una visión.
- Una marca personal no es prepotente, sino humilde, porque tiene muy claro lo que es y lo que le falta.
- Una marca personal es emoción, sentimiento.
- Una marca personal establece relaciones, no puede existir por sí sola.
- Una marca personal tiene miedo pero lo supera y trata de innovar.
- Una marca personal no espera a que la escojan, hace lo posible para que la tengan en cuenta.
- Una marca personal quiere mejorar el mundo, o al menos su entorno.
- Una marca personal requiere paciencia, persistencia y objetivos claros.

Lo reconozco, me equivoqué. Durante un tiempo intercambié los términos, pero al bajar del autobús lo tuve claro.

Pero hay esperanza. Últimamente he conocido a muchos y muchas que hace tiempo que dejaron de ser etiquetas y cada día luchan por descubrir y fortalecer su marca.

Esos son los que me interesan. Porque son los que cambian las cosas.

Z. Marketing

¿Mercado? ¿Competencia? ¿Visibilidad? ¿Notoriedad?

Presentaciones, conferencias, charlas, artículos, páginas web, blogs, tarjetas de visita, aspecto, comunicación verbal y no verbal, reuniones...

Las posibilidades que tenemos a nuestro alcance para dar a conocer nuestra marca y conseguir el impacto que deseamos son interminables. Solo hace falta decidirse.

El personal branding implica asumir el control de la propia imagen. Conocer aquello que cada uno tiene que ofrecer al mundo y a su mercado y lo que le hace diferente del resto, de forma que pueda destacar y ser reconocido y recordado. Tu marca personal es lo que los demás piensan de ti cuando piensan en ti. Es la percepción de nuestra identidad.

Da igual el tamaño o el tipo de mercado en el que nos encontremos. Siempre es posible utilizar el marketing para dar a conocer nuestro producto o servicio y aumentar nuestro valor. Pero el marketing requiere la utilización de recursos que suelen ser escasos (tiempo, dinero, contactos...), por lo que antes debemos tener claras ciertas ideas básicas.

Estamos perdiendo el tiempo si desconocemos las necesidades de nuestro mercado. ¿Qué esperan de nosotros nuestros jefes, pareja, amigos, colegas o colaboradores? ¿Qué podemos aportar nosotros? ¿Somos relevantes para ellos? ¿Cómo podemos llegar a ellos?

Porque ahí fuera hay mucha más gente que podría hacer lo mismo que nosotros y de una forma más ajustada a sus intereses. Lo queramos o no, si somos valorados por lo que hacemos y hay otros que ofrecen lo mismo, tenemos que concluir que nuestra vida es una competición. Aunque ¿hay alguien que lo dudaba?

Por lo tanto, debemos tener claro que para tener más posibilidades de ocupar un hueco, dejar una marca en la mente de nuestro entorno, nuestro producto debe estar perfectamente definido. Debemos establecer cuáles son las mejores formas de llegar a ellos y el mensaje más apropiado.

La buena noticia es que actualmente la tecnología permite a cualquiera de nosotros aparecer en el mercado como líderes de nuestra propia categoría.

Mensajería instantánea, comunicaciones globales a coste cercano a cero, herramientas de diseño intuitivas y accesibles, sistemas multimedia que podría manejar un niño.

Lo difícil en este momento no es el como, sino el qué. Ya no se trata de invertir grandes sumas de dinero para construir una marca, sino de saber qué es lo que se quiere aportar y a dónde se quiere llegar.

CONCEPTOS BÁSICOS DE MARKETING PERSONAL

Antes de entrar a fondo en las herramientas e instrumentos de marketing que tienes a tu alcance para desarrollar tu marca personal, me gustaría hacer un repaso a algunos conceptos sencillos.

Echa un vistazo a estas preguntas y reflexiona sobre ellas:

- ¿Qué es marketing?
- ¿Te vendes tú o tu producto?
- ¿Por qué no te gusta el marketing?
- ¿Qué problema resuelve mi producto o servicio?
- ¿Quién compraría mi producto o servicio?
- ¿Por qué lo compraría?
- ¿Dónde lo compraría?
- ¿Qué producto o servicio competiría con el mío?
- ¿Qué beneficios ofreces?
- ¿Cuál es tu audiencia?
- ¿A quién quieres llegar?
- ¿Cuál sería tu cliente ideal?
- ¿Cuál es tu nicho?

¿Podemos aplicar el marketing a las personas? Por supuesto que sí, tanto en la vida personal como en la profesional. Respecto a la actividad profesional, el marketing es imprescindible cuando la oferta es superior a la demanda, y en lo referente a la vida personal es una herramienta tremendamente poderosa para alcanzar objetivos y desarrollo personal. En definitiva, cuando las opciones del individuo son múltiples y tienen que competir con otras personas en temas profesionales y personales, el marketing se hace totalmente necesario.

Según José María Ferré Trenzano, se puede definir el marketing personal como la adaptación del marketing general a **la realidad de la persona**, que debe tener en cuenta las **necesidades** de su **entorno cambiante** para poder alcanzar sus **metas tanto personales como profesionales**.

Pero también, en un plan más práctico: "El marketing personal consiste en, a partir de unos objetivos marcados de vida personal y/o profesional, elegir las estrategias y herramientas más adecuadas para conseguir estos objetivos, teniendo en cuenta la realidad de las personas que conviven con nosotros a nivel de relación y en muchas ocasiones en competencia, y todo ello dentro de un entorno cambiante".

Cuando se trata de Marketing Personal, hay que tener en cuenta algunos consejos. No ignores Internet. Puedes tomar lo mejor de los mejores pero no copies a cualquiera, no tengas miedo de ser diferente, deja de pensar como un pequeño emprendedor y piensa como un hombre de negocios, no tengas miedo de las nuevas ideas, no consientas que tu marca aparezca en material publicitario cutre, no dejes de preguntar...

No tienes que ser una "persona competitiva" para crear una gran marca. Si no lo eres puedes utilizar estrategias sencillas combinándolas para ganar.

- Sé auténtico.
- Mantén una buena actitud.
- Sé activo.
- Mantente informado.
- Sé más rápido.

- Sé comunicativo.
- Da más de lo que prometes..
- Juega limpio.
- Rodéate de gente que hable bien de ti.
- Construye relaciones duraderas.

Pero antes de seguir, ¿sabes cuál es la diferencia entre los conceptos de ventas, marketing y branding?

Vender es convencer, es el arte de la persuasión y de crear una necesidad donde no existe y de estimular a la acción cuando ya existe la necesidad.

Marketing es generar negocio, poner en marcha campañas, dirigir investigaciones de mercado, etc. Es la ciencia de crear un mercado enviando mensajes cuidadosamente creados al mercado objetivo a través de múltiples canales a lo largo del tiempo.

Pero aquí estamos hablando de marca, y el branding es influencia. Es crear una identidad que provoque en los demás la asociación con ciertas cualidades, valores o sentimientos para finalmente crear una afinidad que les lleve a comprar. Una marca personal te da el poder de influir en las decisiones, actitudes y acciones de tu entorno.

Una marca personal te "prevende" a la gente, haciéndola consciente de tu carácter, fortaleza y personalidad antes de que te conozcan. Las grandes Marcas Personales no necesariamente atraen las ventas, sino que atraen el poder y consiguen influencia.

LOS CANALES DE MARKETING

Peter Montoya dice que los canales son los medios que llevan la información sobre ti, tus valores, tus habilidades, tu especialización, tu posición, etc. Una vez que has creado tu marca personal y la especialidad y posicionamiento que llevan aparejadas, la marca llega a tus clientes vía canales de marca.

Los canales comunican la esencia de tu marca personal, lo que puedes hacer, cómo creas valor, las habilidades y las filosofías por las que eres conocido, para influir en la gente a través del marketing.

Canales principales	Canales secundarios
Referencias de clientes	Anuncios impresos
Referencias profesionales	Anuncios exteriores
Correo directo	Anuncios de radio
Contactos	Anuncios de TV
Seminarios	Ferias y eventos especiales
Relaciones públicas	
Llamadas	
Página web y blog	

Marketing es, ante todo, una filosofía que consiste en orientar todas las actividades de la empresa hacia el logro de la **satisfacción de las necesidades** del mercado final.

Mucha gente piensa que "venderse uno mismo" es el primer paso para la prostitución. Es decir, que uno debería olvidar sus propios valores y hacer lo que la gente quiera de nosotros. Por eso siempre hablo de vender nuestro trabajo y no a nosotros. La comercialización no es venderse. No hay nada de malo en vender. No te vendes tú, vendes tu producto o servicio. Es un proceso en tres etapas:

- Identificar necesidades insatisfechas y analizar los recursos que tenemos.
- Combinar las necesidades con nuestras habilidades, conocimientos y talento para ofrecer un producto que saque partido a nuestros recursos y aporte beneficios al cliente.
- Aprovechar nuestra comprensión de las necesidades insatisfechas para argumentar de forma efectiva sobre la manera con que nuestro producto satisface las necesidades en cuestión.

Vender expresa lo que es genuino para nosotros y podrá satisfacer una necesidad genuina que tenga tu cliente. No hay nada sórdido en ello. Como dice Ferré Trenzano, las personas en las relaciones personales y profesionales fracasan estrepitosamente por no utilizar las herramientas de marketing.

1. Quién

MARCA, PERSONAL: ¿SON COMPATIBLES?

Cuando leí por primera vez algo sobre personal branding, prescindí del gerundio y lo traduje inmediata y quizás erróneamente como marca personal. Siempre he creído que es un concepto brillante por su simplicidad y su obviedad. Estaba ahí pero hasta hace poco tiempo nadie había intentado crear una metodología que lo utilizase. Creo que marca personal describe muy bien lo que significa esta idea..., pero solo para quienes saben lo que realmente es una marca.

La mayoría de los conceptos de gestión aparecidos en las últimas décadas han entrado a formar parte del vocabulario de la gente sin haber sido claramente explicados. En el mundo del marketing y el branding ha ocurrido algo todavía más terrible. No solo se desconoce el significado de los conceptos, sino que son entendidos de forma opuesta.

El marketing y el branding se confunden con los anuncios de televisión, el engaño, el lujo, la venta de humo, las campañas publicitarias o la creación de falsas necesidades. Las malas prácticas han generado una confusión tremenda.

Sin embargo, como veremos más adelante, una marca fuerte, personal o comercial, lo es precisamente porque es fiable, porque aporta algo, porque satisface necesidades.

Si esta confusión no fuese suficiente, el personal branding introduce un nuevo término a la ecuación, un elemento extraño y aparentemente contrapuesto al branding, las PERSONAS.

Entonces ocurre algo terrible. La gente que escucha por primera vez el término se rasga las vestiduras, te mira como si fueses un enviado del capitalismo más salvaje y poco le falta para alejarse lo más rápido posible de ti. ¿Cómo es posible que una persona tenga una marca? ¿Es que las personas somos objetos? ¿Cómo tiene usted la desfachatez de comparar a un ser humano con un producto?

Tras varias escenas como estas, bueno, algo más suaves, te das cuenta de que hay que introducir este concepto con más mano izquierda. Hay que dar dos pasos atrás y empezar a hacer pedagogía de la marca. Porque quienes oyen hablar por primera vez de este concepto tienen una visión negativa de todo lo relacionado con la marca y el marketing. En consecuencia, entienden justo lo contrario de lo que se pretende comunicar.

Más adelante veremos y repetiré hasta la saciedad que la marca es confianza, es autenticidad, es credibilidad, es lealtad y satisfacción de necesidades. Explicaré que una marca personal solo existe y puede ser fuerte si se relaciona con otras Marcas Personales. Las marcas son relaciones y no imposiciones, son diálogo y no monólogo. El valor de la marca no se consigue por sí misma sino por la forma como es percibida.

Por lo tanto, en el término marca personal o personal branding lo importante es PERSONAL. Una marca personal está sustentada por una persona y no al revés. La marca personal es un reflejo del ser humano que la sostiene y no una máscara que se utiliza para ocultar a la persona.

No podemos entender la marca personal si no tenemos claro que no podemos falsear lo que somos. Solo podemos descubrir, pulir, perfeccionar, dar visibilidad y utilizar aquello que ya somos. Tenemos unos ingredientes que podemos utilizar para gestionar la percepción que los demás tienen de nosotros, pero no podemos inventarnos los que no tenemos. Ese truco no funciona si quieres construir una marca personal fuerte y duradera.

Debemos entender y asumir que una marca personal no es una forma de ponernos una máscara o de dar una imagen distorsionada de nosotros mismos. El personal branding pretende ayudarnos a descubrir y a sacar lo que ya existe en nosotros. No se trata de nada místico ni propio de la New Age. Es algo mucho más realista y objetivo.

Es una forma de ayudarnos a desempolvar las experiencias, las historias, las habilidades y los conocimientos que nos pueden ser útiles y que han ido depositándose en nosotros.

Solo cuando tenemos claro quiénes somos podremos expandirnos.

Con frecuencia me he encontrado con amigos y amigas que en un momento de su vida profesional deciden realizar un cambio. Quizás se trate solo de actualizar el CV, posiblemente ocurre cuando tienen que justificar su puesto. En ese momento empiezan a hacer un inventario de lo que han hecho y de las experiencias que les hacen valiosos. Entonces se dan cuanta de que su riqueza personal es mucho mayor de lo que pensaban, o mejor dicho, de lo que recordaban.

Por lo tanto, este análisis nos ayuda a vernos más grandes y por ello nos empuja a fijarnos metas más elevadas.

Cuando revisamos lo que hemos hecho nos asombramos de lo que podemos conseguir con un poco de esfuerzo. Descubrimos que lo que nos hace valiosos no son los títulos o los cargos sino nuestra historia personal. Posiblemente pequeños detalles que seríamos incapaces de recordar nos dan un estilo característico para enfrentarnos a las distintas situaciones que se nos plantean y que van definiendo la forma como somos percibidos.

Las marcas comerciales fuertes tienen una identidad propia muy clara y definida. Para las personas, la forma de ser es más importante que los conocimientos para definir esa identidad por la que vamos a ser reconocidos. Pero no debemos olvidar nunca que estamos en un entorno cambiante, movedizo y voluble. Lo que hoy nos hace ser percibidos como los reyes de mambo o como unos desechos humanos puede ser radicalmente diferente en otro entrono. La personalidad que te hizo tener éxito o fracasar rotundamente en un proyecto anterior puede ser una desventaja en el siguiente.

El éxito depende de nosotros, pero también del entorno (el mercado) en el que estemos. En los cursos que imparto suelo decir que hay mercado para todos, para seres bondadosos y para cabrones redomados. Todo depende del momento y del lugar en el que exista la necesidad que puede satisfacer el más apropiado.

Si preguntásemos ahora a quienes están cerca de nosotros sobre las cualidades que debería tener un jefe, por ejemplo, se equivocarían si no precisáramos las circunstancias en las que deberá ejercer esa jefatura.

Nuestra personalidad nos hace únicos, singulares, especiales y siempre va a haber personas, mercados o clientes para quienes nuestra mezcla sea irresistible o al menos atractiva. Por eso es muy importante que tengamos claro que no somos nosotros quienes tenemos que cambiar, eso jamás.

Lo que debemos hacer es encontrar el entorno, las personas o los proyectos que mejor se ajusten a nuestra identidad, a nuestra marca. Tratar de hacer lo contrario es pan para hoy y hambre para mañana. No podemos ocultarnos demasiado tiempo tras una imagen de diseño. O quizás sí podamos hacerlo, pero antes o después pagaremos las consecuencias o las pagarán otros.

No podemos pretender ser perfectos, y este es otro error muy habitual. Las personas tenemos una mezcla irrepetible de cientos de factores positivos y negativos que nos hacen ser lo que somos. La marca personal trata de sacar partido de aquellos que son más útiles en un determinado momento. El objetivo no es engañar a nadie diciendo que somos lo que no somos. Lo que pretende el personal branding es escoger y dar visibilidad a aquella mezcla de atributos y características que nos hacen valiosos en unas circunstancias determinadas.

Mi trabajo como profesional de marca personal es ayudar a descubrir las zonas oscuras y los aspectos a tener en cuenta en cada persona. Siempre es posible convertir una debilidad en una fortaleza y una amenaza en una oportunidad, pero para conseguirlo hay que tener claro con qué materia prima trabajamos. Por eso antes de lanzarse a gritarle al mundo que estamos aquí, debemos saber qué es lo que vamos a decir y a ofrecer.

Porque no debemos olvidar que una marca no puede existir aislada. Si no se relaciona e interacciona, es imposible que una marca exista porque no será capaz de generar ningún tipo de percepción.

Las personas tenemos por lo menos una parte interior y otra exterior, y no todas son visibles ni conocidas, ni siquiera por cada uno de nosotros. Hace algunas décadas se desarrolló una matriz que se denomina ventana de Johari en la que se representan cuatro situaciones.

	CONOCIDO POR EL "YO"	DESCONOCIDO POR EL "YO"
Conocido por los demás	**Área libre**	**Área ciega**
Desconocido por los demás	**Área oculta**	**Área desconocida**

Cuanto más capaces seamos de entender y conocer lo que hay en cada una de las ventanitas, mejor será la gestión de las percepciones y por lo tanto de nuestra marca. Cuanto mejor entendamos las razones de nuestro temperamento, mejor entenderemos las reacciones de los demás a nuestro comportamiento.

Pero debemos tener en cuenta que no solo cuando actuamos mostramos nuestra personalidad, también cuando no hacemos nada. En este caso, los silencios, el no-actuar es tan importante como el silencio en la música o en un discurso.

Las personas nos van a percibir y juzgar por las veces que no reaccionamos o no actuamos como esperan.

Hace algún tiempo apareció un anuncio para una campaña antidroga que decía "Cada vez cuenta". En el caso de las marcas personales ocurre lo mismo. Siempre que se produce una interacción voluntaria o involuntaria con otra persona o grupo de personas se modifica la percepción que tienen de nosotros. Y, por supuesto, también la nuestra de ellos, porque este es un camino de dos sentidos.

Parece que nos han educado para evitar que dejemos salir a nuestro verdadero yo. Nos estamos convirtiendo en muertos vivientes que tratan de camuflarse en la jungla en la que vivimos. Si aireamos nuestra personalidad, nuestro temperamento, nuestra identidad, nos estará faltando algo crucial y el resultado no puede ser satisfactorio durante demasiado tiempo. Lo queramos o no, todos tenemos personalidad y no debemos dejar que los medios de comunicación, la presión laboral o los condicionamientos sociales eliminen las aristas que nos hacen diferentes, diversos y por lo tanto que enriquecen a quienes se relacionan con nosotros.

Pero tampoco olvides que, aunque tenemos un pasado que nos ha hecho como somos, nuestra biografía, nuestra historia personal no impone nuestro futuro. No estamos determinados a seguir un camino fijado. Siempre podemos elegir. Da miedo, es arriesgado, podemos equivocarnos, pero una marca personal exige que seamos nosotros quienes tomemos decisiones.

En un camino pisoteado y utilizado por mucha gente será difícil que dejes tu propia huella. Prueba otras cosas, intenta otras vías. Deja salir al genio que tienes dentro. De otro modo estarás viviendo las vidas de otros con los mismos errores o más que los tuyos propios.

Te digan lo que te digan, tú eres tu activo más importante. Nadie va a hacer por ti lo que no hagas tú mismo. De hecho, podríamos decir que TÚ eres tu único activo en este mundo.

2. Dónde

¿HAY ALGUIEN AHÍ?

Pero ¿por dónde empezar? ¿Dónde estoy? Si quiero saber hacia dónde tengo que ir para lograr mi propósito, antes debo saber cuál es mi punto de partida.

Podemos analizar detalladamente el entorno, podemos hacer un examen muy cuidadoso de lo que puede suceder, podemos hacer todos los planes del mundo. Pero como cualquier estratega sabe, todo eso se desmorona en cuanto nos enfrentamos a la realidad, en cuanto entramos en batalla.

Si queremos mejorar nuestra situación, debemos empezar por tomar el control sobre lo único que nos lo permite y no siempre ni al cien por cien nosotros mismos. Es el momento de reflexionar sobre el punto de partida. Debes reconocer lo que has hecho hasta ahora y no en lo lejos que tienes que ir todavía. El proceso de descubrimiento de tu marca personal te va a llevar muy lejos, pero ahora hay que tener claro a quién nos estamos enfrentando. En este caso, somos nosotros y podemos llegar a ser nuestro peor enemigo.

Nos enfrentamos a las preguntas que se ha hecho la humanidad desde que el hombre es hombre. Siempre digo que la marca personal no es algo inventado por un grupo de expertos en marketing sino la aplicación del sentido común a las relaciones personales. Si queremos tener éxito o ser felices, deberemos tener claro con quién nos la estamos jugando. Si no somos capaces de crear un manual de procedimientos básico sobre nosotros mismos, vamos a ser incapaces de manejar la herramienta y se nos va a ir de las manos en el momento menos indicado.

Nuestra historia personal va a influir en nuestro comportamiento y por lo tanto en nuestras actitudes. Debemos entender por qué hacemos lo que hacemos y cómo se ha creado esa conexión neuronal que nos hace enfadarnos cuando se produce un acontecimiento determinado. Como decía antes, no estamos predeterminados ni debemos pensar que es demasiado tarde para reaccionar. Eso de "es que yo soy así" solo es un síntoma de pereza y falta de voluntad. Pero nadie "es así" siempre, puede cambiar, afortunadamente.

Nuestro pasado va a influir en nuestro presente. Pero el presente de hoy es el pasado de mañana, por eso debemos ponernos manos a la obra cuanto antes para moldearlo a nuestro gusto. El presente siempre es algo difuso, una tierra de nadie. Parece que siempre estamos pagando por nuestros errores del pasado o planificando el futuro pero somos incapaces de vivir el presente.

El presente es el momento en el que podemos hacer que las cosas cambien y utilizar la materia prima del ayer para construir el mañana que deseamos.

Ninguna de estas tres zonas temporales es independiente. Unas y otras están relacionadas entre si. Nuestros deseos y nuestras aptitudes vienen determinados por nuestra experiencia. Nuestro aprendizaje y conocimientos nos van a empujar (o frenar) a la hora de perseguir nuestras metas.

Pasado	**Presente**	**Futuro**
¿De dónde vengo?	¿Dónde estoy?	¿Adónde voy?
Experiencia Conocimientos Historia Aprendizajes	Aptitudes Habilidades Personalidad Temperamento Actitud Carácter Forma de ser	Deseos Pasiones Metas Objetivos Misión

Piensa, reflexiona, medita, date un tiempo para poner orden en tus ideas. Esto no es física nuclear, solo hace falta un poco de honestidad y valor para asumir nuestros errores y reconocer nuestros aciertos.

Cuando tengamos claro dónde estamos, cuál es nuestro equipaje y tenemos una idea de hacia dónde nos dirigimos podremos ponernos en marcha.

3. Cómo

¿POR DÓNDE EMPIEZO?

Hace tiempo que quedaron atrás los días en que tu valor como empleado o como profesional independiente estaba íntimamente relacionado con tu fidelidad y antigüedad. Hoy las empresas están en un proceso continuo de reorganización en respuesta a los cambios que demanda el mercado. Esto modifica radicalmente la forma en que nos comportamos como empleados o profesionales independientes. Cada día con más frecuencia tienes que trabajar con diferentes equipos, proyectos, jefes y colaboradores.

En cierto sentido, estás funcionando de la misma forma que lo haría una microempresa de una sola persona. Y debes empezar a actuar así. Eso significa que tienes la misma necesidad de diferenciarte y desarrollar una demanda para tus servicios entre tu mercado objetivo que las grandes empresas.

Por consiguiente, tanto si eres un alto directivo, empresario o el empleado de una compañía de cualquier tamaño, la gestión de tu marca es crítica para alcanzar tus objetivos profesionales. Cuando has descubierto y desarrollado una marca fuerte, puedes recoger muchos frutos, entre otros:

- Conocerte mejor.
- Mejorar tu confianza.
- Aumentar tu visibilidad.
- Diferenciarte.
- Incrementar tu valor.
- Conseguir mejores proyectos y trabajos.

A partir de ahora vamos a ponernos en marcha y a descubrir y desarrollar nuestra marca personal. ¿Estás preparado?

Análisis, atributos, autenticidad

¿CONFIARÍAS EN ALGUIEN COMO TÚ?

Análisis, atributos, autenticidad. La A puede significar cualquiera de esas tres palabras. Análisis que nos va a permitir identificar lo que queremos conseguir, lo que podemos aportar, los recursos con los que contamos. En esta primera etapa vamos a descubrir nuestros atributos de marca, aquellas características que nos hacen reconocibles.

Si no tenemos claro quiénes somos, lo que queremos y cuáles son nuestras prioridades, estaremos viviendo una vida de otro, la vida de alguien a quién no conocemos, y eso nos va a impedir ser auténticos. No podremos generar confianza porque ni siquiera podemos confiar en nosotros por no saber como vamos a actuar. No sabremos de qué pasta estamos hechos.

¿Por dónde empezamos? Lógicamente, por el principio, por la meta que queremos alcanzar. Quizá este sea el principal problema al que nos enfrentamos. Tanto si pretendemos construir una marca para una persona como si lo deseamos para un grupo de personas, debemos establecer el objetivo que queremos conseguir y convertirte en la opción preferente.

De nada sirve tener una estrategia elaborada si no sabemos a dónde vamos.

Como directivo, ¿cuál es el objetivo de mi departamento?

Y como profesionales, ¿dónde queremos llegar? ¿Para qué?

Y como personas, ¿qué quiero hacer con mi vida?

Una respuesta honesta a estas preguntas va a decir muchas cosas de nosotros mismos. Quizás demasiadas, y por eso es tan difícil de responder. ¿Y si nos damos cuenta de que lo que hacemos no es "lo nuestro"? ¿Y si hace años que debimos haber elegido algo menos rentable pero más satisfactorio? ¿Y si fuese al revés?

Por desgracia, prácticamente desde que nos embarcamos en nuestro primer proyecto profesional nos vamos dejando llevar y cuando queremos darnos cuenta vamos a la deriva. Es imposible construir una marca, personal o comercial, si no hay una visión.

Cuando descubrimos nuestra marca personal estamos trabajando como si lo que hacemos (ojo, no quiénes somos) fuese un producto y por lo tanto es necesario hacer una profunda investigación. Si no se hace bien, todo lo demás no tiene sentido.

Una vez establecido lo que deseamos, tenemos que hacer un inventario de nuestros recursos. Debemos descubrir cuáles son las especificaciones de nuestro "producto". Hemos de descubrir aquello que podemos aportar y que es relevante para nuestro "mercado". En este caso nuestros clientes serán todos aquellos que se relacionan con nosotros o con nuestro departamento. Jefes, colaboradores, colegas, clientes, proveedores…

Normalmente esto se suele confundir con el CV, pero va mucho más allá. Lo más importante del historial profesional que se suele enviar a los "headhunters" es lo que no aparece.

Experiencias de todo tipo, habilidades, pasiones, talentos ocultos, etc. Todo esto forma parte de lo que cada profesional puede aportar. La combinación de todos estos elementos nos convierte en seres únicos, diferentes y diversos, como el ADN.

Tratar de eliminar las aristas a presión para que un candidato se ajuste a un puesto, implica minimizarlo, compactarlo, convertirlo en una pieza más y hay que reconocer que hay múltiples formas de conseguirlo con eficacia, desgraciadamente. El profesional cumplirá lo establecido en el procedimiento o en las directrices enviadas desde Chicago o Barcelona, pero, como ocurre con los coches, empezará a perder valor desde el momento de la adquisición.

Por eso, el papel de RRHH debe ser el de fomentar las diferencias, la diversidad, descubrir las particularidades en lugar de censurarlas. ¿Tiene algún valor que el jefe de contabilidad entrene un equipo de baloncesto los fines de semana? ¿O que el jefe de logística sea un genio escribiendo cuentos? Seguro que si.

En esta etapa del proceso se descubre aquello que podemos aportar, los elementos que nos hacen útiles y relevantes para los demás. Posiblemente nos demos cuenta de que nuestro "servicio" empieza a quedarse obsoleto. Pero incluso esta es una buena noticia, porque podremos tomar medidas correctoras.

A. Qué

Y TÚ, ¿QUÉ QUIERES?

Antes de que puedas descubrir y utilizar tu marca personal de forma eficaz, necesitas tener una idea general de la situación en que te encuentras. Aunque parezca que esto solo lo hacen las empresas y las grandes organizaciones, debes conocer tu **misión** y tu **visión**, ya que vas a pensar como una de ellas. Tu visión es externa. Es la esencia de aquello que crees que puedes ver posible en el mundo. La misión es interna. Es el papel que ejerces para alcanzar esa visión.

Además, tu marca personal debe estar asociada a tus objetivos. Es IMPRESCINDIBLE que dediques el tiempo necesario a pensar cómo te gustaría que fuese tu vida en uno, cinco o más años. Asegúrate de poner esas respuestas por escrito. Con tus objetivos establecidos y con una comprensión real de tu visión y tu misión, puedes empezar el proceso de asesoramiento para entender y desarrollar tu marca. No hay Marcas Personales fuertes sin unos objetivos claros.

Como he dicho antes, una marca personal debe ser auténtica. Por lo tanto, debes tener un conocimiento profundo de ti mismo antes de poder construir tu marca. Por ejemplo, si eres creativo, dinámico, extrovertido y caprichoso, no tendrás éxito comunicando atributos como predecible, constante y centrado. Igual que los supermercados de descuento son conocidos por sus precios y no por la calidad de su servicio.

Atributos

Las marcas son como las personas, tienen cualidades, atributos y personalidad. Se consideran atributos a las cuatro o cinco características que sobresalen sobre las demás. Son el fundamento de una marca personal.

Tu atributo individual más sobresaliente es tu atributo principal. Es la primera idea que aparece en la mente de alguien cuando oye o lee algo sobre otra persona.

Los atributos son los cimientos sobre los que se construye tu marca personal y tu atributo principal es la base. Por lo tanto, para construir una marca personal eficiente, debes:

- Identificar tus atributos.
- Determinar tu mercado objetivo.
- Elegir un atributo principal que consiga que tu mercado te elija sobre tus competidores.

Para tener éxito, saber que tienes una marca personal por sí solo no es suficiente. Necesitas comunicarla a las personas apropiadas. Si pretendes llegar a todo el mundo, no tendrás recursos suficientes, por lo tanto debes elegir un ámbito acorde con tus metas. La clave de la marca personal es fijar un objetivo claro.

Deberías ser capaz de establecer tu objetivo al menos con la precisión suficiente como para ser capaz de identificar a las personas o características de tu mercado y poder definir adecuadamente tu mensaje.

¿Qué queremos lograr con nuestro trabajo? ¿Cómo nos vemos dentro de cinco, diez, quince años?

Cualquier empresa de éxito tiene unas metas claras a corto, medio y largo plazo. Sin embargo, los profesionales solemos dejarnos llevar por las circunstancias. Cuando queremos darnos cuenta, estamos haciendo un trabajo que no tiene nada que ver con el que soñábamos a los veinte años.

La falta de tiempo, la locura de la vida diaria nos impide reflexionar sobre esto. Sin embargo, es el elemento principal para desarrollar una marca personal. Sin un objetivo definido, nuestra estrategia profesional se verá alterada a las primeras de cambio.

El descubrimiento y desarrollo de una marca personal es un proceso largo, duro y difícil. Eso es algo que no me cansaré de repetirte las veces que haga falta. Por lo tanto, debemos tener una verdadera motivación para ponernos en marcha y, aún más importante, para continuar.

El proceso empieza por el establecimiento de aquello que queremos alcanzar con nuestra marca personal. El personal branding no es una forma de hacerte famoso o conocido, sino algo más profundo y que tiene que ver con lo que tú eres y quieres llegar a ser. Por lo tanto, debemos tener claro dónde estamos y, sobre todo, dónde queremos llegar con el desarrollo de una reputación que nos haga ser percibidos como personas y profesionales valiosos.

El establecimiento del objetivo es una de las etapas fundamentales para la marca personal porque va a servirnos para establecer una referencia. Como anécdota, te diré que cuando al principio de mi proyecto pensaba en qué imagen podría ser la más apropiada para identificar a la marca personal, tras darle algunas vueltas, decidí que sería un faro en un mar embravecido. El objetivo es la luz que guía y hacia el que nos dirigimos con nuestra marca personal.

El objetivo que definamos va a ser la referencia que vamos a utilizar para guiar nuestra trayectoria y analizar las desviaciones. El objetivo no tiene por qué ser alcanzado, pero debe estar ahí para empujarnos a mejorar y a tratar de fortalecer nuestra identidad día a día.

Lo que voy a decir ahora posiblemente no sea demasiado amable o bien recibido, pero creo que es importante dejar las cosas claras desde el principio. A diferencia de lo que predican los libros de autoayuda y los apóstoles del pensamiento positivo, tengo que decir que no me creo eso de que si puedes soñarlo puedes hacerlo. Supongo que, aunque toda la vida hayas soñado con ser Papa (no papá), quizás el hecho de estar casado y ser ateo te lo pone un poco difícil. Por lo tanto, quédate con esta idea:

No basta con desear las cosas para conseguirlas.

Llevamos muchos años viendo películas norteamericanas que nos hablan de sueños que se convierten en realidad y de situaciones imposibles que dejan de serlo solo con el deseo. Pero tengo que darte una mala noticia: eso no ocurre en la vida real. Al menos con demasiada frecuencia.

¿Eso significa que los norteamericanos son idiotas? Ni muchísimo menos, lo que ocurre es que en esas películas también sucede algo a lo que apenas prestamos atención. Es algo que suelen resumir en unos segundos y con una música de fondo. Los protagonistas se ponen manos a la obra y se esfuerzan. La mente es muy poderosa, sí, pero solo funciona si actuamos. Así que no hace falta ser un guionista de cine para confirmar lo que decían nuestros abuelos hace mucho tiempo: "A Dios rogando y con el mazo dando".

Es cierto que repetir, visualizar y pensar en los objetivos puede ayudarnos a conseguirlos, pero no porque sea algo milagroso sino porque nos va a mantener centrados y enfocados. Va a motivar que el subconsciente los asuma y acelere tu consecución.

Las personas que establecen objetivos tienen éxito porque saben a dónde van, es tan sencillo como eso. Pero para aumentar las probabilidades de éxito, porque al fin y al cabo se trata de eso, de estadística, debes establecer objetivos que signifiquen algo para ti. Eso significa ser honesto contigo mismo y dejarte llevar por cierto grado de egoísmo sano.

Sí, ya sé que suena fatal, pero si tus objetivos están marcados por los deseos de otros, difícilmente estarás motivado para seguir adelante. Por lo tanto, es fundamental que la decisión sobre aquello que es importante esté tomada por ti sin dejarte influir por lo que opinen los demás. Eso significa que debes tener en cuenta a los que te rodean porque no vives solo, pero al final la decisión debe ser únicamente tuya. Los objetivos se deben fijar para lo que realmente se quiera y se esté comprometido a conseguir.

El desarrollo de una marca personal es un camino que no termina nunca. No hay marcas perfectas, como no hay casi nada perfecto en este mundo. Se trata de intentar hacer las cosas mejor cada día, conseguir avances infinitesimales que nos lleven hacia el punto que hemos fijado y que nos ayuden a seguir creciendo. Puede parecer paradójico, pero podríamos decir que el fin (objetivo) es un medio para el personal branding.

Soy de ciencias y creo que eso ha marcado muchas de las ideas que conforman el modelo de personal branding que he creado. Me cuesta mucho aceptar algo que no sea demostrable o al menos cuantificable. Por eso considero que los objetivos son precisamente eso, objetivos, concretos, medibles. Los objetivos son el resultado de convertir los sueños, ideales e ilusiones en hitos mensurables y perfectamente definidos.

Todos los objetivos se pueden transformar en algo concreto. En mis cursos ocurren dos cosas cuando pregunto a los asistentes por sus objetivos: la primera es que casi nadie los tiene; la segunda es que cuando insisto un poco, empiezan a surgir asuntos como la felicidad, la familia, la seguridad, etc. Podría parecer que todos ellos se mueven en el campo de lo abstracto o subjetivo, sin embargo, al hacer un análisis más profundo vemos que todos ellos se pueden descomponer en pequeños elementos concretos. Los objetivos tienen que poder calcularse, y no deben ser ni subjetivos ni elásticos.

Por ejemplo, una respuesta al preguntar sobre las metas futuras es la seguridad. Pero ¿qué es la seguridad? Admito que cada uno puede tener una respuesta diferente, aunque podríamos estar de acuerdo en que supone tener lo necesario para vivir sin sobresaltos. Eso incluiría dinero, un ambiente sano o un entorno protegido. ¿No es eso algo más concreto? Ese desglose en elementos menores, ¿no nos ayuda a enfocar nuestros esfuerzos y tomar decisiones más adecuadas?

Sin embargo, esta división del objetivo final en metas menores nos puede hacer caer en el error de dejarnos demasiado atados a un proceso particular o parcial. Por eso es importante que siempre te centres en el objetivo final de tu marca personal. Es posible que hayas decidido que en tu estrategia de visibilidad es importante aparecer en los medios escritos. Sin embargo, no puedes dejar todo lo demás para centrarte únicamente en esa herramienta. El fin no es aparecer en los medios. En este caso "los medios" te sirven para alcanzar un fin.

Como estarás comprobando, en esta etapa entran en juego un montón de elementos relacionados con la personalidad y el temperamento. Por lo tanto, es fundamental conocerse a fondo, prepararse y planificar. De nuevo, volvemos al "conócete tu mismo". Esto es fundamental. Si no tenemos claras, o al menos un poquito definidas, las respuestas a las grandes preguntas: ¿quién soy?, ¿dónde voy?, ¿qué quiero?, ¿qué puedo ofrecer?, difícilmente podremos elaborar una estrategia sólida de marca personal.

En muchas ocasiones me llaman potenciales clientes para que les asesore en la construcción de su marca personal y me piden que les diga cómo debe ser su logotipo o qué colores deben utilizar en su web. Ese es un gran error provocado por el desconocimiento del concepto de branding. Una marca no es un logo y un logo no es una marca. No podemos empezar por el envase si no sabemos lo que queremos comunicar ni lo que queremos envolver.

La marca personal no es una asesoría de imagen, ni una herramienta de protocolo, ni una forma de vestir. Eso solo es el resultado de un análisis previo que tenga en cuenta quiénes somos. De nada nos sirve vestir de Armani si somos incapaces de sentirnos a gusto en ese "packaging". Por lo tanto, cuanto mejor diagnostiquemos nuestra posición inicial, nuestros objetivos serán más firmes y consistentes.

Por lo tanto, lo primero son los objetivos, luego van las herramientas y en último lugar establecemos las acciones. Así está planteado en esta guía.

A lo mejor te preguntarás qué tiene que ver el establecimiento de mis objetivos de marca personal con conocerme a mí mismo. La respuesta es clara: mis clientes establecen sus metas en función de lo que creen que son en lugar de utilizar otros parámetros más realistas. Aquí sí es importante tener clara la importancia de las creencias más profundas de la persona. Porque los seres humanos tenemos una cierta tendencia a pensar y a creer que somos menos de lo que realmente somos.

Antes decía que el hecho de tener un objetivo no te garantiza su consecución. Sin embargo, lo que puedo garantizarte es que si no te planteas objetivos ambiciosos o incluso si no te planteas ninguno, no conseguirás nada importante. Por lo tanto, cuanto mejor conozcas la "materia prima" de la que estás hecho, es más probable que establezcas mejor tus objetivos y aumentes las probabilidades de alcanzarlos.

El objetivo es el destino al que nos dirigimos, pero no debemos perder de vista que estamos hablando de personal branding. Eso significa que la meta que nos propongamos debe estar relacionada con la búsqueda de un posicionamiento en la mente de los demás.

Tengo que confesarte que, cuando empezaba a poner en marcha esta idea, consideraba que el personal branding sería la fórmula perfecta para alcanzar el éxito y la felicidad. Con el tiempo me he dado cuenta de que, aunque no estaba mal desencaminado, en realidad la marca personal lo que hace es situarte en una posición privilegiada para conseguir esos objetivos. Pero la respuesta final la tienes tú.

Me explico. Cuando descubres y desarrollas tu propia marca, lo que haces es convertirte en una persona a tener en cuenta, en alguien a quien van a recurrir y respetar cuando surjan determinadas necesidades. Eso te acerca al éxito o la felicidad, ya que consigues que se respete y valore lo que haces a nivel personal y profesional. Pero además te posiciona como alguien capaz de influir en las decisiones de otros y a ser mejor remunerado tanto en lo material como en lo emocional.

Por eso suelo decir que la marca personal no es la fórmula del éxito y la felicidad, pero te acerca bastante y aumenta las probabilidades de que lo consigas.

Por lo tanto, a la hora de establecer objetivos de marca personal debemos tener en cuenta que deben estar asociados a las relaciones personales y a la satisfacción de las necesidades de otros además de las nuestras. Lo que no significa, como te decía antes, que nuestros objetivos nos los fijen los demás. La razón es muy sencilla. El éxito y la felicidad no sirven de nada ni son alcanzables si nos comportamos como individuos aislados. El éxito ¿no está relacionado con conseguir el reconocimiento de nuestros esfuerzos?

Tener objetivos o metas y trabajar para conseguirlas es lo más cercano que podemos tener a la idea de éxito, está al alcance de todos, incluso con nuestras debilidades y limitaciones. El resultado final es lo menos importante, la clave está en el camino, en las mejoras que vamos a ir realizando y en ver cómo se reduce la distancia a nuestro punto de llegada. Quizás no lo alcancemos nunca, pero al final seremos mucho mejores de lo que seríamos si no nos hubiésemos puesto en marcha.

Sin objetivos, lo único que consigues es moverte sin rumbo, y cuando te quieras dar cuenta será demasiado tarde. Seguramente habrás oído más de una vez la frase que dice que si no sabes dónde vas, acabarás en cualquier sitio. Y es absolutamente cierto cuando desarrollas una marca personal. Si echas un vistazo a tu vida pasada, te darás cuenta de que posiblemente estás en un sitio que no esperabas. La razón es sencilla: nunca te habías planteado lo que harías en tu vida más allá del próximo fin de semana o las vacaciones de verano. Quizás tenías una idea difusa y general de lo que querías, tener una familia, una vida tranquila y un trabajo decente, pero eso y nada es prácticamente lo mismo.

En mis cursos suelo hacer una pregunta que leí hace tiempo: ¿Dejarías que un adolescente estableciese tu estrategia profesional y personal de los próximos veinte años? Normalmente los asistentes se quedan un poco desconcertados, pero rápidamente contestan que no, que eso no sería muy inteligente. Sin embargo, una gran mayoría de nosotros actuamos de esa forma.

Cuando estamos a punto de terminar el colegio y elegir una carrera, tomamos decisiones basadas en los criterios de una persona que apenas ha vivido. Esas decisiones van a orientar nuestra vida en las décadas siguientes. Los estudios escogidos, la profesión elegida, los contactos realizados, el primer empleo. Todo eso va sucediendo de forma natural y sin que apenas nos demos cuenta hasta que tarde o temprano nos despertamos y nos vemos en un punto que jamás habíamos previsto. Nos hemos dejado llevar, somos lo que otros han decidido que seamos. No tenemos una marca propia, nuestra identidad la han creado otros.

Por eso es fundamental tener claro hacia dónde nos dirigimos y tomar decisiones basadas en ese punto de destino. En el camino van a ocurrir cosas, va a haber imprevistos y vamos a tener alegrías, pero lo importante es centrarse en el resultado y no en el proceso. Puede haber calma chicha o la tormenta perfecta, pero eso no debe desviarnos de nuestro destino, hay que mirar el faro para no desviarnos.

Una de los principales razones por las que hay que establecer objetivos y luchar por conseguirlos no es la recompensa que esperas obtener sino la persona en que te conviertes en el camino para alcanzarlos. En mis estudios para licenciarme en química me explicaron que la entropía era la tendencia del universo a alcanzar el máximo desorden a la mínima energía. Supongo que eso también se aplica a las personas: como miembros de este universo tendemos a reducir nuestros esfuerzos al mínimo, pero como seres humanos con conciencia e inteligencia, podemos contrarrestar esa entropía estableciendo objetivos que nos ayuden a poner orden.

Entropía: Medida del desorden de un sistema. Una masa de una sustancia con sus moléculas regularmente ordenadas, formando un cristal, tiene entropía mucho menor que la misma sustancia en forma de gas con sus moléculas libres y en pleno desorden.

Definitivamente, a las personas no nos gusta el desorden, el caos, el aumento de la entropía. La razón es sencilla: cuando no podemos predecir o controlar lo que ocurre, nos ponemos nerviosos. Esa es la principal razón por la que las marcas tienen éxito. Reducen la incertidumbre y minimizan el riesgo a la hora de tomar una decisión.

Al mismo tiempo, los sistemas humanos tienden a contrarrestar una tendencia universal, el aumento de la entropía, el desorden. Y el mundo empresarial no podía ser diferente.

Las organizaciones están compuestas por los elementos más caóticos, impredecibles y entrópicos del universo, **las personas**. Todos somos diferentes y tenemos una composición químicopersonal distinta. Estamos hechos de una combinación única de experiencias, aspecto, comportamiento, habilidades, talento y creencias que nos hace tan singulares como nuestra huella digital.

Desde pequeños aprendemos cosas diferentes, vivimos situaciones dramáticas o fantásticas, leemos libros o vemos películas que van formando conexiones neuronales únicas. Por lo tanto, a medida que vamos añadiendo años a nuestra vida nos hacemos más complejos y aumenta nuestra entropía.

Sin embargo, la sociedad en general y las empresas en particular se encargan de reducir ese desorden. Cogen todo aquello que nos hacen únicos y lo meten en una trituradora de experiencias para reducirnos a una etiqueta, a un perfil profesional. Y se produce el milagro, se reduce la entropía.

Pero como saben los científicos, ese proceso implica un coste, una aplicación de energía. En este caso, el precio lo pagamos las personas porque dejamos en el camino muchas de las cosas que nos hacen valiosos y peculiares.

Pasar de ser uno mismo a meterte a presión en un cubículo real o mental simplifica las cosas, pero elimina gran parte de la riqueza que puedes aportar.

¿PARA QUÉ NECESITA OBJETIVOS UNA MARCA PERSONAL?

Definitivamente, las marcas fuertes, personales o comerciales, tienen metas claras. Una marca que haya estado cambiando de rumbo o siendo impredecible pierde la confianza de quienes la conocen, y eso es una de las peores cosas que le puede suceder a una persona, un producto o una organización.

Los objetivos claros nos permiten actuar de forma ordenada, potenciando los resultados deseados. Los recursos no son infinitos. Pocas veces tenemos todo el tiempo, dinero o los apoyos personales que necesitamos. Por esa razón, debemos aprender a gestionarlos de una forma eficaz, y eso pasa por tener claro hacia dónde nos dirigimos. Los viajes no se preparan sin saber hacia donde vamos. No tiene sentido llevar bikini y crema solar si al final acabamos en Islandia.

Antes hablaba de la necesidad de conocerse bien, de tener claro hasta dónde podemos llegar y cuáles son nuestros límites. Lo importante no es darse cuenta de dónde están las fronteras, normalmente eso lo sabemos hacer muy bien y somos demasiado conservadores. Solemos pensar que somos peores de lo que realmente somos. Lo fundamental es abrir los ojos y mirar más allá.

Debemos entender que podemos conseguir mucho más de lo que creemos. Los grandes hombres y mujeres de la historia han tenido las mismas horas al día que nosotros, solo que, han sabido sacarles todo el provecho. Por lo tanto, es necesario que te fijes metas realistas pero ambiciosas, porque es improbable que consigas algo más que aquello a lo que aspiras. Siempre hablamos de probabilidades, nadie puede asegurarte que consigas, o que no consigas, aquello que te propones.

Las personas que aspiran a llegar alto de manera consistente suelen conseguirlo. Eso no significa que sea una garantía de éxito, pero lo que sí se puede asegurar es que quienes no aspiran a nada, es fácil que lo consigan, es decir, que no lleguen nada. Podemos pensar que vivimos en el mejor de los mundos posibles, pero las cosas son como son y si no somos conscientes de cuáles son las reglas, difícilmente podremos ganar la partida.

Quienes tienen tendencia a pensar que los recursos son escasos difícilmente van a luchar por conseguir algo que merezca la pena. Seguramente su tendencia será la de conservar lo conseguido. Pero la vida es abundancia, solo hay que luchar para conseguir lo que pretendemos. Mucha gente basa su vida en la creencia de que es mejor quedarse como está y no tentar a la suerte. Sin embargo, esa mentalidad solo consigue que se deteriore lo conseguido y no se realicen mejoras. Mientras tanto, quienes piensan así verán pasar a otros que sí se han puesto en marcha y que les van dejando detrás

Como decía, tener un objetivo no es garantía de éxito, felicidad y satisfacción, pero aumenta enormemente las probabilidades y le da sentido al viaje.

El establecimiento de un objetivo nos ayuda a gestionar nuestro tiempo, a definir aquello que debemos hacer y lo que debemos evitar en el desarrollo de nuestra imagen y reputación. Cuando veo anuncios de cursos de técnicas de gestión de tiempo, de manejo de la agenda y similares, siempre pienso que la solución no está en dar trucos o herramientas. La clave está dentro de nosotros. Cuando uno no sabe qué es lo importante y hacia dónde se dirige, no hay recetas que valgan. Antes o después se caerá en el mismo error.

¿Hay una división entre nuestras metas personales y profesionales? En mi opinión son distintas pero complementarias. Me explico. En ambos casos se trata de alcanzar un objetivo de mejora, pero en el mundo en el que vivimos no pueden separarse una de otra. La realización personal va unida a una profesión a la que vamos a dedicar muchas horas de nuestra vida. Por esa razón debemos tener claro qué es lo que queremos en nuestra vida personal y encontrar la profesión que mejor se ajuste a ese plan de vida.

A la hora de establecer un objetivo de marca personal no podemos centrarnos en las cuestiones materiales y olvidarnos de nuestro desarrollo personal, que al final es lo que va a proporcionarnos las mayores satisfacciones. Con esto no quiero decir que debamos convertirnos en místicos o en seguidores de alguna secta que desprecia todo lo que nos proporciona la civilización. Debemos establecer un objetivo que nos ayude a desarrollar nuestra identidad, y una televisión de más pulgadas o un coche más rápido no es la solución.

Cuanto más ambicioso sea nuestro objetivo, más grandes serán los sacrificios que deberemos hacer y mayor será el tiempo que deberemos esperar para obtener los resultados que deseamos. Eso es algo que no debemos olvidar. Pero precisamente aquellos que son capaces de posponer una satisfacción son los que tienen más probabilidades de alcanzarlo, porque van a ser más constantes, consistentes y persistentes. Características todas ellas de una marca personal fuerte.

No te voy a dar ninguna garantía de éxito y yo que tú huiría de cualquiera que te asegure que conoce la fórmula milagrosa. Vivimos en un mundo de incertidumbres y una marca personal es un instrumento que hace que otros se fijen en nosotros porque hace que seamos percibidos como referentes. Si supiésemos lo que va a pasar al final del proceso, sería mucho más fácil dar el primer paso, pero como eso no es posible, deberemos aumentar nuestras probabilidades de éxito y empezar a caminar. Dicen que la única forma de recorrer un camino es dar el primer paso y luego uno detrás de otro.

POR QUÉ NO TENEMOS OBJETIVOS

Después de todo esto, te preguntarás por qué no nos ponemos objetivos. Creo que en el fondo sabemos que tener una meta clara nos va a proporcionar todos los beneficios que he estado explicando hasta ahora. Sin embargo, parece que hay otras fuerzas que nos llevan al lado oscuro de la inmovilidad y la inacción.

Las razones que me encontrado a lo largo de los años entre mis clientes y asistentes a mis cursos son de lo más variado e imaginativo. Yo mismo coincido con algunas de ellas, pero la realidad es que están basadas en creencias erróneas que nos impiden actuar. En ese caso podríamos decir que la fuerza de la mente es muy poderosa, pero no como impulsor para conseguir objetivos, sino todo lo contrario.

Es inútil que me ponga objetivos. No los voy a alcanzar.

Antes hablaba de las creencias y de los apóstoles del pensamiento positivo. Quienes se expresan así son justo los del "otro lado", los que han perdido toda esperanza. Es curioso que muchos de los que opinan así son personas acomodadas y que han tenido una vida más o menos fácil. Posiblemente jamás hayan tenido que luchar por conseguir algo porque siempre han tenido lo fundamental y quizás algo más. He dicho aquí y repetiré las veces que haga falta que establecer un objetivo no garantiza su consecución, pero aumenta las probabilidades y sobre todo te mantiene centrado. Eso es imprescindible para cualquier persona que pretenda desarrollar su marca personal y convertirse en una referencia para quienes se relacionan con él o ella.

Yo no te aseguro que vayas a conseguir tu objetivo solo con establecerlo, pero te aseguro que si no tienes claro hacia dónde quieres ir y lo que pretendes conseguir con tu vida, jamás lo vas a alcanzar.

Los objetivos están bien, pero ahora no es un buen momento para ponerse en marcha.

Ni ahora, ni después, ni nunca. Quienes piensan así, lo van dejando todo para después, pero cuando se quieren dar cuenta han pasado veinte años. El momento de ponerse en marcha no es mañana, ni dentro de un año, ni dentro de un rato. El camino se hace andando y desde este momento. Es cierto que el día a día apenas nos deja tiempo para reflexionar, para pensar sobre lo que somos o para decidir lo que queremos hacer, pero es fundamental pararse y decidir. Las Marcas Personales fuertes se plantaron un día y empezaron a caminar hasta su objetivo. Muchas lo consiguieron y otras no llegaron a su destino, pero en ambos caso dejaron huella (marca).

Los objetivos solo nos conducen al fracaso.

Los expertos denominan a esto BTF o baja tolerancia al fracaso o a la frustración. Esta es una de las excusas más habituales que me encuentro con mis clientes y quienes asisten a mis cursos. Lo que dicen es que no quieren llevarse una desilusión si no consiguen lo que pretenden. Por lo tanto, no hacen nada que les lleve a un objetivo concreto. Simplemente se dejan llevar y eso es terrible para una marca personal porque siempre va a estar a expensas de lo que ocurra o lo que digan otros. Creo que ese es un fracaso mucho mayor que el de intentar conseguir algo y quedarse a las puertas. En el viaje se habrá crecido como persona y como profesional y se habrán alcanzado metas parciales no menos satisfactorias. Por lo tanto, el mayor fracaso es quedarse en el punto de partida.

Los objetivos son otra forma de denominar a los sueños. Yo soy realista.

Hace años que veíamos pintadas en las paredes que decían algo así como: “Se realista, pide lo imposible”. Los objetivos deben ser ambiciosos y no ocurre nada si no se alcanzan. Los sueños son la materia prima con la que construimos los objetivos y establecemos los planes y las estrategias.

Gandhi, Mandela, Steve Jobs, Bill Gates o la Madre Teresa de Calcuta eran realistas pero también tenían sueños. Son los que tienen los pies en el suelo los que pueden conseguir los objetivos más altos.

Los soñadores, los idealistas, los utópicos que no hacen más que soñar y no se ponen manos a la obra, jamás conseguirán sus objetivos, porque siempre se quedan en lo subjetivo. Un buen amigo que vive en Los Ángeles (California) dice que está muy bien soñar y que los norteamericanos lo hacen muy bien, pero luego se ponen a trabajar. El carácter español y probablemente el latino es muy soñador pero poco activo. Quizás por eso nos encanta jugar a la lotería y a las quinielas.

Los objetivos son para personas que disfrutan sacrificándose.

¿Desde cuándo se consiguen las cosas importantes sin sacrificio y sin esfuerzo? No digo que un golpe de suerte o una serie de casualidades, como nacer en una familia acomodada o tener unas características genéticas apropiadas, no nos ayuden a conseguir lo que queremos sin esfuerzo, pero no es lo habitual. El disfrute no está en el sacrificio, al menos para mí, sino en los resultados parciales obtenidos. Quizás se considere que ese sentimiento de satisfacción del deber cumplido o la comprobación de que el descubrimiento de nuestra identidad, nuestra marca personal está obteniendo resultados es una forma de disfrute, y entonces estoy de acuerdo.

Los objetivos son para personas que no tienen otra cosa que hacer.

Creo que es justo lo contrario. Los objetivos son para personas que tienen mucho que hacer. La vida es corta y no podemos hacer todo lo que deseamos. Precisamente por eso es imprescindible establecer prioridades porque de otro modo no conseguiríamos nada, mientras el tiempo sigue su curso.

Son los que no tienen nada que hacer los que no se fijan metas. Es mejor dejarse llevar y sentarse a ver la televisión por la noche que esforzarse por mejorar nuestra situación personal y profesional, como pretendo con el personal branding.

Quienes desean desarrollar una marca personal son quienes tienen mucho que hacer y pretenden optimizar sus recursos. Para conseguirlo deben empezar fijando la meta.

Los objetivos te impiden hacer otras cosas.

En línea con lo anterior, diría que los objetivos precisamente te ayudan a conseguir otras cosas. Al ir delimitando las áreas de actuación es posible ver más claro el panorama y enfrentarse de forma más eficaz a las diferentes situaciones que se nos presenten. Una falta de objetivos o un objetivo difuso nos va a mantener descentrados y nos va a provocar problemas que van a absorber nuestros escasos recursos. Por lo tanto, si quieres hacer muchas cosas es mejor que empieces por definirlas y luego ponerte en marcha.

Los objetivos y los buenos propósitos no funcionan nunca.

¿Mecanismo de autodefensa? ¿Una forma de justificación? ¿Pereza? En cualquier caso, como todas las generalizaciones, es falsa. Quienes han establecido objetivos y buenos propósitos han tenido más éxito que quienes no han dedicado tiempo o interés en hacerlo. Quienes utilizan este tipo de argumentos achacan el éxito o la felicidad de los demás a circunstancias externas, la suerte, el nepotismo o la deshonestidad por ejemplo. Sin embargo, difícilmente podrán comprobar la falsedad de esta afirmación porque siempre encontrarán justificación a su falta de acción.

No conozco a nadie que establezca objetivos. No deben ser tan importantes.

Supongo que se podría decir lo mismo de la vida sana, de los buenos modales o del aprendizaje continuo. Cualquier cosa que suponga un esfuerzo significa que va a encontrar pocos adeptos y quienes lo sean no suelen ir presumiendo de ello. Es cierto que poca gente establece objetivos y aquí estoy dando algunas razones por las que esto ocurre. Pero no hay más que leer las biografías de los grandes personajes de la historia o de quienes tienen éxito a nuestro alrededor para comprender que no solo son importantes sino que realmente hay gente que los establece.

Antes comentaba lo habitual que es encontrarme con que la mayor parte de la gente que asiste a mis cursos no solo no tiene objetivos sino que ni se plantea tenerlos. Sin embargo, es igual de frecuente que en esos cursos aparezca una o dos personas que tienen muy claro lo que quieren. En casi todos los casos, por no decir todos, se trata de personas que han pasado por una situación vital complicada o incluso de vida o muerte propia o de alguna persona cercana. En ese momento ven la vida de otra forma y toman la decisión de sacar más partido del tiempo que les quede. Esa gente establece objetivos y además se dan cuenta de que eso es algo realmente importante para sacar el jugo a la existencia.

No necesitas objetivos para tener éxito.

De nuevo volvemos a las probabilidades. Supongo que es posible obtener un resultado feliz de un negocio, actuación, etc. (definición de éxito según el diccionario de la RAE) sin tener una idea clara de lo que se quiere conseguir. Sin embargo, reconocerás que la casualidad no es una de las variables sobre las que construiría una estrategia de marca personal.

Los objetivos no garantizan el éxito, en realidad creo que nada ni nadie puede garantizarlo. Sin embargo, te van a facilitar las cosas y además te van a permitir saber cuándo has llegado a tu destino. Quienes no tienen una meta definida viven en un limbo extraño en el que están a expensas de lo que otros decidan y se dejan llevar por los acontecimientos. Quizás no necesites objetivos para llevar una vida rutinaria y sin sobresaltos, pero si quieres que te reconozcan y te tengan en cuenta como marca personal, te recomiendo que vayas pensando en los tuyos.

Un objetivo de verdad debe conseguir que SEAS más de lo que eres ahora.

CÓMO ESTABLECER LOS OBJETIVOS DE MARCA PERSONAL

En mi opinión, los objetivos son una de las claves del descubrimiento y desarrollo de una marca personal y por eso me extiendo en ello. Sin embargo, si quieres conocer más sobre el tema, hay libros excelentes que te van a ayudar a establecer y conseguir tus metas de una forma más exhaustiva. Te explicarán métodos y herramientas útiles. Por eso no voy a hacer aquí una tesis sobre el asunto. Sin embargo, te voy a recordar una vez más algo que posiblemente conozcas y hayas oído o leído con otros nombres anteriormente.

- Los objetivos deben ser medibles y específicos.
- Los objetivos deben ser realistas.
- Los objetivos deben tener un plan detallado. Dividirse en etapas.

- Un objetivo debe ser deseado de verdad. Sé honesto contigo mismo.

Me gusta la definición que resume los puntos anteriores, un objetivo es algo positivo, específico y en un momento determinado.

CÓMO CONSEGUIR LOS OBJETIVOS DE MARCA PERSONAL

Hasta ahora he hablado de objetivos y de su relación fundamental con el personal branding, de las razones por las que debemos establecerlos, de las dificultades y excusas que ponemos y de la forma de establecerlos.

En este momento quiero darte algunas recomendaciones para facilitarte su consecución. Dicen que se aprende de los errores, pero mejor si son otros los que los cometen. Por eso, aquí tienes unos cuantos consejos vividos en mis propias carnes o en las de otros que pueden serte útiles. En cualquier caso, te diré aquí y en muchas más ocasiones en este libro que no aceptes las cosas tal y como te las cuento yo o cualquiera. Piensa por ti mismo y decide lo que será mejor para ti y descarta lo que el instinto te diga que no debes hacer.

Antes de ir más arriba en la pirámide de Maslow hay que tener cubiertas las necesidades básicas.

Quiero dejar claro que antes de ponerte objetivos de marca personal más elevados es recomendable tener cubiertas las necesidades básicas. Si no puedes pagar la hipoteca, apenas tienes para llegar a fin de mes, debes fijarte un objetivo que te permita ir quemando etapas. Con este consejo no pretendo decirte que debas olvidarte de tus metas más ambiciosas, ni mucho menos. Sin embargo, esta es la única situación en la que el objetivo te va a venir dado, se trata de sobrevivir.

Los objetivos deben estar ceñidos a un plazo determinado.

Eso no significa que no se pueda modificar el periodo de tiempo, pero cada vez que establezcas una meta, debes asociarla a una fecha o a un periodo concreto. La falta de concreción en el tiempo te va a dispersar y vas a perder enfoque. Por lo tanto, lo importante no es tanto la consecución como el mantenerte centrado en tus esfuerzos. Eso es algo que los demás van a percibir y al final es lo que pretendemos con nuestra marca personal.

Fija un día de comienzo y no seas blando a la hora de cumplirlo. El mejor día y momento para ponerse en marcha, es ahora mismo. Así que termina de leer los consejos que te doy en este capítulo y ponte en marcha ya.

Debes aprender a decir que NO a aquello que te aleje de tu objetivo.

Hace algún tiempo me decía un amigo que no es lo mismo ser empático que ser simpático. No es lo mismo entender las motivaciones y los sentimientos de los demás que decir que sí a todo lo que nos propongan. La falta de objetivos nos hace más difícil negarnos a cualquier propuesta que nos hagan porque, al no tener un camino concreto que seguir, nos va a ser más difícil encontrar argumentos para negarnos. No tengo intención de meterme en berenjenales sociológicos, pero esto puede explicar la extensión rápida de las dependencias de todo tipo que han surgido en las últimas décadas: droga, juego, sexo, etc.

Asegúrate de que puedes emprender acciones para conseguir tu objetivo.

La marca personal se basa en la responsabilidad individual y en la toma de decisiones. Debes tener en cuenta los factores que puedes gestionar por ti mismo y cuales van a quedar en manos de otros. No puedes basar tus objetivos en las decisiones de otros. Solo puedes tener garantías de éxito si te basas en herramientas y acciones que dependan de ti mismo.

Céntrate en soluciones más que en problemas y en lo que puedes en lugar de en lo que no puedes.

Las personas tenemos tendencia a poner el COMO por delante del QUE y eso consigue que la mayor parte de los proyectos personales se vengan abajo antes de empezar. Cuando pensamos en las dificultades reales o imaginarias de luchar por un objetivo, es fácil que se nos quite cualquier ilusión. Por eso debes centrarte en lo que quieres conseguir, en tus fortalezas y ponerte en marcha cuanto antes. Ya habrá tiempo de hacer ajustes y de resolver los problemas que nos encontremos. Que los habrá, eso te lo aseguro, pero pocos son insalvables. Y si lo son, ya sabes por dónde no debes seguir.

En cualquier caso, debes identificar los problemas que pueden obstaculizar la consecución de tu objetivo. No se trata de que encuentres excusas para no ponerte en marcha sino de elaborar planes de contingencia por si eso ocurre.

Es importante que, especialmente al principio, identifiques los beneficios, resultados, consecuencias positivas, en lugar de los problemas y las dificultades. Haz un planteamiento positivo. Eso no significa que confíes en que las cosas se van a conseguir sin luchar y actuar.

Comparte tu objetivo con los demás.

Este es un consejo que debes aplicar con inteligencia. Vas a encontrarte con mucha gente que no va a entender lo que pretendes o, algo peor, que lo entienda pero te aconseje de forma bien o malintencionada que abandones. Por eso es importante que contactes y te reúnas con otras personas que hayan logrado el objetivo que buscas u otro similar. Te darás cuenta de que no estás solo y de que los problemas que te vas a encontrar no son tan extraños como pensabas. Mantente alejado de los que te roban la energía y la ilusión. Encuentra a otras personas que te apoyen o plantéate la posibilidad de encontrar un mentor o contratar a alguien que te ayude.

Elimina los objetivos relacionados con los "debería". Céntrate en los "quiero".

Esto está relacionado con la necesidad de establecer objetivos realmente personales. Para hacerlo bien has de ser tremendamente honesto contigo mismo y reconocer aquello que quieres, sin influencias externas. Los "deberías" son interminables: debería ponerme en forma, debería trabajar más, debería ser más ambicioso, debería tener más dinero... Sin embargo, no tienen por qué estar relacionados con tus auténticas motivaciones. Los "debería" están asociados a las presiones y condicionamientos sociales, aquello que algo tan abstracto como la comunidad o sociedad, determinan que está bien o mal. Por lo tanto, si quieres aumentar las probabilidades de éxito en el desarrollo de tu marca personal, céntrate en lo que quieres, en lo que te motiva realmente.

Crea un ambiente favorable para alcanzar el objetivo.

Vuelvo de nuevo a los aspectos mentales de la consecución de objetivos. Nadie te asegura que consigas lo que pretendes solo con desearlo, pero deberías hacer todo lo posible para eliminar barreras mentales que te frenen. Una de las cosas más difíciles en la lucha por conseguir algo no son los aspectos materiales: tiempo, dinero, herramientas, sino la presión exterior. No siempre vas a tener el apoyo de los que te rodean, por eso es importante que hagas lo posible para sentirte bien en tu lucha. Prémiate cuando consigas metas parciales, date algún homenaje que te distraiga y que sirva como reconocimiento a tu esfuerzo. Permítete un grado de flexibilidad y dedica tiempo a distracciones y premios por logros alcanzados.

Visualiza el éxito.

Una de las formas de elevar tu motivación es hacer tangibles tus objetivos, concretarlos, hacerlos fáciles de recordar y tenerlos siempre presentes. Pon tus objetivos por escrito. Ponlos en un lugar visible. Describe tus objetivos en voz alta. Escucharte te ayudará a clarificar tus ideas. Plasmarlos físicamente en un papel, en un panel de corcho o contarlos a otras personas los va fijando en tu cabeza y te permite tenerlos presentes aunque sea de forma inconsciente.

No pongas excusas.

El personal branding se basa en la responsabilidad individual. Si permites que sean otros los que tomen tus decisiones estarás cediendo parcelas de libertad, dejas de ser tú mismo y acabas luchando por los objetivos de otros. No lo hagas. Eres responsable de lo que haces y no debes esperar que nadie haga lo que debes hacer tú. Si no consigues lo que pretendes o te estás desviando de tu camino, la última palabra la tienes tú. Siempre puedes hacer algo, incluso decidir no hacer nada. No culpes a los demás por no alcanzar tus objetivos.

Identifica tus motivaciones.

La motivación es la energía que te va a hacer moverte. Es el impulso que vas a necesitar para seguir adelante. Las razones que podemos encontrar para luchar por un objetivo van a ser individuales y derivadas de la historia personal de cada uno. Debes encontrar tu auténtica motivación para apasionarte por el objetivo. Establece objetivos que estén alineados con tus valores, con tus principios, con tus necesidades. Ten claros los beneficios de obtener el objetivo y la forma de ser útil para tu marca personal.

Establece objetivos que aumenten tus fortalezas, no que se centren en tus debilidades.

Parece que desde pequeños nos han estado empujando y ayudando a corregir nuestros defectos. Eso no es malo, siempre es positivo tratar de mejorar. Sin embargo, lo que hace que nos diferenciemos y seamos capaces de posicionar nuestra marca personal es aquello en lo que somos mejores. Es muy habitual que los demás y también nosotros mismos no le demos importancia a una habilidad especial, a un tipo de inteligencia que destaque o simplemente a un comportamiento sobresaliente. Eso acabamos dándolo por amortizado. Sin embargo, para una marca personal es fundamental detectar, potenciar y dar visibilidad a esas características que nos hacen únicos. Por esa razón debemos establecer objetivos que se basen en esas fortalezas y sirvan para potenciarlas.

Deshazte de lo inútil, de lo superfluo, de la basura.

La lucha por un objetivo, especialmente si es ambicioso, ya es suficientemente difícil por sí sola como para añadir más dificultades. En nuestra vida hay muchos trastos, reales o imaginarios, que nos bloquean, nos frenan y nos impiden ser eficaces en la búsqueda del éxito o la felicidad. Con el tiempo vamos acumulando objetos, ideas o relaciones que nos retrasan. Olvídate de ellos, o mejor aún, deshazte de ellos. Hace tiempo que dejaron de aportarte nada de valor y sin embargo están dificultándote el camino.

No establezcas más de tres objetivos a la vez.

Es mejor marcarse solo uno o dos objetivos a corto plazo que muchos objetivos y renunciar. Encuentra la forma de vincular objetivos diferentes de forma que se complementen. Por ejemplo, una mejora en tu aspecto puede ayudarte profesionalmente. Una vida más sana puede permitirte realizar más cosas y aprovechar mejor el tiempo que necesitas para alcanzar lo que deseas. Puede haber varios objetivos diferentes siempre que no sean contradictorios.

Encuentra formas creativas de alcanzar los objetivos.

Posiblemente digas: Vale, eso está muy bien, pero yo no soy creativo. Te equivocas, todos somos capaces de generar nuevas ideas y pensar en formas diferentes de hacer las cosas. Las ideas ni se crean ni se destruyen, solo se transforman. Los grandes genios de la humanidad lo único que han hecho, que no es poco, ha sido coger elementos existentes y combinarlos de formas diferentes. Antes decía que nos solemos preocupar más por el COMO que por el QUE. Te propongo que actúes al revés: primero establece los objetivos que quieres alcanzar con tu marca personal y luego piensa en formas nuevas, aparentemente extravagantes, originales, revolucionarias, incluso estúpidas, para conseguirlos. Aquí sí te aseguro que conseguirás resultados, y además te divertirás.

Investiga las formas con las que otros han alcanzado sus objetivos.

Pregunta, sé curioso, hazte el tonto, no te quedes con la duda. En una de las empresas en las que trabajé me dijeron que la mejor forma de conseguir información relevante es hacerte el idiota. La gente suele bajar sus defensas y te dicen más de lo que deberían. Lo normal es que no tengas que llegar a eso porque la mayor parte de la gente tiene ganas de ayudar, sobre todo si se trata de hablar de ellos mismos. Con el tiempo verás que no hay recetas mágicas pero que todos han pasado por situaciones similares. Aprende, lee las vidas de personajes con marca personal. Las biografías de los grandes hombres y mujeres de la historia son los casos de estudio del personal branding.

Mantén tu plan de acción al menos durante tres meses.

Tres meses, tres años, tres días. No hay reglas fijas para todos y cada uno de los posibles objetivos que te propongas. Lo que quiero decirte es que no abandones a las primeras de cambio. Nadie dijo que esto fuese fácil ni que lograras todo lo que te propones en un plazo corto. Debes dejar que los hechos se produzcan a su ritmo. Habrá frenazos, dudas, complicaciones, pero si no eres persistente, no solo no podrás construir una marca personal sólida, sino que además serás percibido como alguien inconsistente y poco fiable. Y ese es uno de los grandes errores de las marcas, personales o comerciales.

Ten claras las señales que indican que has alcanzado el objetivo.

En la última parte del libro dedico una sección a la estrategia y al control del desarrollo de la marca personal. Pero creo que es importante que tengas en cuenta la necesidad de establecer unos mecanismos de seguimiento de tus objetivos. Hay dos razones para ello. La primera es saber si vas por el camino establecido o si te estás desviando, en cuyo caso deberás analizar lo ocurrido y tomar medidas correctoras o abortar el proceso. En segundo lugar, tener un control del progreso te permitirá animarte en los momentos más bajos al echar la vista atrás y comprobar el camino recorrido.

Confía en tu intuición.

Ya te he dicho que soy de ciencias y que me gusta racionalizar incluso lo subjetivo, pero también creo que en ocasiones hay que hacer caso de nuestro instinto. Creo que lo que llamamos intuición es el resultado de un montón de procesos mentales que recopilan nuestra experiencia, recuerdos y conocimientos y lo procesa sin que seamos capaces de "seguir el hilo". Creo que muchas de las decisiones que toman los grandes empresarios y estadistas están basadas en la intuición. La razón es evidente: es imposible tener todos los datos. Por lo tanto, en muchas ocasiones hemos de decidir con lo que tenemos a mano y seguir adelante fiándonos de nuestro instinto. Eso no es malo, creo que es mucho mejor que quedarse paralizado.

Quiero concluir este apartado de objetivos de marca personal con tres ideas que resumen mucho de lo que te he explicado:

- Tener un objetivo no nos garantiza que lo alcancemos
- No podemos perseguir objetivos en los que no creemos.
- Hay que ser egoísta para poder dar a los demás. Si no nos paramos un momento y establecemos lo que realmente queremos, iremos a medio gas y difícilmente podremos ayudar a otros. Si no estamos a gusto con nuestra situación ni sabemos hacia donde vamos, los demás no podrán beneficiarse de nuestro valor de marca personal.

DIME QUE MI VIDA HA TENIDO SENTIDO. MISIÓN Y VISIÓN

Al final de la película "Salvar al soldado Ryan", el protagonista, ya mayor, se encuentra en un cementerio recordando a los caídos y dice a quien le acompaña una frase parecida a esta: "Dime que mi vida ha tenido sentido". Pues bien, la marca personal también tiene que ver con el sentido de la vida. Podemos decir que la marca va en dos direcciones: la interior, nuestra propia marca, y la exterior, la marca que dejamos a nuestro alrededor.

He dicho y repetiré que la construcción de una marca personal es un proceso largo, duro y difícil. Para completarlo con éxito debemos tener claro un sentido de misión y una visión de lo que queremos que sea el futuro. Una vez leí que en los caminos menos transitados es en los que es más probable que dejemos nuestra huella. Si seguimos por la vía más cómoda y más utilizada, es poco probable que consigamos dejar una señal.

Misión y visión son términos muy utilizados en entornos empresariales, pero deben ser asumidos por cualquier profesional con marca que quiera sobresalir en el mercado actual. Ya sé que actualmente no se utilizan demasiado estos conceptos en el ámbito personal porque suenan a "cosas de curas" o a tradiciones caducas. Sin embargo, creo que hoy son más necesarios que nunca. Si repasas a tus Marcas Personales favoritas, comprobarás que todos tenían una visión y un propósito en su vida. En cualquier caso, no te pido que consigas la independencia de ningún país, la abolición de la esclavitud o la transformación de la sociedad tú solo. Hay otras muchas cosas que puedes hacer dejando tu marca.

En la película "Jerry Maguire" hay un momento en que el protagonista tiene lo que él denomina una iluminación.

Llega un momento de su carrera, en torno a los 35 años, en que se da cuenta de que su vida no sigue el rumbo que le gustaría. En ese momento descubre el sentido de lo que se denomina misión. No se trata de nada extraño o blandito como dice el protagonista, sino de poner orden en la vida y encontrar un propósito a lo que hacemos.

Ferré Trenzano dice en el libro "Marketing Personal" que la misión define las coordenadas del rumbo que la persona va a seguir para alcanzar su destino. Mientras que los objetivos son más concretos, la misión es el deseo de hacer las cosas perdurables y con sentido. La misión representa el "definir hacia dónde se quiere ir". Si establecer los objetivos parece difícil, cuando hablamos de misión, ya ni te cuento. Sin embargo, es posible. La misión es la razón de tu existencia en este mundo. La misión es lo que da sentido a tu vida.

¿Te has preguntado qué te gustaría que recordasen de ti cuando no estés aquí? ¿Tienes una idea de cómo te gustaría que fuese el mundo? ¿Se te ocurre alguna forma de conseguir que el mundo sea mejor gracias a ti? Estas son algunas de las preguntas que te van a ayudar a definir tu misión. No se trata de que la definas y la esculpas en piedra; la misión está en movimiento y evolucionando y obliga a reconsiderarla periódicamente. Pero el simple hecho de plantearte lo que quieres hacer en esta vida te va a ayudar a fortalecer tu marca personal. Cuanto mejor sepamos por qué hacemos lo que hacemos, más fácilmente alcanzaremos los objetivos.

La misión es el beneficio que proporcionas a tu entorno. Como te he dicho, las marcas personales no pueden existir aisladas y se fortalecen con las relaciones. Además, una marca personal debe satisfacer las necesidades de otros para ser tenida en cuenta. Por lo tanto, las Marcas Personales más potentes son aquellas que han sido capaces de hacer algo por quienes forman su "mercado", su entorno.

Para que la misión esté bien escogida debe ser algo que te salga de dentro. Se trata de descubrir que es lo que haces o harías sin ser pagado por ello. Eso consigue que la percepción que los demás tienen de nosotros sea positiva y nos convirtamos en la opción preferente cuando alguien requiera de nuestros servicios o de nuestra ayuda. La manera de comportarse con los demás está influenciada por el propósito de las relaciones.

Aunque esto parezca difícil, no lo es tanto, ya que existe una necesidad humana básica de sentirnos útiles y de que estamos aportando a los demás. Aquí no se trata de cubrir el expediente y encontrar una "misioncita" y pensar que ya hemos hecho los deberes. Debes pensar que una misión débil tiene como resultado una marca personal débil. A veces pienso que la gente no crea el sentido, lo encuentra. Pero no podemos encontrarlo si no lo buscamos. Si no reflexionamos y dedicamos un tiempo a pensar en quiénes somos, dónde estamos y qué queremos conseguir, jamás podremos establecer nuestra visión y no podemos esperar que otros nos la impongan.

Con la misión ocurre lo mismo que con los objetivos: Y se trata de algo no delegable. La búsqueda de la misión no puede dejarse en manos de otras personas. Eso significaría que estás cediendo parcelas de libertad y de responsabilidad a otros. Y como te he dicho, cuando haces eso debilitas tu marca personal. Nunca es tarde para ponerse manos a la obra. No dejes esta tarea para más tarde. Cierra este libro, busca un lugar tranquilo y empieza a pensar en lo que te gustaría llegar a ser y en lo que te gustaría crear para dejar un mundo mejor, para dejar tu marca, tu huella. Cuando se está siendo creativo de forma intencionada, uno se siente totalmente vivo.

Para establecer la misión y la visión es importante que pienses en el futuro que te gustaría. Es importante el ensayo del éxito mental o visualización. De nuevo quiero insistir en que esto no es cosa de místicos o personas con los pies poco fijados al suelo. El cerebro es un instrumento complejo y maravilloso, pero necesita que lo pongamos a trabajar. Cuando empezamos a imaginarnos el mundo que nos gustaría ver, nos olvidamos de la forma de conseguirlo. Ya habrá tiempo para pensar en el **cómo**. Ten en cuenta que los objetivos se deben fijar después de que exista una visión del estado de cosas que queremos lograr.

Los técnicos llevan utilizando esta forma de operar desde hace siglos; se llama ingeniería inversa. Se trata de ver o imaginar primero el resultado final para luego crear y seleccionar los mejores mecanismos que lleven a él.

La visualización de las situaciones ideales genera una cadena de objetivos que se pueden conseguir solo gracias a la combinación de recursos conocidos a través de la experiencia.

Por lo tanto, debes tratar de llegar a visualizar cómo te gustaría estar y de imaginar dónde puedas estar dentro de un tiempo. Por eso se llama visión. Te va a ayudar a descubrir cómo te encontrarás dentro de unos años en el destino al cual quieres dirigirte. Eso es muy importante para nuestra marca personal porque nos va a permitir pulir y definir mucho mejor la percepción que tenemos de nosotros mismos y la que queremos que tengan los demás. Como decía Jerry Maguire, vamos a encontrar nuestro papel en el mundo.

Si tenemos una visión atractiva e interesante, la vida será más gratificante al avanzar con confianza y persistencia. Eso se va a transmitir a quienes se relacionan con nosotros y va a fortalecer nuestra reputación, nuestra marca.

Por lo tanto, podemos decir que la visión es un concepto de perspectiva futura. La visión representa un ejercicio para imaginarme cómo me veo en este mundo dentro de un tiempo.

Sin fantasías no hay sueños, sin sueños no hay planes de acción, sin planes de acción no hay creencia, sin creencia no hay emoción, sin emoción no hay movimiento, y sin movimiento no sucede nada. Al menos nada de lo que queremos que pase. Una imagen de la situación ideal, sumada a una pregunta bien formulada, te ayudará a concretar esa imagen.

Una situación ideal es algo parecido a un sueño. Es lo mejor que me podría pasar como persona o lo mejor que le podría suceder a mi empresa, mi producto o mi servicio.

Podríamos decir que visualizar significa trabajar en parecer y todos sabemos que la percepción es la realidad. Si hacemos un buen trabajo de visualización, seremos capaces de actuar "como si...". Y eso, aunque pueda parecer una forma de autoengaño, te aseguro que funciona.

Decían en la película "Braveheart" de Mel Gibson, que nace mucha gente pero pocos viven de verdad. Y tenían razón. El ser humano necesita un objetivo por el cual luchar, una sensación de logro social de algún tipo. Sin una misión clara, nuestra vida va pasando y apenas la rozamos. No conseguiremos desarrollar una marca personal, pero tampoco dejaremos una marca vital.

ÉXITO, FELICIDAD Y MARCA PERSONAL

Dicen que solo hay dos cosas por las que merece la pena luchar. Una es la felicidad, la otra es el éxito. No sé si estarás de acuerdo, pero creo que estas dos cosas tienen en cuenta la parte interior y la exterior de las personas. Cuando empecé a desarrollar mi modelo de marca personal tuve claro que quería que estos dos aspectos estuviesen reflejados. Creo que cualquiera de ellos por separado sería insuficiente.

Hay profetas, gurús de la gestión, métodos, sistemas o modas que nos dicen lo que hay que hacer para ser feliz o para tener éxito, pero parece que van siempre separados. En mi opinión la felicidad viene de estar a gusto consigo mismo y el éxito es el resultado de hacer bien lo que a uno le apetece y ser reconocido por ello. Según esto, podríamos decir que el dinero será una consecuencia de hacer algo que nos hace felices. La felicidad hace el dinero, y no al revés.

Por eso es muy importante todo lo que hemos hablado hasta ahora. Todo lo que eres hoy y todo lo que serás mañana es el resultado de las elecciones que haces y de las decisiones que tomes. Pero piensa que incluso cuando creas que no has tomado ninguna, ya lo has hecho. Una gran marca personal tiene claro lo que quiere hacer en su vida, y lo que no quiere hacer. Por eso insisto tanto en que debes pararte y pensar. Ni yo ni nadie te va a decir lo que debes hacer y si alguien lo intenta, sal corriendo.

Al hablar de éxito, nos referimos a obtener los frutos que deseamos con nuestro trabajo y de nuestro esfuerzo, pues éxito supone cumplir un objetivo, sea cual sea. El éxito es la realización progresiva de una meta que merezca el esfuerzo, o la persecución de un ideal que vale la pena y de ser reconocido por ello.

La búsqueda del éxito en nuestra profesión y en nuestra vida está íntimamente ligada al desarrollo personal. Por esa razón, creo que la marca personal no puede dedicarse únicamente al aspecto externo o a la imagen. Eso es el resultado de cómo somos por dentro y de la forma de entender la vida.

Nuestra misión nos va a ayudar a ser más eficientes en nuestros esfuerzos. La suerte o el trabajo duro no han sido suficientes para las personas de éxito. Ha sido el resultado de un proceso consciente, estratégico y a menudo acompañado de asesores.

Podríamos decir que el éxito es alcanzar lo deseado mientras que la felicidad es aceptar y disfrutar lo alcanzado. Pero hay que luchar por ello. Las personas de éxito crean su propia suerte, son responsables de su destino y eso es lo que pretendo cuando te acompaño en el descubrimiento de tu marca personal.

Las personas felices hacen lo que quieren y quieren lo que hacen. Eso te ayuda a percibirte de manera mucho más positiva y al mismo tiempo a ser reconocido como alguien a tener en cuenta por parte de otros.

De esa forma podemos cerrar el círculo y decir que mientras que para ser feliz necesitas crear una actitud positiva en tu mente, para tener éxito necesitas crear una actitud positiva en la mente de otros.

Recuerda que no puedes conseguir el éxito por ti mismo. Solo los demás pueden hacerte exitoso y precisamente por eso debes tener una marca personal fuerte y reconocida. No hay ningún método científico ni comercial que asegure el éxito de un producto ni de una marca. Para conseguirlo es preciso tener disciplina, ser perseverante, buscar la excelencia, pero para tener éxito necesitamos mucho más que eso.

Me gustaría terminar esta sección diciendo que cuando nos sentimos motivados por metas que entrañan un significado profundo, por misiones que debemos completar, por la necesidad de expresar lo que sentimos, es cuando hacemos que la vida tenga sentido y podamos no solo tener una marca sino también dejarla en este mundo.

B. Por qué

¿CUÁNDO NECESITAS UNA MARCA PERSONAL?

Supongo que a estas alturas habrás pensado que quizás es más sencillo olvidarse de todo este asunto de la marca personal y dejar que la vida siga como hasta ahora. Posiblemente te preguntes por qué te vas a complicar una vida tranquila, cómoda y sin más problemas que los habituales para tratar de diferenciarte y tomar las riendas de tu vida. Y en parte tienes razón. Esto de la marca personal no es para todos. Si no tienes intención de hacer un esfuerzo constante por mejorar y por dar a conocer lo que haces, es mejor que lo olvides. No pierdas el tiempo.

Creo que era Nietzsche el que decía algo así como que una persona puede soportarlo todo si tiene una buena razón por la que hacerlo. Venía a decir que quien tiene un motivo para hacer algo, puede soportar cualquier "cómo". Creo que se puede decir lo mismo del personal branding. Por lo tanto, si quieres construir una marca personal fuerte con ciertas garantías de éxito, debes encontrar el impulso necesario.

Antes hemos hablado de objetivos, te he explicado cómo establecerlos y te he dado recomendaciones para alcanzarlos. Sin embargo, por muy atractivo que sea tu objetivo, jamás lo alcanzarás si no hay algo que te impulse a luchar por él.

Por ejemplo, supón que quieres ganar mucho dinero. De acuerdo. Parece un objetivo interesante y habitual. Pero eso no te pone en marcha. Lo que realmente hace que te levantes de la silla es lo que quieres hacer con ese dinero, tu motivación, aquello que te hace moverte.

Se podría decir lo mismo de dejar de fumar, perder peso u ocupar un puesto de máxima responsabilidad. Lo que te pone en marcha no es la meta sino lo que vas a hacer con ella.

Si el objetivo es el destino, la motivación es la gasolina, el combustible que nos impulsa. Necesitas tener un por qué para mantener la motivación/movimiento, enfrentarte a los retos y superar los obstáculos. En mis cursos, suelo hablar de los cinco "porqués". Se trata de preguntarse por qué se desea alcanzar un objetivo, por ejemplo tener una casa grande. Una vez que tengas la respuesta, en el caso anterior podría ser porque te gusta tener espacio para tus cosas. Pregúntate de nuevo por qué. La siguiente respuesta quizás sea porque durante toda tu vida jamás has tenido espacio para ti solo. Y así sucesivamente. Al final de las cinco preguntas (o tres o nueve, da lo mismo) encontrarás la verdadera razón que te mueve.

Por lo tanto, como te digo, es muy importante que encuentres tu motivación, de lo contrario no serás capaz de sostener tu proyecto de marca personal el tiempo suficiente, que, por si no te has dado cuenta todavía, suele ser toda la vida. Si las razones tras los objetivos no son asimiladas y entendidas por nosotros, es inútil ponerse en marcha. Por eso es muy importante hacer este análisis en el que estoy insistiendo tanto en esta parte del libro.

Mientras más profunda sea la relación entre lo que hacemos para vivir y lo que da sentido a nuestra vida, mayor fortaleza tendremos para mantener nuestra motivación a pesar de los obstáculos que encontraremos en el camino.

La marca personal es aplicable a todos los aspectos de la vida en la que entren en juego relaciones personales, pero en este libro me estoy centrando especialmente en el ámbito profesional. Por eso creo que las motivaciones para el desarrollo de una marca personal deben estar dirigidas a mejorar nuestro posicionamiento en el mercado.

Yo no soy de los que piensan que el trabajo es sagrado, ni que el objetivo de cualquier persona "de provecho" sea tener un buen empleo. Pienso que la vida es mucho más que un trabajo por cuenta ajena y que todos debemos encontrar la forma de ganarnos la vida haciendo lo que nos gusta. Eso significa que tienes el control de tu vida, que eres responsable de lo que te ocurra y que tu éxito depende de la forma en que te perciban los demás. Por lo tanto debes hacer todo lo posible para que te tengan en cuenta y que seas la opción preferente en un mercado complicado y competitivo.

Pienso que todos los trabajos tienen un sentido, pero debe ser cada uno de nosotros el que se lo encuentre, no sirve con que otros te lo digan. También creo que se puede trabajar bien y disfrutar, pero hay muchas más posibilidades de conseguirlo si eres tú el que da forma a tu medio de vida y no son otros los que te encasillan en una serie de tareas a las que jamás encontrarás sentido. Ojo, eso no significa que no lo tengan o que otros no se las encuentren.

Siento ser tan crítico con el tejido empresarial actual, pero es que las organizaciones se centran en lo que es bueno para su cuenta de resultados, no en lo que es bueno para NUESTRA cuenta de resultados. Eso significa que debes ser tú el que defina y encuentre sentido a lo que haces. Cada uno tiene su papel en este juego y el tuyo es el de encontrar la forma en que puedas dar lo mejor de ti, pero disfrutando, sin dejar de ser tú mismo y llevando el control de la situación.

Al mismo tiempo, los cazatalentos, los responsables de selección y quienes buscan a los mejores profesionales no sirven de ayuda. Solo ven tu pasado, son incapaces de ver tu futuro, tus verdaderas motivaciones o tus objetivos vitales. Las entrevistas de trabajo se han convertido en escenificaciones de guiones escritos previamente. Se han convertido en la peor situación en la que se puede sacar a relucir nuestra marca personal.

Despidos, jubilaciones, cambios de empleo, emprendedores, promoción dentro de una organización, todo tipo de transiciones laborales... Las razones dentro del ámbito profesional por las que deberíamos desarrollar una marca personal son múltiples, pero en todas ellas el hecho de ser reconocidos por nuestro "mercado" nos facilita la vida. Cada día es más frecuente encontrarse con personas que atraviesan una crisis personal o profesional y la marca personal es una forma sistemática de poner orden en ese pequeño o gran caos. El hecho de situar cada pieza en su casilla nos facilita la toma de decisiones y convierte una situación complicada en una oportunidad.

En mi opinión, la marca personal es aplicable a cualquier situación profesional en la que nuestro trabajo tenga que ser valorado por un "cliente". Denomino cliente a cualquier persona que se beneficie de lo que hacemos y nos remunere por ello de forma material o de otro tipo. Por lo tanto, estoy refiriéndome a jefes, colegas, colaboradores, amigos, familia y por supuesto también a los clientes de toda la vida. Sin embargo, creo que actualmente es más fácil crear y hacer crecer un negocio propio que conseguir un empleo estable y gratificante.

La barrera de potencial que debemos atravesar para crear nuestro propio negocio se ha reducido bastante o se ha eliminado y en gran parte debemos agradecérselo a quienes dirigen las empresas. Poco a poco han ido eliminándose las ventajas de formar parte de una organización (seguridad, salario, prestigio…) y han aumentado las de ser un agente libre, un emprendedor o un profesional por cuenta propia.

Con todo esto no quiero decir que ser emprendedor sea fácil. Precisamente por las mismas razones por las que desarrollar una marca personal es complicado. Es curioso, pero los grandes emprendedores tienen marcas personales sólidas y basta una para ser un emprendedor de éxito. Y cuando hablo de emprendedores me refiero a cualquier persona que quiera poner en marcha un proyecto que no sea empresarial.

Para poner en marcha una idea o un proyecto se requiere mucha fortaleza, perseverancia, paciencia, optimismo y otras virtudes. Además del comportamiento ético, se espera que un profesional sea creativo y emprenda proyectos de diversa índole. Por eso creo que es un error el que los responsables de la gestión de personas en las empresas o los que buscan talento pongan tantas dificultades al concepto de marca personal. Es posible que la iniciativa, la creatividad y la motivación de un emprendedor con marca alteren el orden establecido, pero en un mundo como el actual es la única forma de hacer que las empresas sean competitivas.

Todo profesional debe ser un emprendedor por su condición de profesional, tenga o no título. Un amigo mío dice que le gusta más la palabra **empezador** que emprendedor. El mundo de hoy ofrece limitadas alternativas de empleo. Esto hace que el desarrollo del espíritu emprendedor sea más necesario para la generación de autoempleo y creación de empresas.

El éxito de un emprendedor con una marca personal fuerte está relacionado de forma muy estrecha con su desarrollo como persona. Por eso, antes de empezar a hacerse visible, debemos tener claro quiénes somos, qué podemos ofrecer y cómo lo queremos contar. Un emprendedor debe entender que su empresa o negocio es un instrumento al servicio de un propósito mayor: el de la prosperidad, el bienestar y la felicidad propia, de su familia y de su comunidad.

Como he dicho antes, una marca, comercial o personal, no puede existir si no tiene algo que ofrecer, si no tiene un producto o servicio que merezca la pena. Mucha gente piensa que el marketing o el branding son formas de vender humo, pero, como cualquier otra herramienta, puede ser mal utilizada. Por eso es imprescindible que quede claro que antes de desarrollar la marca debemos tener claro cuál es nuestra aportación. El trabajo del emprendedor que desea construir una marca personal poderosa es conocer, unificar y enfocar las fuerzas interiores, muchas veces contrarias, hacia el objetivo buscado.

A través de la iniciativa empresarial, lo que buscamos es el bienestar, nuestra prosperidad y felicidad y la de las personas a las que queremos. No necesariamente un emprendedor debe ser empresario; la fe y la resolución también son necesarias en cualquier organización. Lo que diferencia a un empresario de un empleado no emprendedor es su manera de pensar, de sentir y de actuar: su marca personal.

Por lo tanto, si queremos aumentar las probabilidades de éxito debemos estar motivados y eso implica tener una razón para luchar por el objetivo y creer en ella. La fe es la "competencia" básica. Construir una marca personal requiere coraje, correr riesgos, tomar iniciativas y la disposición a aceptar incluso el dolor y la frustración.

Desarrollar una marca personal significa también creer para ver; primero crear una visión, un sueño reiterativo que poco a poco se irá materializando. La motivación debemos mantenerla en el tiempo, de otra manera corremos el riesgo de desilusionarnos.

X1. Elementos

¿QUÉ TE HACE VALIOSO PARA OTROS?

En los apartados anteriores te hablaba de la importancia de tener algo que ofrecer: un producto, un servicio, una contribución valiosa que sirva para tener unos cimientos sólidos para tu marca personal. Seguramente estás dándole vueltas o incluso pienses que no tienes nada que te haga diferente o sobresaliente. No te preocupes, es normal, no porque no lo tengas, sino porque estamos tan acostumbrados a desconectar de nosotros mismos que nos hemos olvidado de lo que hacemos bien.

Hasta ahora hemos ido avanzando en el descubrimiento de lo que somos y lo que podemos aportar como proveedores unipersonales de servicios tangibles o intangibles.

Hemos estado descubriendo y dando forma a la materia prima que va a ser percibida por nuestro "mercado". Pero a partir de ahora tenemos que empezar a pensar en el mundo exterior. Si solo nos quedásemos con lo que hemos descubierto, no tendríamos una marca, solo un conjunto de atributos y características más o menos interesantes.

Si quieres saber dónde encontrar aquello que va a convertir tu marca personal en algo valioso, lo mejor que puedes hacer es pararte frente a un espejo y ver la mayor fuente de recursos intangibles a tu disposición.

La marca personal debe ser un reflejo de nuestras competencias, nuestras habilidades, nuestras fortalezas, nuestros valores.

A esta parte de la construcción de la marca personal la denomino **elementos** y son la materia prima con la que puedes construir tu oferta, tu beneficio singular. Esta parte es equivalente al esqueleto que mantiene la estructura de marca personal.

Al final se convertirá en tu ficha técnica, en las especificaciones que van a resolver una necesidad concreta en una coyuntura determinada. Pero no se te ocurra pensar que eres solo eso.

Cuando acometemos la tarea de crear un producto o servicio único, se hace indispensable saber con qué recursos interiores contamos. Esto es importante. En este apartado vamos a trabajar con aquello de depende solo de ti. Se trata de conocimientos, de experiencia, de habilidades, de talento, de hábitos. Como ves, todo ello es algo que tienes o que puedes desarrollar por ti mismo. ¿Te das cuenta de que una marca personal gira siempre alrededor de la responsabilidad individual y la independencia personal?

Hay una cosa que he aprendido y experimentado en mi vida y que coincide con las opiniones de gente más lista que yo. Resulta que cuando desarrollamos una actividad que nos apasiona o que es coherente con aquellas cosas en las que creemos o que amamos, nuestro rendimiento es superior.

Curiosamente aquello que más nos gusta hacer suele convertirse en aquello que mejor hacemos. Lo que somos se compone de un entramado de conocimientos, habilidades, experiencia y talento. Pero los recursos más valiosos son los que tienen mayor relación con nuestras motivaciones, pasiones, experiencias y convicciones.

Sin embargo, no te entusiasmes demasiado, ser bueno no lo es todo para una marca personal. Este apartado es condición necesaria, imprescindible pero no suficiente. Se podría decir que aquí vas a encontrar los ingredientes de tu producto y pueden ser excelentes, de la mejor calidad y capaces de crear una combinación asombrosa y valiosísima, pero si no van unidos a otras cuestiones que veremos más adelante, no podrás construir una marca personal poderosa.

Por ejemplo, Coca-Cola es una bebida de cafeína, azúcar, colorante y unos cuantos ingredientes más, pero eso no es lo que la hace valiosa. La gente no paga por el coste del envase y el producto, sino por otras razones. ¿Significa eso que el producto no sea importante? De ninguna manera, lo que ofreces es imprescindible, pero no suficiente.

Lo que vamos a ver en este apartado son los componentes objetivos y medibles de nuestro producto. Más adelante veremos otros relacionados con lo emocional, con lo intangible, pero en este momento debemos encontrar aquello que realmente puede ser útil para otros.

No me importa ser insistente en este aspecto, pero todo el mundo puede sobresalir en una parcela de la vida. Quizás se trate de algo a lo que no has dado importancia, que no hayas tenido la posibilidad de utilizar o que no tiene que ver con tus estudios. Siempre hay una característica o combinación de ellas que te hacen único o única. Pero no debes quedarte ahí; si lo tienes úsalo, da igual lo que sea; si eres el mejor en cualquier cosa, puedes llegar a ser reconocido y valorado por ello. Especialmente en un mundo en el que cada día es más necesario romper con la homogeneidad y la uniformidad.

En resumen, todo lo que hacemos es útil para alguien, solo debemos encontrarlo. Y no cometas el error de guardarte esa habilidad, conocimiento o talento; si lo tienes, úsalo y hazte valer.

Cualquier cosa que sea capaz de diferenciarte y que esté alineada con tus objetivos de marca personal puede serte útil para diseñar tu contribución. Yo he considerado las siguientes:

- Conocimientos.
- Experiencia.
- Habilidades.
- Creatividad.
- Talento.

Hay mucha literatura escrita sobre cada uno de estos temas pero te doy algunas ideas para que puedas empezar a trabajar en el descubrimiento de los elementos que constituirán los ingredientes objetivos de tu marca personal.

CONOCIMIENTOS

Aunque lo he puesto el primero, en mi opinión no es necesariamente el más importante. Actualmente no hay una diferencia de conocimientos sustancial entre los profesionales. La formación es similar y apenas supone un elemento diferencial. Parece que cuestiones como la capacidad de comunicación y de establecer relaciones, la inteligencia emocional o de otro tipo empiezan a ser más valoradas que un historial académico extenso o brillante, excepto en contadas ocasiones.

Un alto coeficiente intelectual o evidencias académicas hace tiempo que dejaron de ser un requisito esencial. Pero eso no significa que el aprendizaje carezca de importancia. Los conocimientos son como el valor en el antiguo servicio militar, "se le supone", se dan por supuestos. Por lo tanto, salvo que seas un especialista en un área muy concreta y con muy pocos profesionales disponibles, como ocurrió con la burbuja tecnológica, tener un título apenas va a hacerte sobresalir.

Los conocimientos son todo aquello que sabes sobre un tema independientemente del lugar o de la forma en que los adquiriste. Son los estudios realizados y los títulos obtenidos.

Pero la importancia por la cual tu bagaje de conocimientos y experiencia apoyará tus metas se reduce al contexto. Puede ser que algo muy apreciado en un momento concreto de tu carrera deje de tener valor un par de años después. Eso ocurre con frecuencia ahora que la tecnología acaba con profesiones tradicionales porque son fácilmente sustituibles por sistemas o máquinas.

Por lo tanto, la educación es útil solo cuando es útil. Puede parecer una perogrullada, pero las cosas son así. Quizás ese flamante MBA te sirvió cuando nadie tenía uno, pero ahora solo es una muesca más en tu CV. La educación y los diplomas ya no nos proporcionan una ventaja automática.

Los conocimientos pueden ser objetivos (aprendidos) y vividos (experiencia) y tenemos más de los que pensamos. Constantemente estamos aprendiendo, conociendo gente o viviendo situaciones que podremos aplicar y hacerlas valiosas. Solo hay que sentarse, hacer inventario y encontrar la forma de contactar con quienes puedan necesitarlas.

Estudiad, estudiad, malditos

En una ocasión, en no sé qué cadena de TV, hablaban de no sé qué feria en la que las universidades ofrecían su "mercancía".

Hablaban de cosas como la doble titulación y asuntos similares. Es fantástico. Es que seguimos sin enterarnos de nada. ¿Es que nadie se da cuenta de que en las facultades no se enseña nada sobre "la vida real"?

¿Durante cuánto tiempo más nos van a vender la burra de que un título universitario va a aumentar nuestro valor en el mercado?

En serio, ¿cuántas cosas de las que hemos aprendido en la facultad nos han sido útiles en la empresa? ¿Necesitamos tres, cuatro, cinco..., ocho años para aprender cuatro cosas que no nos diferencian de otros miles de profesionales?

El título universitario es otro "commodity". No nos diferencia. Es más, posiblemente nos homogeneice todavía más. Posiblemente sea un mal necesario, algo por lo que hay que pasar para entrar en el "circuito profesional", pero no hace falta alargarlo más de lo necesario.

Las facultades "capan", nos quitan el elemento emprendedor, nos meten el miedo en el cuerpo y salimos con la sensación de que tenemos que ponernos a "producir" cuanto antes para amortizar el tiempo y el dinero ¿invertido o gastado?

La enseñanza universitaria no explica lo que significa poner en marcha un proyecto, entender lo que ocurre cuando empieza a crecer una empresa, aguantar cuando las cosas no van como esperas o simplemente pensar.

Conozco mucha gente más que sobradamente preparada, con más títulos que el viejo Real Madrid pero que sigue pensando que necesita aprender algo más antes de "lanzarse". Personas que dicen que van a hacer un curso más antes de atreverse a hacer algo. No se dan cuenta de que esta búsqueda del Santo Grial no tiene fin y que cuanto más te dedicas a "prepararte", más te alejas de tu objetivo.

Y conozco a otros sin estudios que en su momento se atrevieron a ganarse la vida, se la jugaron porque no tenían prejuicios ni les habían contado la teoría y hoy son triunfadores en todos los sentidos.

Una vez leí algo que me gustó y que está relacionado con esto. Lo dice Humbert Rampersad:

Nada de autoconocimiento + nada de autoaprendizaje + no pensar + no hacer + ningún reto + nada de felicidad + ninguna alineación entre la ambición personal con el comportamiento personal y la ambición compartida

=

ningún desarrollo personal y organizacional sostenible.

EXPERIENCIA

En mi opinión, la experiencia es una parte de nuestros conocimientos, pero me gusta ponerla por separado porque creo que tiene un componente no académico que la hace muy interesante.

La experiencia es cualquier cosa que hayas hecho a lo largo de tu vida y que puedas utilizar para dar forma a tu "producto". El tiempo que dedicaste a trabajos de verano, la temporada que pasaste en el extranjero malviviendo, las fiestas que organizabas en la facultad..., todo esto puede convertirse en elementos valiosos.

Para desarrollar tu marca personal tienes que hacer un inventario de tus experiencias. No descartes ninguna por tonta o irrelevante que te parezca. Debes encontrar situaciones actuales en las que esas experiencias vitales sean aplicables. De esta forma estarás encontrando atributos atractivos para clientes potenciales y empezando a generar argumentos de venta.

Recuerda que una experiencia es cualquier cosa que hiciste a lo largo de tu vida o cualquier lugar en el que estuviste. La experiencia es una ventaja que te hace diferente solo porque eres quien eres y por la vida que llevaste. Es irrepetible y, a diferencia de un título académico, nadie puede decir que su experiencia es mejor o más valiosa que la tuya. Por eso, aunque apenas hayas podido o querido formarte, tu experiencia puede aportarte un valor añadido que te haga imprescindible o al menos aumente enormemente las posibilidades de ser elegido.

- La experiencia incluye tus proyectos, aventuras, logros y también errores.
- La experiencia incluye aspectos personales, coyunturales o vividos, útiles en el mercado de trabajo.
- La experiencia son las características, las experiencias, los recursos o posesiones inmateriales que te dan ventaja sobre otros.

Pero una experiencia concreta, como cualquier otro atributo de marca personal, no es válida en todas las situaciones. De todo tu bagaje de experiencias debes escoger en cada momento la que mejor se ajuste a la necesidad que detectas. La utilidad de la experiencia casi nunca es universal, dependen del trabajo que debe hacerse.

Una misma experiencia puede ser una fortaleza o una debilidad en función de la situación. Por ejemplo, haber dedicado una gran parte de tu vida a tratar de ayudar a otras personas en una organización de voluntariado puede hacerte muy complicado el convertirte en un responsable de RRHH que debe despedir a un número importante de profesionales o en un negociador para una cadena de supermercados de Hard Discount.

Por lo tanto, aunque la experiencia es uno de los elementos más importantes que podemos utilizar para construir nuestra marca personal, recuerda que su valor no depende solo de nosotros, sino también de la situación.

HABILIDADES

Si los conocimientos y la experiencia es lo que has aprendido de un modo formal o informal, tus habilidades son las cosas que sabes hacer bien. Por ejemplo, dentro de los conocimientos puedes incluir un curso de informática, pero eso no te convierte en alguien habilidoso manejando un programa de ordenador. La habilidad te la da la práctica, la repetición y el entrenamiento.

Una habilidad es aquello que aprendemos a realizar con destreza. Los deportistas saben que para ganar no basta con conocer las reglas y saber cuál es la técnica más apropiada para coger una raqueta o tirar un balón. La forma de sobresalir es mediante la práctica.

Las habilidades se pueden transmitir pero solo se pueden perfeccionar mediante el ensayo y el error. Eso quiere decir que, aunque otra persona te diga cuál es la mejor manera de realizar cualquier cosa, no te darás cuenta de lo que supone hasta que lo intentes por ti mismo. De nuevo aparecen las ideas que se repiten constantemente cuando hablamos de personal branding: responsabilidad, independencia, control, persistencia, acción.

Es importante que empieces cuanto antes a descubrir y perfeccionar tus habilidades. No te preocupes si al principio es duro. Piensa que igual que ocurría con los objetivos, la mejor manera de enseñar y de aprender una habilidad es descomponerla en pequeños pasos.

TALENTO

Retención del talento, búsqueda de talento, fuga de talento... En los últimos tiempos no hay artículo sobre gestión de personas en que no aparezca este concepto. Quizás es el más difuso y subjetivo de todos los que componen la estructura de una marca personal y tal vez por eso le guste tanto a los chicos de RRHH, porque pueden salir por donde les apetezca.

En mi opinión, el talento es la capacidad de hacer las cosas obteniendo resultados extraordinarios (claramente por encima de la media). Podríamos decir que es aquello para lo que estás especialmente dotado, las cualidades naturales que te diferencian del resto.

Generalmente lo asociamos con una facilidad o capacidad innata de la persona, que la diferencia de las demás y la hacen única. En uno de los mejores libros que conozco sobre el talento, "Primero, rompa todas las reglas de Marcus Buckingham y Curt Coffman", describe 34 talentos principales y explica que cualquier persona tiene cinco talentos destacados, lo que significa que es prácticamente imposible encontrarse con otra persona con la misma combinación de talentos que la nuestra.

Esa combinación de talentos no nos hace únicos en el universo, pero en la práctica podríamos decir que sí porque sería estadísticamente muy difícil cruzarnos con alguien con la misma mezcla de talentos. Si lo combinamos con el resto de los elementos que constituyen nuestra marca personal, podríamos decir que somos absolutamente singulares y debemos aprovecharnos de ello.

Gestión del talento (Mateo 25, 14-30)

> *"Llegándose también el que había recibido un talento, dijo: 'Señor, sé que eres un hombre duro, que cosechas donde no sembraste y recoges donde no esparciste. Por eso me dio miedo, y fui y escondí en tierra tu talento'".*

Para los que tengan menos de treinta años, el título puede parecer la fecha para una comida de trabajo con un consultor de RRHH. Por el contrario, los más mayores sabemos que el resto de la información está en uno de los libros más vendidos de la historia, y no es precisamente de gestión empresarial. ¿O sí?

Es curiosa la coincidencia en los términos y en el fondo de la conocida parábola de los talentos con las actuales tendencias en la gestión del conocimiento. Sin embargo, me temo que la realidad es más parecida a la del servidor temeroso que a la de quienes cumplieron con la petición de su señor.

Pero vamos por partes.

Retención del talento

Actualmente la palabra asociada al talento en las empresas, no es desarrollo, ni descubrimiento, ni aprovechamiento sino una con un significado más siniestro: **retención**.

Creo que las palabras son importantes porque dicen mucho de quienes las utilizan. Por esa razón, pienso que términos como recurso humano o retención del talento no son apropiados en el mundo empresarial actual.

Queremos empresas flexibles, profesionales con iniciativa, gestionar el conocimiento y muchas cosas más, pero eso solo se consigue dando a las personas la importancia que merecen. Soy consciente de que cuando se supera un determinado volumen, hay que cambiar la forma de gestionar a las personas, pero no podemos convertirlas en simples números de empleado, en recursos humanos, en talento retenido.

Actualmente existe una inflación de profesionales bien preparados, con conocimientos, experiencias y habilidades que exceden la demanda de las empresas. Los datos demográficos nos dicen que esta no es una situación permanente sino que en pocos años se producirá la situación contraria. Por esa razón, parece que muchas empresas se comportan como mi tía Mercedes durante la transición, que acaparaba aceite y alimentos en conserva para cuando vinieran las vacas flacas. El resultado en ambos casos puede ser el mismo. El aceite se enranciaba y las conservas caducaban.

Por lo tanto, la retención del talento no es la solución ni para mi tía ni para el siervo temeroso ni, por supuesto, para las empresas.

La guerra por el talento

Parece que muchas empresas se gestionan como antiguos ejércitos con cadenas de mando rígidas en los que las órdenes se cumplían sin rechistar. "El arte de la guerra" de Sun Tzu ha sido el libro de cabecera de directivos de las últimas décadas, pero estaba escrito en una época en la que obedecías o acababas con la cabeza en el río amarillo.

Sin embargo, en el futuro, los negocios serán realizados por equipos con mentalidad de "comandos" o de guerra de guerrillas. Las empresas con estructuras vistosas y elefantiásicas empezarán a perder posiciones por su falta de flexibilidad. Ese tipo de manifestaciones de poder eran muy vistosas en los desfiles del 1 de Mayo en la URSS,... y así acabaron.

Por lo tanto, a partir de ahora, conceptos como retener o acaparar el talento no tendrán sentido como una finalidad en sí misma sino como un simple punto de partida. Los directivos tendrán que actuar como los siervos diligentes de la parábola, gestionando los talentos asignados para sacar el máximo partido de ellos y eso supone asumir riesgos.

En muchas ocasiones me he encontrado con consultores y empresarios que me han reconocido abiertamente que proporcionar herramientas de desarrollo a los profesionales supone un riesgo demasiado alto. Las razones son dos. La primera es que un profesional consciente de su potencial y de su desempeño puede solicitar una remuneración o un puesto que la empresa no puede o no quiere asignarle. La segunda es que ese mismo profesional puede considerar seriamente aceptar ofertas más interesantes y abandonar la compañía.

Pero estas razones ¿son suficientes para "esconder en tierra" el talento? ¿A quién benefician?

Llegados a este punto, creo que lo más inteligente es actuar como los bomberos con algunos fuegos incontrolados. En determinados incendios en los que el agua o las sustancias clásicas no son capaces de sofocar un incendio, lo que hacen es utilizar una sustancia con una alta capacidad de combustión de tal manera que consuma rápidamente el oxígeno del ambiente y el incendio muera por sí mismo.

De igual manera, si nuestro interés es "retener" el talento, la única forma de conseguirlo es haciéndolo más grande. Es necesario acabar con el miedo al señor e invertir lo necesario para que a la vuelta se encuentre con el doble de su inversión. De lo contrario, un final indeseado es solo cuestión de tiempo.

¿Es tan importante el talento?

Hace unos días veía un documental sobre la historia de Tupperware. Aunque ya hace un par de décadas que finalizó la patente, su marca sigue siendo muy potente y en su momento de mayor esplendor fue capaz de transformar la vida de miles de mujeres norteamericanas y de todo el mundo. Fue una empresa adelantada a su tiempo.

Lo que más me llamó la atención fue que aquella empresa fue construida por mujeres sin formación, procedentes de la América profunda y con una visión muy reducida del mundo empresarial. Creo que el hecho de que fuesen mujeres y no hombres ya le proporcionaba bastantes papeletas para conseguir los objetivos. Ya lo dijo M. Thatcher: "Si usted quiere que algo se diga, pídaselo a un hombre. Si usted quiere que algo se haga, pídaselo a una mujer".

A medida que veía el programa, confirmaba algo que llevo pensando desde hace mucho tiempo: El talento está sobrevalorado.

Está claro que hay que ser competente para desempeñar determinados puestos, que hay que tener los conocimientos adecuados al puesto, que hay que poseer las habilidades necesarias para cumplir con lo que se nos demanda, pero todo esto sería inútil sin algo más. De nada sirve tener el coche de Fernando Alonso si no tenemos la gasolina que lo mueve.

Pero lo que hace que el talento se convierta en una herramienta poderosa es algo que es más difícil de controlar, de medir y de gestionar: los valores y las creencias.

Esas mujeres norteamericanas que hicieron grande una empresa de envases de plástico tenían poco "talento" tal y como lo entendemos actualmente, pero sus valores y sus creencias eran poderosos. Da la casualidad que el puesto de director general estuvo ocupado por una mujer, Brownie Wise, que llevó a la empresa a lo más alto. Esa mujer fue capaz de conseguir que un grupo de "amas de casa" creyesen en sí mismas y convirtiesen a su empresa en una parte importante de sus vidas. ¿Quién puede decir algo parecido actualmente?

¿Por qué nos obsesionamos con el talento y no con los valores, las creencias o con otros aspectos más "blandos"? Para mí la respuesta es sencilla, porque es más fácil de medir y trasladar a una hoja Excel.

Los valores (prioridades) y las creencias son los factores que realmente motivan a los profesionales si coinciden con los de la empresa. Son la locomotora que tira de las personas. El talento serían los vagones y aunque pueden estar llenos, seguirán quietos hasta que algo los ponga en marcha. Es condición necesaria pero no suficiente.

Los parámetros que definen el talento se pueden poner en un oferta de trabajo, una "job description" o en un CV, pero ¿cómo se puede comunicar que nos gustan las personas o que en la lista de prioridades lo más importante es nuestra independencia? Y lo más difícil de todo: ¿cómo puede gestionar una empresa los valores y las creencias?

Solo hay un modo y no conozco la forma de parametrizarlo y trasladarlo a una intranet o a un formulario oficial: La comunicación interpersonal.

Eso implica que en las empresas la comunicación debe fluir a todos los niveles y que cuanto mejor se conozcan las prioridades y las verdaderas metas de quienes la forman, mejor será la vinculación con la empresa y la alineación con sus objetivos

Evidentemente, esta forma de pensar implica un cambio radical en las estructuras empresariales, especialmente en las más grandes. Claro que es difícil aplicar esta mentalidad en empresas con miles de empleados, pero es absolutamente necesario. Difícil, sí; imprescindible, también.

Esto me recuerda una situación que encontré en un cliente. Su departamento de RRHH pensó que sería interesante aplicar un determinado programa de formación a un equipo de la empresa. Teóricamente era una buena idea porque mejoraría las habilidades de esas personas y además podrían aplicarlo en su vida personal. Sin embargo, no tardaron en aparecer todo tipo de casos no tenidos en cuenta. A unos les venía mal el horario, para otros significaba un reconocimiento, unos cuantos pensaban que preferían otro tipo de formación, quienes quedaron fuera estuvieron a punto de organizar un motín. Eso creó un descontento y una desmotivación tal, que las consecuencias fueron las contrarias a las deseadas. El problema podía haberse resuelto de la forma más sencilla y al mismo tiempo más complicada que existe, **hablando**.

Eso supone que los directivos a todos los niveles tienen que empezar a pensar en lo particular (personas) sin dejar de tener una visión general (empresa y mercado). Pero para eso además de talento se necesitan valores y unas creencias firmes y alineadas con las de la compañía. Y eso no se aprende en una escuela de negocios.

La ecuación del talento

Por lo tanto, creo que es importante tener a los mejores profesionales, pero no necesariamente son los que tienen más talento, habilidades o conocimientos. Esos elementos son solo una parte de la ecuación, pero lo importante es el resultado final que incluye aspectos más sutiles pero que hacen que el total sea mayor que la multiplicación de las partes, y si una de ellas es 0, el resultado será nulo.

Talento x (Valores + Creencias) = Rendimiento

CREATIVIDAD

Me gustaría terminar esta sección en la que hablo de los elementos que componen nuestra marca personal dando algunas ideas sobre la creatividad.

A diferencia de las características anteriores, la creatividad es aquella que podemos generar nosotros. Y aunque no te lo creas, puede hacerlo todo el mundo, como decía en otra parte del libro. La creatividad no es más que juntar elementos diferentes pero existentes para crear algo nuevo. Cuando vemos a los niños, comprobamos cómo son capaces de convertir cualquier cosa en un juguete o en una herramienta. Parece que los adultos hemos perdido esa capacidad, pero no es así, solo nos hemos olvidado de practicarla. La combinación es la fuerza creadora. Todo aquello que se combina se transforma en algo nuevo, distinto y único.

Buscar lo nuevo, no conformarse con lo común, siempre es una aventura que requiere una cuota de valentía. Y para desarrollar una marca personal es algo fundamental.

El verdadero significado de la palabra diseñar es "idear", proyectar algo que aún no existe pero que se puede llegar a concretar. Necesitamos tener disciplina para aprender y experimentar. Debemos ser perseverantes para intentar una y otra vez nuevas fórmulas hasta lograr aquello que buscamos.

La marca personal requiere estar constantemente innovando, sorprendiendo, creando para poder mantenerse como opción preferente. No podemos dormirnos en los laureles. Por eso es imprescindible que desempolvemos esa capacidad, la engrasemos y la pongamos de nuevo a funcionar.

La marca personal necesita ser transgresora, quiere sobresalir e ir más adelante que el rebaño. Todo avance es producto de los irracionales, de los positivamente inconformistas, de los transgresores. Las Marcas Personales fuertes de la historia han actuado así.

Debemos tener un profundo sentido sistémico de la vida, unir una cosa con otra, generar una idea diferente, transgredir el statu quo, cambiar las reglas del juego, romper paradigmas obsoletos. Para obtener resultados debemos aventurarnos por caminos nuevos, tomar atajos y transgredir los modelos. La marca personal debe hacerlo para no perder posiciones en la mente de quienes forman su entorno.

Los límites que tienen las personas, las empresas y las organizaciones para alcanzar el éxito están determinados por su apego a reproducir moldes. Las oportunidades de negocio están en las imperfecciones del mercado, y su mayor imperfección es la obsesión por lo perfecto. La mayor parte de las empresas y los profesionales invierten sus esfuerzos y recursos en reproducir los mejores modelos, lo cual eleva los estándares pero no logra impactar a los clientes.

X2. Estructura

¿CUÁLES SON MIS RECURSOS?

En la sección anterior te hablaba de lo que yo denomino **elementos**, como los ingredientes individuales para la construcción de tu marca personal. Te decía que eran condición necesaria pero no suficiente. Todavía nos queda un largo camino que recorrer. La realidad es que es muy difícil desarrollar una marca personal fuerte sin más recursos que los propios. Vas a necesitar recursos en forma de financiación, tiempo o apoyo humano o emocional que no dependen solo de ti.

Si te decía que los **elementos** son los ingredientes de tu producto, la **estructura** son las herramientas, el dinero o la organización que van a ayudarte a ocupar un lugar preferente en tu mercado.

Si los **elementos** son es esqueleto de mi modelo ADN de personal branding, la **estructura** es el músculo de la marca, es la maquinaria de la fábrica.

El trabajo es un recurso, el dinero es un recurso, los contactos y las relaciones personales son recursos, la energía, la salud o el apoyo del entorno son recursos. Recursos de marca personal son los factores externos e internos que influyen positiva o negativamente en el desarrollo de nuestra marca propia.

Los recursos son los soportes que la permiten desarrollarse, pero también pueden ser los limitantes de nuestros objetivos si no los tenemos o no somos capaces de gestionarlos adecuadamente.

Los recursos son necesarios para mantener nuestra marca. Sin ellos, podría sucumbir con facilidad.

No es posible lograr nada sin contar con recursos, apoyos externos. Lo siento, pero es así. Esa es la mala noticia. La buena es que los recursos están ahí y solo hay que ir a buscarlos. Los que a ti te parezcan más difíciles de conseguir, como el dinero, probablemente son los menos importantes. Siempre es posible construir una marca personal o comercial con pocos recursos económicos si sabes utilizar inteligentemente el resto.

Los recursos que he considerado útiles para desarrollar una marca personal son los siguientes:

- Salud.
- Relaciones.
- Ocio y vacaciones.
- Finanzas personales.
- Autoestima.
- Mentores y asesores.
- Aprendizaje y crecimiento personal.
- Apariencia e imagen.
- Actitudes mentales.

- Trabajo y carrera.
- Tiempo.
- Infraestructura y lugar de trabajo.

Se pueden combinar recursos y siempre es posible encontrar una combinación apropiada de ellos. Por ejemplo, si te falta tiempo puedes conseguir el apoyo de otras personas. Si tienes tiempo pero no dinero, puedes elaborar una estrategia en la que los planes se desarrollen más despacio pero de forma más consistente. Lo importante es que no te des por vencido antes de empezar. Internet, bibliotecas, amigos, parientes... Sé creativo, busca, encuentra y utiliza lo que tienes a tu alcance, que suele ser más de lo que te imaginas.

DAFO

A la hora de analizar la estructura y los recursos a nuestro alcance es cuando suelo introducir el famosísimo DAFO. Es de sobra conocido, creo que en cierto modo está sobrevalorado y por eso no me voy a extender demasiado en su desarrollo.

Para los pocos que no hayan oído hablar del DAFO puedo decir que se trata de una herramienta de inventario de debilidades, amenazas, fortalezas y oportunidades (de ahí viene el acrónimo DAFO, o SWOT en inglés). Aunque se utiliza principalmente en el mundo del marketing y la estrategia de negocios, en realidad se trata de un sistema en el que se aplica el sentido común de forma ordenada.

Mientras las fortalezas y las debilidades se refieren únicamente a quien las posee, las amenazas y las oportunidades dependen de influencias externas. Por lo tanto, tendremos más control sobre las primeras que sobre lo que no depende directamente de nosotros.

El personal branding se centra principalmente en las fortalezas por una razón. Si nos enfocamos en las debilidades, posiblemente solo consigamos llegar a un nivel medio o mediocre con mucho esfuerzo. Sin embargo, si basamos nuestra estrategia en las fortalezas que ya nos hacen destacar, tendremos muchas más probabilidades de sobresalir en un entorno competitivo y homogéneo.

Esto no significa que debamos olvidarnos de las debilidades, especialmente porque algunas pueden lastrar nuestra marca personal. Lo importante es conseguir mejorar globalmente pero centrando nuestro posicionamiento en nuestras fortalezas. Al mismo tiempo debes ser consciente de tus debilidades y hacer lo que puedas para eliminar los fallos más evidentes.

Tus fortalezas incrementarán tu valor a medida que adquieras experiencia. Debes concentrarte en aquello que haces bien de una forma natural y mejorarlo día a día. La práctica o el hábito de tus fortalezas te permitirán perfeccionar, pulir y por lo tanto desarrollar tus atributos y eso será percibido y valorado. Puedes controlar tu futuro trabajando para construir una marca personal que refleje tus fortalezas en lugar de tus debilidades.

La forma de medir tus fortalezas es observándote, reflexionando, descubriendo aquello que te hace ser mejor en tu trabajo y en tu vida. Sin embargo, una de las mejores formas de medir tus fortalezas es pedir feedback. Aunque de eso hablaremos más adelante.

Por último, no olvides que cualquier amenaza se puede convertir en una oportunidad y que cualquier debilidad puede transformarse en una fortaleza.

Por ejemplo, una personalidad fuerte y dominante puede ser una debilidad en un entorno en el que se valore el diálogo, mientras que puede ser una fortaleza en una coyuntura en la que se necesiten decisiones rápidas y sin discusión.

Diferenciación

Tener objetivos, motivación, descubrir nuestras capacidades y recursos, es condición necesaria pero no suficiente. En el entorno actual, si hay un exceso de algo, es de gente competente. Hay una saturación de profesionales que superan con creces lo que se les va a exigir en su puesto. Por lo tanto es imprescindible diferenciarse, convertirse en especialista o sobresalir del resto por algún atributo diferenciador.

La diferenciación es especialización, pero también valores y creencias. Aquel que tiene más claras sus prioridades y las defiende acabará destacando. El que esté convencido de que puede llegar más lejos, tiene más probabilidades de conseguirlo. Eso no es algo que suele aparecer en una entrevista de trabajo, sino que va calando si se actúa de forma consistente. Y poco a poco se va consiguiendo el fin que busca la marca personal, ocupar un lugar preferente en la mente de otros.

Pero diferenciación también implica asumir responsabilidades y no ceder a las presiones externas. Porque cada vez que alguien actúa en contra de su criterio va diluyendo su marca personal, cediendo parcelas de libertad y dejando de ser uno mismo.

En estas circunstancias, ¿cómo encaja una marca personal en una organización? Pues muy sencillo: alineando los valores y los objetivos de ambas. Hasta ahora se ha contratado a los profesionales según sus competencias y habilidades y tarde o temprano aparecían discrepancias de criterio. Ya es hora de empezar a tener en cuenta el resto de los factores.

Nuestra cultura nos ha inculcado la idea de que el que se mueve no sale en la foto y de que es mejor no hacer olas. Pero en la empresa del siglo XXI la forma de actuar ha de ser diferente si queremos sobrevivir como profesionales, como empresa o como nación.

Frente a la mentalidad protestante del reconocimiento al trabajo, aquí está mal visto aquel que desea innovar, hacer cosas nuevas, emprender. Por lo tanto, es mejor hacer lo que hace todo el mundo y te evitas problemas.

Pero una marca muere si no se renueva, si no consigue llamar la atención de sus clientes potenciales, si no aplica su propia estrategia de I+D personal. ¿Quién va a ser elegido en la próxima promoción? ¿Qué candidato va a pasar el proceso de selección? ¿El más competente o el que más ha impresionado a quien toma la decisión porque ha sido capaz de diferenciarse?

Posiblemente, los que evitan innovar, los que no toman iniciativas o no quieren ser creativos para no cometer errores, los "empleados commodity", consigan seguir cobrando la nómina durante unos cuantos meses más. Pero a la larga habrán hecho un daño irreversible a su organización y a ellos mismos.

Si su mentalidad hubiese sido la de un profesional con marca personal se hubiesen preocupado de aportar más, de ser más relevantes, de llegar a ser imprescindibles, de convertirse en la opción preferente, definitiva. No se hubiesen conformado con un curso de dos días de "Técnicas de…" en el Parador de Segovia, sino que hubiesen encontrado la manera de ser más útiles, más valiosos.

El "gran problema" para los gestores de personas es que en un momento dado, los profesionales con marca pueden demandar un reconocimiento a su trabajo si existe una mejora en el rendimiento. Pero, claro, eso convierte en papel mojado los flamantes sistemas de compensación y beneficios que tanto tiempo y dinero nos han costado, ¿verdad?

Por lo tanto, podemos llegar a pensar que es mejor no meterse en líos y seguir como estamos. De forma miope, se puede llegar a pensar que el problema no son los que se "quedan", sino los que se van porque nos hemos quitado de encima a gente que se dedicaba a tratar de cambiar las cosas.

Pero en definitiva lo que ha ocurrido es que se ha perdido a profesionales diferentes y valiosos, los que **marcan** la diferencia y se posicionan en la mente de los clientes.

Y. Emoción

¿QUÉ ES LO QUE TE GUSTA DE MÍ?

En la sección anterior, dedicada al análisis, decía que los elementos de tu marca eran como el esqueleto de una persona y la detección de recursos disponibles sería el músculo. Ha llegado la hora de volvernos sensibles a los agentes externos. Es el momento de incorporar la piel de la marca. Es la personalidad, el temperamento de la persona que sostiene la marca.

Hasta ahora hemos hablado de los ingredientes objetivos que nos hacen diferentes. Conocimientos, habilidades, recursos, tiempo, financiación, etc. Pero eso por sí solo no es suficiente para desarrollar una marca personal fuerte. Lo que proporciona un valor diferencial y memorable son los elementos emocionales, los intangibles, lo inmaterial. Hablo de confianza, de cariño, de simpatía y eso se consigue aprendiendo a gestionar los siguientes ingredientes:

- Conciencia.
- Responsabilidad.

- Valores.
- Creencias.
- Miedos y limitaciones.

Todos ellos son importantes porque nos impulsan o nos frenan y sobre todo porque son elementos diferenciales que son percibidos por nuestros "clientes".

Este aspecto de la marca personal está relacionada con los valores, las creencias o la visión de la vida. Las emociones de las personas se disparan cuando encuentran productos o servicios distintos, casi hechos para ellos. Productos que representan su estilo de vida, sus principios, valores y pasiones. Y la marca personal no se comporta de forma diferente. Una persona se enamora cuando es capaz de concentrar su atención en aquellos aspectos que le resultan atractivos, agradables y emocionantes de otra persona.

Debemos buscar aquellos elementos que son valiosos para las personas, de acuerdo con sus motivaciones, pasiones y valores.

Las marcas comerciales de éxito suelen establecer vínculos emocionales fuertes. Esas marcas consiguen llegar a la gente a través de los sentimientos y las emociones. Los conocimientos, habilidades, experiencias o recursos son fácilmente reproducibles o muy fáciles de encontrar en el mercado, pero los vínculos emocionales o sentimentales son más sólidos y duraderos. Por lo tanto, las marcas fuertes no se basan en "el producto" sino en la relación entre la marca y el mercado objetivo.

Los líderes y las personas que nos han marcado, tienen marca y nos han dejado marca, crean conexiones emocionales fuertes.

Los **elementos** y los **recursos** influyen en tu aptitud para desarrollar una marca personal, en tu capacidad. Sin embargo la **emoción** influye en tu actitud personal y la de los demás. Y la forma de modificar nuestra actitud es mediante la gestión de los ingredientes que forman las emociones y los sentimientos.

Nuestro objetivo es establecer un enlace emocional entre la marca y el mercado objetivo mediante actividades de branding: envase, diseño, publicidad y otros programas de marketing.

CONCIENCIA

Aunque uno de los elementos más atrayentes del personal branding es lo intangible, los sentimientos y el componente emocional de las relaciones, pero eso no significa que debamos vivir en un mundo de fantasía. Todo lo contrario, las reglas no las fijamos nosotros, así que debemos conocerlas y aprovechar al máximo las cartas que nos han tocado. Por suerte o por desgracia, las cosas son como son y no como deseamos que sean.

Así que para desarrollar una marca personal debemos tener los pies en el suelo y ser capaces de asumir la realidad para, a partir de ahí, empezar a conformarla según nuestra estrategia.

Por eso es fundamental ser **conscientes** de la situación en la que nos encontramos en cada momento. Ya hay suficientes variables incontrolables o descontroladas como para no tener una idea realista de las que se pueden gestionar. Una buena gestión de la conciencia implica que tienes una percepción y comprensión clara de la información y los hechos relevantes. Eso es muy importante a la hora de evitar desviaciones o retrasos en el plan de desarrollo de tu marca personal.

Si eres capaz de mantener el control de tu pensamiento, tu atención y tus reacciones, todo eso te ayudará a conseguir tus metas y tus objetivos.

Te he hablado de la importancia de la responsabilidad, de la necesidad asumir nuestras propias decisiones y no supeditarnos a lo que digan los demás. Eso debilitaría nuestra marca personal; pero significa que estamos solos, más solos que la una y que dependemos de nosotros mismos. Así que cuanto más claras tengamos las circunstancias y el contexto en el que nos movemos, más eficientes seremos en el desarrollo de nuestra marca.

Por lo tanto, la conciencia es la capacidad para determinar lo que es importante en una situación. Incluye comprende los sistemas, las dinámicas y las relaciones entre las cosas y las personas. Ser consciente implica ser capaz de conocer algo mediante la reflexión y la observación de lo que ves, oyes, sientes, etc. Ser consciente significa que has alcanzado un buen conocimiento de ti mismo, lo que implica que eres capaz de saber cuándo y cómo las emociones o deseos alteran la percepción de las cosas. Inteligencia emocional pura y dura.

RESPONSABILIDAD

"Toma tu vida en tus manos y... ¿qué sucede? Algo terrible: No hay nadie a quién culpar".

ERICA JONG

Esta es una de las claves más importantes de mi modelo de marca personal. La responsabilidad trata sobre la capacidad y el deseo de tomar nuestras propias decisiones y asumir las consecuencias. Evidentemente, eso da miedo, pero nadie dice que sea fácil. Todas las grandes marcas personales de la historia y las que conocemos más de cerca, aquellos que nos han influido positivamente, han tomado decisiones arriesgadas y asumido su responsabilidad.

Cuando eres responsable y la gente lo percibe, aumenta tu propia confianza y la que los demás depositan en ti. Y como ya tendrás claro, la credibilidad, la fe o la confianza en una persona es lo que fortalece su reputación y su marca personal.

Por lo tanto, la responsabilidad significa que debes ser capaz de crear tu propia suerte, tus propias oportunidades. No puedes esperar que otros lo hagan por ti. Al crear tu marca personal adquieres ventaja sobre los que simplemente sobreviven y se dejan llevar.

Para ser responsable debes vivir tus sueños, crecer, aprender, establecer nuevos objetivos y no te preocupes por "el qué dirán". Ya sé que esto es más fácil decirlo que aplicarlo, pero debes intentar hacerlo. Creo que jamás podrás evitar que te afecten las opiniones de los demás. Yo no lo he conseguido. Tampoco creo que sea algo bueno porque te convertiría en una persona fría. Sin embargo, una cosa es que te afecte emocionalmente y otra que influya en tus decisiones.

Cada persona debe escoger la obra que quiere representar y el papel que quiere interpretar. Consciente o inconscientemente, tú debes decidir si te enfrentas o renuncias. Debes ser capaz de controlar tu vida si quieres tener una marca personal fuerte. La vida no solo nos sucede, debemos hacer que suceda, de lo contrario seremos marcas blancas, soportes físicos de lo que otros quieren que seamos.

La responsabilidad es muy poderosa porque es algo sobre lo que tienes capacidad de decidir siempre, incluso en las peores circunstancias. En las situaciones más difíciles de la vida es cuando la libertad de escoger adquiere relevancia. Alguien dijo que al hombre se le puede arrebatar todo salvo una cosa: la elección de la actitud personal. Incluso en los campos de concentración o tras una situación traumática, las víctimas siempre han tenido la capacidad de decidir si quieren rendirse o seguir dejando que les afecte. Viktor Frankl lo cuenta de una forma impresionante en "El hombre en busca del sentido". Siempre puedes escoger una respuesta ante las circunstancias que se presenten.

Crear una marca personal trata de asumir la responsabilidad de tu propia felicidad y realización. El primer secreto es que la magia está dentro de ti. Reconócelo: en las decisiones importantes estamos solos. Una vez que tenemos claro quiénes somos, debemos ser responsables de todos nuestros actos. Puedes tomar las riendas de tu pasión y motivación. Debes trabajar para ti mismo. El poder no te lo da nadie. Lo coges tú. Punto. Si no te das permiso, nadie te lo va a dar. Pueden parecer frases tópicas pero son realmente ciertas y debes asumirlas si quieres desarrollar una marca personal memorable.

Ser responsable de tus decisiones implica estar emocional e intelectualmente comprometido con tu viaje personal y profesional. Empieza a crear tu propia suerte. Busca tus propias soluciones. Tendrás más probabilidades de ser un "perdedor" cuanto más actúes en función de lo que digan los demás.

Si nos centramos en el mundo empresarial, la responsabilidad te obliga a desarrollarte por ti mismo, a encontrar el lugar desde donde puedas hacer tus mayores aportaciones. Al asumir tu responsabilidad, el compromiso aumenta, y también desempeño porque asumimos las decisiones como propias. Por esa razón, las organizaciones deberían fomentar el desarrollo de Marcas Personales en lugar de huir de ellas.

La base de la marca personal es que "ellos", "los demás", "los jefes", han dejado de ser responsables de nuestra carrera profesional. La gestión de uno mismo exige que cada uno piense y actúe como un director general, como tantas veces repite Tom Peters. La marca personal te convierte en un socio activo en la búsqueda de tu destino. Puedes incrementar las posibilidades de "ganar" cuantos más papeles activos decidas jugar o representar en lugar de limitarte a lo que diga la descripción de tu puesto de trabajo. Quizás por eso tampoco las fuerzas sindicales son demasiado partidarias de este concepto.

Ser responsable con todas las consecuencias no es fácil, pero por eso es importante que empieces a pensar y a actuar por ti mismo. Que solo tú seas responsable de tus actos. El personal branding te permite o al menos te facilita ser la persona que quieres llegar a ser. Para sentirte verdaderamente responsable debes hacer elecciones. Una marca personal te permite ser tú mismo, pero vas a tener que esforzarte para evitar dejarte llevar o culpar a otros de tus actos.

Depende de ti. Depende de ti.

VALORES

Te he hablado de objetivos, te he hablado de tu "producto", de los recursos, de la responsabilidad y de la conciencia. Todo eso te va a ayudar a seguir el camino que te va a llevar a desarrollar una marca personal fuerte. Pero para llegar desde un origen A hasta una meta B vas a tener que sufrir vaivenes e influencias constantes que van a tratar de sacarte de tu camino.

La palabra "valores" tiene connotaciones personales tanto en el mundo moral como en el material. Podríamos decir que la marca personal gira alrededor del valor y los valores. Valor como coraje para defender lo que consideras justo y para salir de tu zona de confort. Valor como prioridad en una escala. Valor como reconocimiento material o inmaterial de tu trabajo o esfuerzo.

Para quien no tiene las cosas claras, las posibilidades de desviarse de su ruta son infinitas. Pero en la construcción de tu marca debes comportarte como un piloto de avión. Debes tener un plan de vuelo, un punto de origen y un punto de destino. Las cosas no son tan sencillas: en el viaje te van a afectar las corrientes, los retrasos, la saturación de las rutas, la rentabilidad económica… Si no tienes claro cómo debes actuar, puedes acabar en un sitio muy alejado del que deseabas o incluso puedes estrellarte. Los valores nos permiten mantener el rumbo. Los valores constituyen la base de los juicios que haces, dirigen tu comportamiento y hacen que la vida valga la pena.

El sistema de guía de este viaje tiene un nombre: **valores**. Sí, no me pongas esa cara. Los valores son importantes, no son cosas de curas o algo rancio y pasado de moda. Todos tenemos valores, se quiera o no. Todos tenemos una escala de prioridades que nos hacen actuar como lo hacemos. Lo que ocurre es que muy pocas veces reflexionamos sobre ello, por no decir nunca.

Pero no te olvides de una cosa: las marcas personales fuertes tienen prioridades y valores claros. Si quieres tener una vida más rica, más plena y productiva, el primer paso es aclarar tus valores.

Un valor es aquello que es importante para ti. Una marca personal es fuerte cuando se tiene claro lo que cree y se actúa según esas creencias. Una marca personal fuerte es un reflejo de aquellas ideas y valores que son intrínsecamente suyos. Sería incorrecto e ineficaz desarrollar una marca basada en valores inconsistentes, variables y poco claros.

Pero defender los valores tiene un precio. Afortunadamente no tenemos que estar poniendo a prueba nuestros principios con frecuencia, pero cuando eso ocurre más vale tener claras cuáles son nuestras prioridades. La independencia puede ser muy importante para ti, pero ¿es más importante que tu familia?

La honestidad y la sinceridad es algo que valoras por encima de todo. ¿De todo? ¿Estarías dispuesto a mentir para defender tu trabajo? ¿Y a tus hijos?

Como te digo, ese tipo de cuestiones no se dan con frecuencia, pero decidas lo que decidas va a tener un coste. ¿Estás dispuesto a pagarlo? Los valores que dices que tienes, ¿son auténticos o solo son "políticamente correctos"?

Actuar de acuerdo con unos valores personales te hará destacar entre la multitud. Actuar según esos valores no sólo afecta a tu relación con los demás, sino a la relación contigo mismo. Por eso es fundamental para una marca personal tenerlos muy claros. Tú eres quien debes considerar qué es lo que vale la pena, dependiendo de tus valores centrales y la fuerza de tu razón. Clarificar, comprender y actuar según los valores es un elemento esencial en una Marca Propia fuerte. Cuando la integridad falla, te desvías de tu camino y te alejas de tus objetivos. Las marcas personales se fortalecen al satisfacer las necesidades de otros sin sacrificar sus valores.

Tú representas algo especial, un sistema de creencias que destaca y que te separa del resto. Puede estar compuesto por tu punto de vista, tu visión, tu estilo, incluso el ingrediente secreto que te hace relevante y especial para los que te rodean. Las grandes marcas crean una filosofía.

Una marca personal funciona igual, comunicando valores, personalidad e ideas a su audiencia para producir una respuesta. A partir de ahí puedes reforzar esa respuesta estableciendo más contactos. No te olvides que también implica una promesa y produce una creencia en la audiencia. Una creencia en ti.

Por lo tanto, una de tus obligaciones a la hora de construirla consiste en averiguar qué es lo correcto para ti y luego comprometerte en su defensa. Comprometerse a algo significa hacer lo que dijiste que harías a pesar de los obstáculos. Eso te va a diferenciar de quienes no tienen valores claros o de quienes no son capaces de defenderlos.

Como ya tendrás claro, la diferenciación es uno de los elementos que hacen que las marcas sean poderosas y memorables, por lo tanto puedes entender que tu marca personal está basada en tus valores, y no al revés. Cuanto más distintivas sean las acciones que aprecian los demás, mejor definirán tu marca. Lo que interesa y atrae a la gente son los valores individuales, lo que aquella defiende.

Todas las Marcas Personales fuertes tienen un sistema de creencias bien definido que empieza y evoluciona en torno a la manera de integrar sus valores en su vida. Tus valores afectan no sólo a lo que piensas y sientes sino también a tu forma de comportarte. Los valores determinan tus actos. Cuando tienes unas prioridades definidas vas a actuar en función de esas convicciones, van a afectar a tus expectativas y por lo tanto a tu actitud y a tus actos.

Por ejemplo, si la honradez es un valor prioritario para ti, vas a juzgar a los demás en función de esa expectativa y tu actitud hacia ellos va a modificarse según se adapten a tu escala de valores, lo que te hará actuar en consecuencia.

Valores ➔ Convicciones ➔ Expectativas ➔ Actitud ➔ Actos

Si tus acciones y comportamiento reflejan tus valores, el resultado es la integridad y fortalecerá tu marca personal al hacerte más creíble y fiable.

Para finalizar este apartado te diré que en el entorno empresarial los valores son fundamentales, y si las marcas comerciales se debilitan, es porque no los tienen claros o los han perdido. Si los valores de una empresa están definidos, serán compartidos por todos sus miembros.

Por ejemplo, si una empresa tiene un problema menor con una partida de producto defectuoso y en sus valores está la calidad y el respeto al cliente, su decisión será clara: retirar el producto o devolver el dinero. En las ocasiones en que eso ha sucedido, a pesar de las pérdidas económicas momentáneas, a la larga la marca ha salido reforzada.

CREENCIAS

Somos lo que pensamos. Todos tenemos una historia personal que ha ido definiendo nuestras conexiones neuronales. Eso ha creado un mapa mental que nos hace actuar en función de experiencias pasadas que extrapolamos hacia el futuro. Por lo tanto, nuestras creencias son el resultado de nuestras experiencias. Las condiciones externas de la vida de una persona serán siempre reflejo de sus creencias internas.

La forma de pensar, nuestras creencias, van a influir en nuestros sentimientos, que a su vez van a definir nuestro comportamiento y van a hacer que obtengamos unos resultados acordes con ese comportamiento

Pensamientos → Sentimientos → Comportamiento → Resultados

Las creencias nos afectan más de lo que pensamos. No puede haber felicidad si las cosas en las que creemos son diferentes a las cosas que hacemos. Defender las creencias es un acto de valentía y no es demasiado frecuente en nuestro mundo actual. Por eso debes confiar en ti mismo para que otros confíen en ti. De nuevo aparece la confianza como elemento fundamental en una marca personal.

En varias ocasiones te he dicho que creer que vas a conseguir algo no te garantiza que vayas a obtenerlo. Sin embargo, te garantizo que si no crees que vas a conseguirlo, es muy probable que aciertes. Seguramente ya habrás leído en alguna ocasión aquello que decía Henry Ford: "Tanto si piensas que puedes como si piensas que no puedes, tienes razón". Debes creer que es posible que consigas tus metas y confiar en ti mismo.

Somos lo que pensamos, así que tenemos que evitar ser prisioneros de nuestros pensamientos. Todo está en la cabeza, por eso debes ponerlo todo en duda, no des nada por sentado. Puede haber sorpresas. Si quieres cambiar las cosas debes empezar a ver otros puntos de vista. Eso significa que debes replantearte todo aquello que te impida avanzar.

De manera inconsciente, la mente no diferencia entre los pensamientos positivos y los negativos. El éxito a corto plazo es posible, porque decir de algo que es "imposible" es solo una opinión, no un hecho. Ejercita tu mente para recordar las ocasiones en que perseveraste y tuviste éxito. No se trata de ser egoísta, pero no hay que avergonzarse de darse cuenta de todo tu potencial. Sitúate en un estado mental positivo y convierte cualquier pensamiento negativo en positivo. Pero no porque vayas a conseguirlo así, sino porque te va a dar el impulso suficiente para **actuar**.

El poder del pensamiento positivo

El gran negocio de la autoayuda se basa en una idea: si deseas algo con mucha fuerza, lo conseguirás.

Y esa es la gran mentira.

Nos llevan dando la murga con esa historia desde que somos pequeños con los telefilmes americanos. La manida historia del chaval que consigue ser el campeón de baloncesto de su colegio a pesar de medir menos de un metro veinte y pesar ciento diez kilos.

Y ahí está la clave de su desprestigio. Las cosas no se consiguen solo con cerrar los ojos y desearlo con mucha fuerza.

Evidentemente, para tener más posibilidades de conseguir algo, antes hay que tener un objetivo claro. Eso no te garantiza que lo vas a alcanzar, pero lo que sí es seguro es que, si no lo tienes, difícilmente llegarás a él.

Lo que hace que las cosas se consigan es la ACCIÓN, y no el pensamiento.

Pero para eso no hace falta leer un libro de autoayuda, eso ya lo sabían nuestros abuelos:

"A quien madruga, Dios le ayuda" y "A Dios rogando y con el mazo dando".

Pero parece que en este mundo laico hay que sustituir esas cosas tan simples y de sentido común por manuales llenos de recetas.

Quiero mucho a los norteamericanos, pero sus recetas no pueden trasladarse aquí a lo bruto. Hay que pasarlas por un filtro muy fino y dejar solo lo que realmente nos puede aportar algo.

MIEDOS Y ZONA DE CONFORT

"El miedo es el camino hacia el lado oscuro, el miedo lleva a la ira, la ira lleva al odio, el odio lleva al sufrimiento. Veo mucho miedo en ti."

YODA

Desarrollar una fuerte marca personal requiere valores y valor (coraje) y posiblemente esto último sea lo que más nos cuesta encontrar. Si no sales de tu zona de confort mientras otros sí lo hacen, es muy probable que te quedes estancado en tu estado, en tu marca blanca.

En este momento, a nivel de seguridad laboral no hay gran diferencia entre trabajar por cuenta propia o por cuenta ajena. El mayor riesgo puedes correrlo al no arriesgar nada. El mínimo riesgo puedes correrlo si arriesgas mucho. Cuando no pones todos los huevos en la misma cesta, es más probable que aciertes.

Tenemos miedos y tenemos limitaciones pero podemos superarlas. Aunque suene a perogrullada, la mejor forma de hacer las cosas es haciéndolas. No puedes esperar a perder el miedo para ponerte en marcha. Lo que hay que hacer es justo lo contrario: al hacer algo que te atemoriza, verás que no es para tanto y perderás el miedo. ¿Por qué hay gente que tiene éxito y otra no? Porque superan sus limitaciones. La valentía es actuar aunque el miedo nos consuma.

Las fuerzas que oponen mayor resistencia a cualquier acción que fortalezca nuestra marca personal provienen de nuestro interior. La mejor forma para conseguir grandes cosas podría ser empezando con pequeñas cosas.

No intentes controlar las incertidumbres de este mundo o perderás los mejores momentos de tu vida. Tu marca personal no irá a ninguna parte si dejas que el miedo te domine.

- La seguridad reside en ti.
- La seguridad reside en tu capacidad de asumir el control.
- La seguridad reside en tu capacidad de crear tu propia marca con éxito y pensar en términos de las necesidades del mercado.
- La seguridad reside en tu capacidad para desarrollar una estrategia y un plan de juego.
- La seguridad reside en tu capacidad para responder al cambio y beneficiarte de él en lugar de huir de él.

Y3. Evidencias

¿SABE USTED CON QUIÉN ESTÁ HABLANDO?

El personal branding es la gestión de la forma como somos percibidos para conseguir que sucedan las cosas que queremos con las personas que nos conocen.

Posiblemente esta definición no guste a quienes consideran que gestionar las percepciones es una forma de manipulación, pero creo que se equivocan. Podríamos decir que al gestionar nuestra marca personal actuamos como magos que hacemos ver de forma diferente las cosas que siempre han estado ahí. No cambiamos los hechos, simplemente conseguimos que sean percibidos con un toque mágico.

Constantemente estamos tratando de influir en los demás mediante nuestro comportamiento o nuestras acciones, pero no dedicamos demasiado tiempo a pensar en cómo son las interacciones en nuestra vida. Una marca personal fuerte maneja conscientemente las relaciones para que las interacciones sean memorables. El personal branding lo único que hace es sistematizar el proceso.

Dicen que la percepción es la realidad y creo que es verdad. Esto no es algo nuevo. Los filósofos griegos ya decían que lo que vemos no es más que una versión de la auténtica realidad.

Las personas no somos totalmente transparentes, ni siquiera para nosotros mismos. Afortunadamente somos demasiado complejos como para que podamos ser descifrados de forma absoluta. Por lo tanto, cuando vemos a otras personas, las juzgamos en función de la forma como las percibimos basándonos en **evidencias**.

Lo que creemos, influye a menudo en nuestros actos mucho más de lo que pensamos, y ese es el secreto del arte de crear una marca. La marca personal implica influir en las percepciones, elegir atributos que sean apreciados por tu nicho de mercado y conseguir que sean percibidos como algo positivo. Por lo tanto, la gestión de la marca personal es la gestión de las impresiones que otros tienen de nosotros. Aunque parezca extraño, en realidad, si recuerdas las clases de filosofía del colegio, ya hace siglos que los sabios decían que el mundo que vemos es solo una imagen ideal.

Por lo tanto, antes de desarrollar tu marca debes descubrir cómo eres percibido. Pregúntate: ¿Cómo quieres ser percibido por tu mercado objetivo? Ten en cuenta los valores que identifican a tu mercado, la forma como son percibidos tus principales competidores y haz esta pequeña "auditoría de percepciones".

- ¿Cómo me percibe mi mercado?
- ¿Me perciben de alguna manera?
- Esa percepción ¿es acorde con mis objetivos?
- ¿Cómo debería ser percibido para conseguir mis objetivos?

- ¿Cómo es percibida mi competencia?
- ¿Cómo puedo ser percibido de forma diferente a mi competencia?

¿Cómo puedes saber todo esto? Pues preguntando a tus clientes y colegas. Explícales lo que estás haciendo; asegúrate de que saben que quieres unas respuestas sinceras y que valoras muchísimo sus opiniones. De esta manera podrás tener un panorama realista de como te ven los demás.

FEEDBACK

Por ejemplo, en algunos de mis cursos me plantean los problemas de incomunicación que existen entre jefes y colaboradores. Aparentemente son problemas complejos y que cada día que pasa son más enrevesados. Cuando les pregunto si lo han hablado con la persona interesada, la mayor parte de las ocasiones la respuesta es no. Estamos acostumbrados a deducir demasiadas cosas cuando en la mayor parte de las ocasiones todo se resolvería con una conversación sincera y abierta. Así que pregunta, habla, conversa, pero no dejes que las cosas se compliquen por una falta de diálogo.

Una marca personal puede ser gestionada por quien la posee, pero la última palabra la tiene quien se relaciona con esa persona. Por lo tanto el valor de la marca personal lo proporciona el mercado. Debes saber y ser responsable de crear una conexión emocional con quienes te rodean.

PILARES DE UNA MARCA PERSONAL

Los expertos en personal branding como Peter Montoya, David McNally, Kart D. Speak, William Arruda o Tom Peters, entre otros, han encontrado ciertos elementos comunes en las marcas personales más fuertes. Ellos hablan de diferentes características, pilares o leyes que hacen que una marca personal sea fuerte. Algunas de estas cualidades pueden ser aplicables a cualquier marca comercial, pero otras son intrínsecamente humanas.

Es muy difícil, por no decir imposible, tenerlas todas en su grado máximo, pero todas están relacionadas entre sí. Por ejemplo, dos de ellas son la autenticidad y la consistencia. Pues bien, lógicamente entenderemos que es más fácil ser consistente cuando se es auténtico, porque no se tendrá que estar aparentando, con un gran desgaste, algo que no se es.

Veamos cuáles son y cuál es mi visión de cada una de las que describen estos autores.

COMPETENCIA Y RELEVANCIA

A veces oímos, e incluso nosotros mismos hemos pensado, que esto del branding, de las marcas y el marketing solo sirve para "vender humo". Sin embargo, no es así. El problema no son las herramientas sino el mal uso que se hace de ellas. Podríamos encontrar defectos a cualquier otra herramienta de gestión, finanzas, calidad, producción, compras. Pero, como digo, la clave no está en el instrumento sino en la forma de manejarlo.

No es posible desarrollar una marca personal si no hay unos cimientos sólidos, si no tenemos algo que ofrecer que sea realmente útil y relevante. Hay que conectar las necesidades e intereses de otros a tus propias fuerzas y habilidades personales. Antes de obtener lo que tú quieres, tienes que ayudar a los demás a obtener lo que ellos quieren.

Ganamos relevancia por la importancia que los otros dan a lo que hacemos y al modo de hacerlo. Las marcas personales fuertes siempre atraen la atención de aquellos que la encuentran más relevante porque significa algo para ellos. Para desarrollar relevancia se necesita "pensar a la inversa", es decir, ponerse en el lugar del "cliente", detectar una necesidad y pensar la forma de satisfacerla con nuestras competencias.

Tu primera preocupación tiene que ser determinar las necesidades e intereses de los demás. Eso significa que debemos ser competentes o tener fortaleza, talento, habilidad o conocimiento que puedan satisfacer de forma eficiente las necesidades de otros. Eso lo vimos en la sección dedicada a los "elementos". Las competencias son las cosas que una persona con marca puede hacer por alguien de forma que consigamos que nuestro producto o servicio sea calificado positivamente.

¿Qué quieren los demás? ¿Qué necesitan? ¿Qué valoran? ¿Qué esperan? Ser competente significa, estar cualificado a cierto nivel para hacer algo por alguien. Ser competente significa más exactamente, ser visto como persona cualificada. Por lo tanto es el primer paso para establecer una relación de confianza. Las competencias son la razón fundamental de que se establezca una relación con otra persona. La idea que otra persona tiene de que eres competente conforma la base de cualquier relación. Cuanto más profunda sea la relación, más conocimiento se desarrollará entre el uno y el otro. Sin establecer las competencias, una relación nunca estará establecida o se desmoronará rápidamente.

No podrás controlar al ciento por ciento las percepciones de los demás, pero sí podrás guiar a la persona para que te vea como deseas. Por eso una marca personal fuerte debe identificar la naturaleza de las relaciones clave que desea mantener y tiene que demostrar que puede satisfacer necesidades y deseos básicos. Conocer las necesidades de otros te permite actuar con un estilo que te confiera relevancia. Cuanta más relevancia demuestres, más fuerte será tu marca personal para ellos.

Según McNally y Speak, la relevancia surge cuando otro cree que conoces y te preocupas por lo que es importante para él. Cada vez que demuestras que lo que es importante para el otro lo es para ambos, refuerzas tu marca. Si no sobresales por algo relevante para el mercado, no tienes valor. Ser al mismo tiempo distintivo y relevante es lo que define la fuerza de una marca personal.

Lo que eres y lo que representas debe ser relevante para los demás, pero la relevancia normalmente es resultado de las circunstancias. Puede que lo que es importante en un momento concreto o para una persona en particular no lo sea en otro contexto. En una situación determinada, gente diferente responderá de manera diferente. El análisis final será el "cliente", quien determinará el nivel mínimo de competencias.

Profesional basura

En este viaje en el que estoy metido ocurren cosas curiosas. Una de ellas está relacionada con los periodistas interesados en este asunto del personal branding. Normalmente se trata de profesionales de medios económicos y de negocios que me hacen alguna entrevista o me pasan las preguntas por escrito. Y creo que en todas aparece la siguiente, aunque formulada de formas diferentes:

"¿Es posible, si un profesional aprende a comunicar perfectamente las características que le hacen sobresalir, ser relevante, diferente..., que se apoye en estas cualidades para vender "su propia moto" en detrimento de un trabajo efectivo, una formación continua, etc.?

Creo que en esa pregunta se resumen dos características contradictorias muy hispanas:

1. La afición por la trampa, el truco o el atajo para trabajar lo menos posible.
2. La mala prensa que tiene el vender el trabajo de uno por lo que realmente merece. Nos han educado de forma que hablar de dinero o pedir que se reconozca nuestro servicio es algo sucio, de mala educación.

Por lo tanto, ocurre lo que tiene que ocurrir y se generan tres tipos de profesionales:

1. **Los que aprovechan los agujeros, los resquicios.** Aprovechan su capacidad de engatusar, atraer o encandilar para ocultar su incompetencia. No son marcas personales, simplemente se trata de imágenes falsas, de envases huecos y de fuegos fatuos. Son los profesionales basura.
2. **Los que hacen muy bien su trabajo pero son incapaces de hacerse valer.** Lo que acaba perjudicándoles a ellos y a sus empresas, porque no aprovechan su capacidad. Estos son competentes pero son "commodities", ya que cumplen perfectamente con su función pero son invisibles, lo que les devalúa. Podrían pasar de ser marcas blancas a marcas personales si supiesen/quisiesen gestionar sus elementos diferenciales y su visibilidad.
3. **Los que son competentes y al mismo tiempo saben hacerse valorar.** Estos últimos tienen una marca personal fuerte, porque son competentes, diferentes y visibles. Penalizarles o acusarles de ser notorios sería como decir a un fabricante de productos excelentes que deje de hacer publicidad.

El personal branding es una herramienta que ha sido creada para ayudar a los segundos principalmente. Porque los primeros y los terceros ya la están utilizando, aunque no la denominen así.

Reconozco que mi carrera profesional en la empresa privada ha estado enmarcada en el segundo grupo, pensaba que realizar un buen trabajo era suficiente para que se reconociese tu trabajo. Pero no es así. Es más, en algunos casos puede ser hasta contraproducente. Lo siento, amiguitos, pero las cosas son así.

La marca personal es una herramienta neutra. Está a disposición de todo el mundo y el uso que se haga de ella no es responsabilidad del concepto. Además, como he explicado aquí con frecuencia, no es algo novísimo sino todo lo contrario, algo que se viene aplicando desde que el mundo es mundo.

Por lo tanto, decir que la marca personal es algo nuevo que puede utilizarse para "el mal" es como acusar a IKEA de que sus cuchillos SKÄRPT son herramientas peligrosas porque alguien las ha utilizado para cometer un crimen. Como si el cuchillo jamonero de toda la vida fuese un juguete para niños...

La pregunta entonces es: ¿Por qué existen profesionales basura?

Aquí he de recordar que cuando hablo de Marcas Personales me refiero al servicio que proporcionan, no a la persona en sí. Las personas no son basura, sus actos sí lo pueden ser.

Creo que la respuesta es sencilla: hay profesionales basura como hay televisión basura, comida basura, prostitución, terrorismo, pateras, tráfico de drogas o política, porque hay demanda, porque satisfacen una necesidad. Tienen clientes que esperan que les proporcionen un servicio.

Si hay "vendedores de humo/motos" es porque hay "compradores de humo/motos" y no al revés.

Evidentemente, eso no les libera de responsabilidad. Y tampoco es justo equiparar a una prostituta que ejerce para sobrevivir con un narcotraficante que lo hace para darse la buena vida. Todos tienen razones, pero la libertad de elegir está por encima de todo.

1. **El profesional basura satisface necesidades** (¿inconfesables?) de quienes le proporcionan un trabajo, un despacho o un coche de alta cilindrada. Se van de copas con el jefe, les ríen las gracias o se quedan hasta que el "superior" se va a casa.
2. **El profesional basura es competente, muy competente en lo suyo.** Es un artista "comiendo la oreja", acariciando el lomo del jefe. Y para eso hay que saber.
3. **El profesional basura no es que no tenga valores, es que no son los "habituales".** Tiene una escala de valores, unas creencias y unas prioridades que le permiten aguantar tranquilamente lo que otros no aceptarían jamás (¿jamás?).
4. **El trepa, el pelota o el lameculos no es necesariamente un profesional basura.** Como he dicho antes, la diferencia está en su nivel de competencia. Es más, en algunas ocasiones los calificativos/etiquetas/marcas que he mencionado son creadas por quienes envidian su capacidad.
5. **Por último, creo que el profesional basura por antonomasia es el político.** Normalmente poco competente (¿habéis visto los "brillantes historiales" de nuestros diputados?), nada diferenciado y muy, muy, muy visible, especialmente en periodo electoral.

Ya lo dice el maestro Peters:

"Acéptelo. Las cosas son así. Aunque usted es un 'buen chico', tiene, como nueva marca usted, un punto de vista..., una misión (su proyecto asombroso)... Y por lo tanto, quiere cambiar las opiniones de los demás.

Así que el poder es el medio de pago que necesita. ¿Vale?".

CLARIDAD

¿Te has fijado en la mayoría de los políticos? ¿Te has dado cuenta de que nunca dicen las cosas claras? Los políticos son solo el envase de otra marca, la del partido. Al no ser capaces de dar su propia opinión sincera, convierten cualquier idea sencilla en un discurso ininteligible, vacío de contenido o ambas cosas a la vez.

Quienes tienen una marca personal fuerte son capaces de encontrar las palabras que tengan sentido de un modo sencillo y convincente. Las marcas fuertes, tanto personales como comerciales, tienden a estar definidas por unos estándares nítidos que demuestran ser significativos y claros con el paso del tiempo. Tratan de huir de los tópicos y las frases hechas. La claridad en las relaciones y en la comunicación es una ventaja clave de una marca personal.

Cuanto mejor definida esté tu marca personal, más fácilmente se dará cuenta la gente de cuáles son tus valores y esperarán que actúes de manera acorde a ellos. Si eres claro en los mensajes que transmites, la gente no esperará que actúes de manera contradictoria a tus principios. Pero para conseguirlo has de ser capaz de transmitir tus ideas con transparencia y claridad. El resultado de todo esto es que el número de conflictos en tu vida será, probablemente, mucho menor.

La vida está llena de ambigüedad y por eso la claridad merece una consideración especial. Eso no implica que debas comportarte como una máquina. El que haya una precisión excesiva en la comunicación puede ser tan malo como la falta de ella si el resultado son unas respuestas rígidas, doctrinarias, herméticas, a las necesidades siempre cambiantes. Cuando nos encontramos con una persona poco clara no puedes albergar demasiadas esperanzas o se engaña a sí mismo o trata de engañar a otros.

La claridad en las relaciones es una ventaja clave de una marca personal fuerte porque evita los conflictos y las confusiones.

Claridad

Hace algún tiempo estuve coordinando una reunión en la que se iba a negociar un posible acuerdo comercial entre dos empresas de servicios. Yo he participado en muchas reuniones como negociador, pero en este caso asistía como mediador y con la particularidad de que mantengo excelentes relaciones con ambas partes.

Desde esa posición, fue muy interesante ver la importancia de realizar un planteamiento claro desde el primer momento. Uno de los protagonistas, un excelente profesional con muchos años de experiencia a sus espaldas a pesar de su juventud, hizo un planteamiento claro, clarísimo, sobre su oferta y sus intenciones. Para alguien que no le conociera podría parecer una forma un tanto brusca de plantear una negociación. Sin embargo, para mí, fue una lección de "saber hacer" las cosas en el mundo empresarial. En ese momento me di cuenta de que es vital hacer un planteamiento claro y transparente de las posiciones. Tratar de contentar a todos, dejando sin aclarar o difuminados determinados aspectos, solo conseguirá, a medio o largo plazo, enredar las cosas por no haberlas dejado bien definidas desde el primer momento.

Ya habrá tiempo de confraternizar y de brindar con cava o con sidra, pero creo que es fundamental fijar las posiciones lo antes posible para evitar malos entendidos.

Creo que igual que ocurrió en esta reunión sucede con las marcas personales. Tratar de contentar a todos nos obliga a difuminarnos, a no definirnos, a ser poco claros en nuestros planteamientos con el fin de no ofender a nadie. Eso solo consigue una cosa: no ser nada para nadie cuando tratamos de ser todo para todos. En este mundo saturado de lo políticamente correcto, la claridad no está bien vista porque puede ofender a espíritus sensibles.

Decir las cosas como son parece que no está bien visto, pero creo que aquellas marcas personales que tienen bien definidos los objetivos y los transmiten son las que al final "enganchan" porque saben lo que quieren. ¿No es eso lo que hacen las marcas líderes?

ESPECIALIZACIÓN O ENFOQUE

Si hay algo en lo que coinciden los expertos en marcas, personales o comerciales, es en la necesidad de encontrar un área de especialización. Eso no significa que elimines todas las otras facetas de tu vida, solo que escojas de tus fortalezas aquella que te hace sobresalir en un momento y en unas circunstancias concretas. Centrar nuestro desarrollo en algunos pocos aspectos no quiere decir que limitemos nuestro crecimiento; al contrario, debemos buscar en el enfoque el elemento estable, la esencia que nos permita producir variaciones sobre el mismo tema.

Dice el experto Peter Montoya que una gran marca personal debe enfocarse en una fortaleza, talento, habilidad o atributo que satisfagan una necesidad en el entorno en el que quiere desarrollarse. El resultado de esta combinación es una sensación de seguridad y confianza cuando alguien se pone en contacto con quien la posea.

Añade Montoya que te puedes especializar de muchas formas: experiencia, comportamiento, estilo de vida, misión, producto, profesión o servicio. Pero si tratas de ser todo para todos, solo conseguirás no ser nada para nadie. Las grandes marcas personales se enfocan en una única área. Especialización, en resumidas cuentas, implica ser percibido como un experto.

Diversificar es tentador. Es normal querer dirigirse a la audiencia más amplia posible. Parece lógico, pero cuando pierdes el enfoque dejas de ser reconocido como especialista y tu valor se reduce.

Una de las pruebas definitivas para comprobar la fortaleza de una marca personal es preguntarte: ¿Influyes a los demás de tal manera que consigues crear una percepción única, rápida y deseable de ti? Si no es así, puedes estar intentando hacer demasiado y arriesgándote a provocar confusión. Este puede ser el reto más difícil para crear tu marca personal.

Como dije antes, la forma más fácil de evitar confusiones con una marca personal es proporcionar una imagen clara. Las personas necesitamos un enfoque, y si no lo tenemos, debemos crearlo a partir de lo mejor que tenemos. Todo lo que hagamos debe ser consistente con el enfoque y debe reforzarse permanentemente.

Nadie puede ser bueno en todo, por lo tanto el futuro del posicionamiento de nuestra marca personal dependerá de lo consecuentes, coherentes y consistentes que seamos con el enfoque. Cuando somos capaces de demostrar que somos expertos en una materia, proporcionamos una sensación de seguridad y confianza en la gente. Es un concepto simple que es reconocido y valorado por un grupo de personas, por una "tribu". El enfoque evita distracciones.

Cuando decides cuál va a ser tu enfoque, tu especialización, estás haciendo una declaración de principios simple, que entiendes tú, tus colaboradores, tu mercado y tu entorno en general. A partir del enfoque vas a construir toda tu propuesta empresarial o profesional. Te va a servir para interiorizar tu mensaje y elaborar argumentos que te permitan "vender" tu idea. Porque cuando tienes definido lo que puedes ofrecer, el trabajo se realiza con menos esfuerzo y actúa como un rayo láser, concentras la energía y es más fácil vencer la resistencia.

Como ocurre con un rayo láser, hay enfoque cuando en un punto se concentran varias fuerzas que van en la misma dirección. Por lo tanto, el mayor peligro para la especialización es que se produzca dispersión o disipación. Eso merma nuestras fuerzas al ser divergentes y empujar hacia objetivos diferentes o incluso contrapuestos.

La diversificación lo lía todo, produce confusión y debilita la fortaleza de las marcas personales.

La diversificación consigue que lo que hace sea percibido de forma inconsistente. "Si hace tantas cosas, no puede ser bueno en ninguna de ellas." Intentar convertirse en la solución a todos los problemas provoca una pérdida del mensaje de la marca personal.

Para posicionarla como especialista en algo debes elegir un nicho definido y construir tu reputación alrededor de los rasgos que interesen a ese nicho y que puedas satisfacer. Por lo tanto debes encontrar un hueco y llenarlo.

Me gustaría que te quedases con esta idea sobre la especialización y el enfoque:

Trata de ser todo para todos y solo conseguirás ser nada para nadie.

Especialización: la marca personal y la pizza

Palabras. Si alguien escucha por primera vez las palabras marca personal o personal branding, podría pensar que es algo muy específico dentro de algo ya de por sí muy concreto. No solo hablamos de marcas, sino que lo reducimos a algo tan elemental como las personas. Podría ser el tope de la especialización. Sin embargo, creo que es todo lo contrario.

Olvidémonos de las palabras, quedémonos con su significado. Si mi proyecto se llama así se debe a una serie de carambolas relacionadas con mi experiencia profesional en distribución o los dominios de Internet disponibles.

Por lo tanto, no seamos tan obtusos de confundir un concepto o un "palabro" con una profesión. Analista de sistemas, asesor financiero o pediatra no son más que formas de definir las tareas, no a las personas. Quienes están detrás de esas etiquetas son mucho más que un cargo en una tarjeta de visita. Lo importante es lo que hacen, o mejor aún, lo que son capaces de hacer y no el título que cuelga en su despacho (¿alguien cuelga su título en el despacho?, ¿alguien tiene despacho?).

¿Hiperespecialista o megageneralista? Para llegar a ser un buen especialista creo que antes hay que ser un buen generalista. Este proyecto tan específico no podría existir sin muchos pequeños conocimientos de todo tipo. Películas de cine, algo de psicología, un pellizquito de ciencia, experiencias personales...

Las innovaciones no surgen de la nada, son mezclas de cosas existentes. Es posible que al final surja algo nuevo, diferente, específico. Pero nace sobre la base de muchas cosas viejas. Un especialista debe tener una visión general o perderá la imagen en conjunto y quedará obsoleto. Por eso los jefes son especialistas en ver por encima del bosque, mientras que los "curritos" se dedican a las tareas por debajo de la superficie.

Por lo tanto, y como casi todo en la vida, creo que no hay blanco o negro, especialista o generalista, profesional o personal. En mi opinión, como le ocurre a la pizza, todos debemos tener una buena base, pero luego podemos hacerla única utilizando diferentes combinaciones de ingredientes. Eso no debe empobrecernos, sino todo lo contrario.

LIDERAZGO

Marcas líderes, todos hemos oído hablar de ellas. Son aquellas que consiguen que la gente las siga prácticamente a ciegas. Lo que proponen no se discute. Del mismo modo, desarrollar una marca personal con autoridad y credibilidad requiere que la persona de quien procede sea percibida por la gente como un líder en su entorno. La persona que hay detrás de una gran marca personal debe ser percibida como una de las más conocidas, respetadas o reconocidas en su campo.

A pesar de todo lo que se ha escrito sobre liderazgo, creo que este se sostiene sobre tres pilares básicos:

1. Objetivos personales claros.
2. Conocimiento de las necesidades de los demás.
3. Capacidad de comunicación.

El liderazgo está basado en lo que sabes o puedes hacer, y cómo lo usas en beneficio de tu entorno. Esto ¿no es equivalente a lo que consiguen las grandes marcas, comerciales o personales?

Un líder es alguien capaz de eliminar o reducir la incertidumbre y ofrecer un camino claro. Eso es lo que hace un producto o servicio que cumple lo que promete. Al mismo tiempo el desarrollo de una marca personal es una forma de reducir nuestra propia incertidumbre al proporcionarnos seguridad en nosotros mismos y en nuestra capacidad para gestionar nuestra profesión y nuestra vida.

Actualmente, gracias a la tecnología podemos enfocarnos en un segmento de "mercado" muy específico que ni siquiera tiene por qué estar físicamente cercano a nosotros.

La tendencia a seguir lo que dice la autoridad es un residuo del cerebro de los reptiles que hemos heredado de nuestros antepasados. Aunque hemos evolucionado desde entonces, todavía nos es complicado resistirnos a la autoridad. Ya sé que esto puede sonar políticamente incorrecto, pero la mayor parte de las personas quieren ser influidas. Necesitan a alguien que elimine la incertidumbre y les ofrezca un camino claro, un producto o servicio que se comporte como promete. Eso lo han sabido los grandes dictadores de todos los tiempos que han encontrado un pueblo que esperaba que le dijesen lo que debía hacer.

Los expertos en personal branding decimos que el ser humano que sostiene una marca personal debe ser percibido como un líder en algún aspecto, pero no es necesario ser el número uno absoluto en ese campo. Pero es importante que quienes sigan al líder entiendan la razón por la que actúan. Si no es acorde con sus valores y motivaciones, es muy difícil que actúen. Y así debería ser en una sociedad compuesta con individuos con marca personal, con seres humanos que sean capaces de pensar por sí mismos.

Sin embargo, lo que ninguna marca personal puede permitirse es ser percibida como mediocre, gris o irrelevante. La mediocridad no motiva o construye credibilidad, simplemente se olvida. Lo que tampoco puede hacer una marca personal es defraudar las expectativas, por lo tanto debe evitar las promesas excesivas o las que no pueda cumplir.

Todos podemos ser líderes, pero un líder con marca no puede dormirse en los laureles. Luego veremos que otro de los pilares del personal branding es la persistencia. Por lo tanto, hay que defender la posición día tras día. Eso incluye hacer un uso correcto del liderazgo ya que una utilización inadecuada de tu posición puede destruir tu marca personal.

Por lo tanto, quédate con la conclusión siguiente: una marca con autoridad y credibilidad requiere que la persona sea percibida como un líder en su entorno, físico o virtual.

AUTENTICIDAD

"Por encima de todo, sé auténtico contigo mismo y no serás falso para nadie".

HAMLET

La marca es confianza, credibilidad. Si estás dispuesto a comprar un producto con marca o a contratar a un profesional es porque crees en él. Por lo tanto, uno de los errores más graves que puede cometer una persona que quiera desarrollar una marca personal es mentir o ser percibido como falso. El mayor pecado para la marca es la falsedad o la hipocresía. El público siempre se da cuenta. Una marca personal debe ser la muestra de nuestra autenticidad.

El diccionario define "auténtico" como "verdadero a la personalidad, espíritu o carácter de uno mismo". Para crear una marca personal duradera y grande se requiere una autenticidad absoluta, incluyendo la habilidad para reconocer públicamente las debilidades. Una marca personal requiere una honestidad brutal y eso es difícil, lo reconozco.

La relación más íntima que tienes es con tu persona, por eso no puedes engañarte a ti mismo. El proceso de desarrollo de marca personal implica una cierta cantidad de introspección. Por eso siempre digo que el proceso de descubrimiento de una marca personal va de dentro a fuera y nunca al revés. El personal branding requiere que cada practicante esté preparado para una evaluación personal honesta y valiente. Requiere valentía aceptar que somos vulnerables. De nuevo aparece el valor.

Una gran marca personal debe basarse en una personalidad auténtica, con sus defectos y virtudes. Este aspecto elimina parte de la presión creada por el liderazgo del que hablaba antes: has conseguido ser bueno pero no tienes que ser perfecto. El principal reto es mirarse en el espejo y hacer una evaluación objetiva de nosotros mismos.

Una gran marca personal se construye teniendo en cuenta todos los aspectos de la personalidad, incluidos los fallos. Debes construir tu marca alrededor de lo que realmente eres y lo que puedes ser, no de quien quieres parecerte o de lo que otros quieran que seas. Como ves, la autenticidad recoge muchos de los temas que te he ido contando: creencias, confianza, valores, objetivos, responsabilidad...

Una marca personal fuerte es una representación precisa y auténtica de lo más profundo del que la origina. Detrás de todas las marcas personales de éxito hay una persona real, no un experto en relaciones públicas o un asesor de imagen que ha creado un monstruo de Frankenstein. La marca debe ser el reflejo de tu verdadero YO, no la versión descafeinada de ti mismo que trata de contentar a todo el mundo.

Por lo tanto, debemos actuar según nuestras creencias, ser lo que realmente somos tal y como te decía hace unas cuantas páginas. La autenticidad es lo que mantiene a las marcas personales alejadas del cinismo o la manipulación.

Las grandes marcas personales satisfacen necesidades en su entorno (creatividad, sinceridad, compasión, liderazgo, etc.). El producto, servicio o comportamiento que satisface esa necesidad debe sobresalir de la uniformidad. Pero, fuera de la actividad profesional, las personas necesitamos sentirnos como seres de carne y hueso.

La marca personal que descubras y desarrolles no tiene que ser superficial, falsa o mentirosa, porque las mejores marcas personales reflejan la verdadera personalidad de la persona que hay detrás. Causamos impresiones mejores y más duraderas cuando los demás nos ven siendo nosotros mismos.

Las marcas personales construidas a base de mentiras inevitablemente se estrellan y se queman. Una marca personal construida sobre la personalidad real, los valores, las fortalezas y los defectos de una persona es una marca que puede vivir con la persona. Debes dejar que tu marca personal refleje quién eres realmente aunque no guste a todos.

La autenticidad consigue más paz mental, una vida más gratificante y una sensación intensa de valía, pero es algo que se consiga con facilidad. A lo largo del día surgen demasiadas ocasiones que nos incitan a mentir, aunque sea de forma piadosa. Cuando eres auténtico estás diciendo que puedes ser bueno pero no tienes que ser perfecto. Para ser realmente auténtico hay que ser muy valiente. La autenticidad no es algo demasiado abundante en nuestro mundo, por eso es una característica que te hace diferente.

No puedes crear una marca de una mentira. Si te pillan mintiendo, las percepciones positivas pueden volverse negativas en segundos. Dicen que se pilla antes a un mentiroso que a un cojo, y es cierto. La confianza se desarrolla más rápidamente y es más duradera si la gente cree que eres auténtico, porque la gente odia a los hipócritas.

Debes ignorar los consejos de quienes te recomiendan ser más impenetrable, más vendible o más parecido a cualquier otra persona. Sé único y manda a la porra las tendencias. Tú puedes acabar creando una. Te lo digo por experiencia.

Seguramente estarás pensando que la autenticidad tiene mucho que ver con tus valores, tus prioridades, tu misión o tu visión, y tienes razón. Como verás, todo está relacionado e interconectado. Como dicen McNally y Speak, la persona puede llegar a ser muy exitosa y auténtica gracias a sus valores y no a pesar de sus valores.

Si tu vida no tiene ninguna misión, visión ni valores, el esfuerzo por ser auténtico será inútil. El objetivo es utilizar tus valores y que el mundo que te rodea te reconozca positivamente por ellos.

Cuando muestras tu auténtica cara se produce lo que yo denomino efecto club de la comedia. "Sí, sé perfectamente de lo que está hablando. A mí también me ocurre". De esta manera estableces una conexión emocional con tu entorno y te reconocen como uno "de los nuestros", y a todos nos caen bien las personas que piensan como nosotros. Si tus valores están alineados con los de otros, tu vida será una experiencia mucho más armoniosa.

Los individuos con marcas personales fuertes han utilizado la autenticidad para alcanzar su éxito porque es la única forma de sobrevivir y evolucionar. Tener una marca personal fuerte es la mejor forma de que el mundo vea y valore tu autenticidad.

Aquí te diré algo que posiblemente hayas escuchado alguna que otra vez pero nunca está de más repetirlo:

Sé tú mismo.

DIFERENCIACIÓN

Si la autenticidad nos hace creíbles y fiables, la diferenciación nos hace atractivos y sobresalientes. Una marca personal eficaz tiene que ser expresada de tal forma que se perciba de forma diferente a la de su competencia. Esto puede parecer complicado pero no lo es tanto si consideras que solo hay uno como tú en el mundo, eso te hace diferente de otros y solo tú puedes establecerlo.

Diferenciarnos es identificar y establecer nuestro lugar único en el mundo y beneficiarnos de nuestra individualidad. Por eso denomino ADN a mi modelo de marca personal, quiero que quede bien clara nuestra singularidad.

Muchos expertos en marketing construyen marcas ambiguas para no ofender a nadie. Sin embargo, este es el mejor camino para estrellarse porque esas marcas jamás saldrán del anonimato. Uno de los peores errores que puede cometer una marca personal es imitar, porque cuando copias o imitas dejas de ser tú mismo, dejas de ser auténtico. En ese momento te conviertes en una versión genérica de otras marcas. Eres visto como un jugador de segunda. Una gran marca personal solo se fija en la mente de la gente si es expresada de una forma distinta y única. Así que no trates de gustar a todo el mundo. Confía en mí.

Una vez que te has especializado y construido una marca personal alrededor de un atributo o fortaleza concreta, desarrollar esa marca implica comunicarlo de una forma diferente. Igual que un envase brillante y atractivo en el lineal hace que un producto sea más consumido, la diferenciación consigue lo mismo con una marca personal.

La mayoría de la gente trata de ir a lo seguro: construye una marca gris que no ofenda a nadie, es terriblemente cuidadoso para no destacar demasiado. Y te aseguro que ese es el mejor camino para equivocarte. Algunos expertos en marketing se convierten en reacios al riesgo, consiguiendo que ellos y sus marcas permanezcan en el anonimato. Como dicen los anglosajones, "Out of mind is Out of Work", si no te tienen en la cabeza, estás perdido.

La mejor forma de estrellarte es que tu marca personal permanezca anónima por estar camuflada en el entorno. Recuerda que siempre es mejor ser algo para alguien que nada para muchos. Es imposible crear una Marca que no provoque rechazo en un segmento de su entorno, así que ni lo intentes.

Lo difícil es producir una gran ventaja y, más aún, que esta sea percibida y realmente valorada por los clientes. Marcar la diferencia no consiste solo en hacer las cosas de otro modo o hacer algo por primera vez, sino que también trata sobre mejorar y reforzar lo ya existente. Necesitas encontrar aquello que te diferencia a ti y a tus habilidades. Y capitalizarlo.

Cuando hablaba de liderazgo, te decía que a muchas personas les gusta seguir instrucciones, no pensar. Posiblemente una de las causas o de las consecuencias es que a las personas nos atrae la idea de ser parte de algo más grande que uno mismo. Ser diferente es duro, lo sé.

El entorno penaliza a aquellos que rechazan conformarse. El apego a los moldes tradicionales y transitar por caminos ya conocidos producen siempre más de lo mismo. Encontrar el valor para rebelarse contra el sistema y nadar contracorriente es duro y asusta. Pero eso es lo que mejor caracteriza a una gran marca personal.

Cuando somos diferentes al promedio de la manada, siempre habrá personas que se enamoren de nuestra propuesta, otros a quienes les resulte indiferente y, en el otro extremo, otros que odien lo que ofrecemos. No puedes tratar de gustar a todos, como decía cuando hablaba de enfoque y de especialización.

Debemos buscar dentro de nosotros mismos lo que nos hace diferentes, únicos; si no lo tenemos, debemos crearlo. Pero diferenciación no es extravagancia. Lo que nos hace singulares debe estar relacionado con lo que podemos aportar no con cuestiones superficiales como la apariencia o un comportamiento fuera de lugar. Salvo que seas Madonna o Alaska.

Diferenciar tus productos o servicios para tratar de convertirte en la única alternativa posible para que una persona con pocos recursos llegue a sus clientes potenciales. Hoy la palabra clave para competir no es mejor, es distinto.

La cultura que nos rodea ejerce presión hacia los que pretenden elegir por sí mismos. Hay razones psicológicas por las cuales la gente tiende a seguir al grupo, no sobresalir ni destacar. Las personas disfrutan teniendo un sentido de uniformidad, identificándose con quienes piensan igual. Pero no dejes que el desconcierto de algunos te disuada de tomar decisiones arriesgadas.

Una gran marca personal requiere el deseo de desafiar al rebaño, una confianza que roza la arrogancia. Lo que voy a decir puede que no suene muy bien, pero una marca personal verdaderamente particular debería ofender o disuadir a algunas personas. ¡Es incluso deseable! Tu marca debe tener suficiente fuerza para repeler a la gente que no deseas y atraer a la que quieres.

Tú eres el mayor experto del mundo en tu persona y el único que puede marcar la diferencia que te propones, así que si no encuentras aquello que te hace diferente, la gente no tendrá una razón para escogerte. Si quieres marcar la diferencia, tú tendrás que marcar la diferencia.

Ser distinto tiene sus riesgos. Ser diferente es duro. Pero eso es lo que ayuda a construir una gran marca personal. Para ganar hay que romper la uniformidad.

Una gran marca personal solo se implanta en la mente de la gente si es expresada de una única forma. Necesita ser expresada de forma que sea diferente a la de su competencia. Podemos esperar resultados extraordinarios solamente cuando nos alejamos de lo ordinario.

Recuerda:

- No se puede gustar a todos.
- No se puede ser todo para todos.
- No trates de gustar a todo el mundo.

¿Está claro?

ESTÁNDARES

Cuando una persona obtiene un título universitario o de otro tipo se supone que es competente para ejercer su profesión. Decimos que es competente, al menos en teoría. Pero a partir de ahí cada profesional con la misma titulación va a actuar de forma diferente en función de su talento, sus habilidades o su motivación. Ese elemento diferenciador es lo que denominamos estándares.

Podríamos definir los estándares como la manera de desempeñar esa función; es el rendimiento que damos consistentemente. Pero de la misma forma que los conocimientos y la experiencia de la que te hablaba al principio dependen de las circunstancias, puede ocurrir que estándares positivos y atractivos para una persona sean negativos o despreciables para otra. Las necesidades de la relación definen los estándares considerados apropiados o inapropiados.

Por ejemplo, un licenciado en derecho sería competente para ejercer su profesión, pero la rapidez, la precisión, el orden o la eficacia nos darían una idea de sus estándares. Por eso dicen algunos autores que los estándares son los adverbios y adjetivos que crean una imagen única de marca en la mente de otro. Suelen ser medibles y definidos objetivamente e influyen significativamente en la manera de verle los demás. Tu forma de actuar es lo que va a permitir que otros emitan juicios sobre los estándares y las competencias.

Aunque tus competencias sean las mismas que las de otros, tus estándares te ayudarán a destacar. Además de las competencias, los estándares definen y dan razón a la fuerza de tu marca personal.

Concentra tus estándares en las relaciones que elijas para desarrollarlos con quien realmente te importa. Y de nuevo recuerda que lo importante es no cambiar constantemente los estándares con la intención de complacer a todos. Recuerda: si tratas de contentar a todos, no contentarás a nadie.

ESTILO

Cuando los expertos McNally y Speak, en su libro "Sea su propia marca", hablan de estilo se refieren a ir más allá de las competencias y los estándares. Ser competente no basta, actualmente hay muchas personas y empresas capaces de satisfacer las necesidades con la calidad requerida, al menos en teoría.

Tampoco es suficiente con ser mejor, más rápido o más flexible que la mayoría. Una marca personal debe establecer un vínculo emocional con quienes se relacionan con ella. El estilo es la manera de comunicarnos e interactuar con los demás. La imagen emocional que perciben los demás

Podríamos decir que el estilo es la personalidad de la marca y es capaz de proporcionar gran parte del componente emocional de una relación. Pero el estilo no lo es todo y no siempre va a estar asociado a sentimientos positivos. El estilo solo podrá tener impacto cuando las competencias y los estándares estén bien establecidos. Es la parte subjetiva de los atributos más objetivos de los estándares.

Las palabras que se utilizan para describir los elementos del estilo tienen un matiz emocional intenso. Simpático, intratable, genial, entrañable, cursi, pedante... Suelen ser conceptos subjetivos y que no se pueden medir con facilidad, por lo que es frecuente que las personas describan las marcas en sus vidas únicamente en términos de estilo.

El estilo es como la guinda de tu marca personal, es lo que te da el toque diferencial definitivo y te hace ser único en opinión de los demás.

PERSISTENCIA

A la hora de desarrollar una marca personal hay aspectos que dependen de la percepción que los demás tienen de nosotros, pero hay otros que son responsabilidad exclusivamente nuestra. La persistencia, la insistencia y el trabajo duro son algunos de ellos.

Te he dicho y te repito que el desarrollo de una marca personal es algo que dura toda la vida y que hay que estar vigilante para que no se desmadre. Una marca personal necesita tiempo para crecer, y aunque puedas acelerar algo el proceso, no puedes reemplazarla con publicidad o relaciones públicas. El dinero no puede comprarla. No importa lo que gastes en anuncios en prensa o en carteles, estarás tirando el dinero. Esas tácticas pueden ayudar, por supuesto, pero no hay sustituto para la única fuerza que puede construir una marca: tiempo. Precisamente por eso, por la lentitud, debes empezar a construirla pronto.

Piensa en las grandes marcas personales. Han necesitado años para convertirse en iconos y han pasado por muchos años de sacrificio, pequeños éxitos y planificación. Las grandes marcas personales parecen surgir de la nada, pero realmente se consolidan después de un largo periodo de trabajo duro y desarrollo de marca.

Piensa a largo plazo cuando construyas la tuya. No hay atajos para crear una marca personal poderosa, igual que no lo hay para desarrollar un cuerpo 10. De hecho, los dos casos son muy parecidos: ambos demandan un trabajo constante, dedicación y paciencia, aunque los resultados sean lentos en llegar.

No te alejes de tus valores de marca personal. No alteres el rumbo a las primeras de cambio; sé firme y paciente. Las grandes marcas personales requieren tiempo, consistencia y un rechazo determinante de modas y tendencias

Sin embargo, igual que llega un día en el que te miras al espejo y ves los resultados, un día vas a trabajar y descubres que tu marca empieza a dar sus frutos. Cuando tiene éxito después de largos años de desarrollo, los resultados pueden ser espectaculares. Esto no es una teoría bienintencionada, es una realidad que he podido comprobar en primera persona.

Dedica tanto tiempo a crear tu marca personal como exija el proceso, a investigar, refinar tus atributos y establecer estrategias promocionales. Pero, ojo, sé realista y nunca pierdas de vista la perspectiva, porque golpear la cabeza una y otra vez contra una pared no es perseverancia, es obstinación. No sirve de nada la persistencia si se reduce a cabezonería. ¿De qué sirve insistir tercamente en un camino que no conduce a ninguna parte y esforzarnos en algo que no nos reporta fruto alguno?

La perseverancia es creativa, nos estimula a buscar nuevos caminos, a observar y corregir lo que hemos hecho mal y a potenciar los factores que nos han permitido conseguir logros. Nos invita a inventar y probar nuevas estrategias, a intentar nuevas tácticas, pero no a abandonar el juego.

Las grandes marcas personales aparecen después de un largo periodo de trabajo duro y construcción. Necesitan, por encima de todo, tiempo. Por eso debes gestionar tus expectativas, ser realista en el establecimiento de los plazos de consecución de los objetivos y las metas parciales.

Para ser persistente sin perder la confianza debes planificar, tener objetivos claros y un conocimiento claro de tus fortalezas y el entorno. Todo lo que hemos estado viendo hasta ahora. No todo el mundo va a entender o apreciar tu marca. Es un signo de que está siendo tenida en cuenta. Debes ser capaz de ignorar las tendencias, la crítica y las dudas sobre ti mismo. Oposición y crítica son parte del desarrollo de una marca personal. Siempre va a haber gente que no te entienda. Ten en cuenta que la persistencia cimenta la confianza. Para alcanzar tus metas tienes que permanecer comprometido y decidido a hacer lo que sea necesario.

No te alejes de la identidad de tu marca personal y de los atributos que has establecido. Nunca dejes de desarrollar tu marca y nunca la cambies por pura impaciencia. La perseverancia tiene un sentido más profundo cuando la actividad que se desarrolla está en armonía con nuestros objetivos de vida.

Resulta más fácil perseverar cuando tenemos la convicción de que, a pesar de los obstáculos y tropiezos, estamos en el camino correcto y el esfuerzo será recompensado, porque entendemos que el fracaso es un ensayo para el éxito. Si crees en algo, invertirás tiempo para asegurarte que funciona. Eso es algo que sabe cualquiera con mentalidad emprendedora.

Ten confianza en ti mismo, porque una marca personal requiere trabajo constante, dedicación y paciencia. Nunca olvides que, como suele ocurrir con lo que merece la pena, por lo general los resultados son lentos. Así que sé persistente y no te desvíes, porque un cambio en la trayectoria de la marca personal no hace otra cosa que confundir a quienes te rodean y te siguen.

CONSISTENCIA

Muy relacionado con la persistencia está este pilar de la marca personal, la consistencia.

La consistencia implica fiabilidad o congruencia en resultados o acciones sucesivas. Es la repetición en el tiempo de una conducta. La consistencia es como ascender por una escalera y llevar una relación personal o profesional a un nivel superior. Es una característica distintiva de todas las Marcas fuertes, personales y comerciales. La consistencia se establece en función del comportamiento. Consiste en hacer cosas que sean al mismo tiempo distintivas y relevantes, y esto una y otra vez, como dicen McNally y Speak.

Por ejemplo, piensa en McDonalds o en Burger King; te podrán gustar o no sus hamburguesas, pero sabes que siempre vas a encontrar el mismo sabor y servicio. Eso es consistencia. La gente no quiere sorpresas, por eso es importante que te reconozcan como alguien capaz de comportarse, actuar o trabajar de una manera consistente.

Una marca personal debe ser capaz de enviar un mensaje coherente a lo largo del tiempo para cimentar la confianza. Cada vez que te comportes como los demás esperan, estarás intensificando la fuerza de tu marca personal.

Los expertos en branding hablan de equidad de marca, que consiste en alcanzar niveles acumulativos de credibilidad, confianza y valor en la mente de los clientes. El propósito es el de asegurar que la relación vaya siendo cada vez más profunda.

Lo peor que puedes hacer es ser inconsistente, porque los cambios de rumbo debilitan las marcas y destruyen la confianza. La manera más rápida de disminuir y destrozar la confianza de alguien es ser poco predecible en aquello que te hace relevante.

Una relación va adquiriendo una consistencia conforme se profundiza y desarrolla. La gente solo tiene en cuenta y empieza a apreciar una marca después de múltiples impresiones, exposiciones o impactos. Si tu comportamiento es demasiado inconsistente, las relaciones deteriorarán y se romperán.

Recuerda que el personal branding tiene que ver con la repetición. El personal branding tiene que ver con la repetición. El personal branding tiene que ver con la repetición. ¿Está claro?

La repetición y consistencia dicen a tu cliente objetivo que tienes éxito y eres profesional. En el caso de que no exista experiencia personal, confiarán en ti por lo que saben a través de otros, por lo que la gente dice te tu comportamiento y trabajo. Pero con el tiempo la gente aprenderá a confiar en ti si experimenta siempre comportamientos consistentes.

Tus acciones previas, tus éxitos, no tus intenciones o promesas, llevarán a creer a la gente que se puede confiar en ti. No basta con que digas que vas a intentarlo, la gente quiere hechos. Los comportamientos consistentes definen tu marca personal más clara y concisamente que cualquier discurso. Sabemos qué podemos esperar de otros porque su comportamiento ha sido consistente en el tiempo.

Recuerda: sólo podrás ganarte el reconocimiento o aceptación de los demás por lo que haces consistentemente.

ACTITUD POSITIVA

Piensa en esta escena. Estás haciendo un descanso del trabajo charlando con unos compañeros y en ese momento se acerca una persona. Todos os calláis y empezáis a apurar el café. Se trata de alguien que siempre está quejándose, difundiendo rumores y lanzando vibraciones negativas. Ese tipo de personajes están en todas partes. Incluso tú mismo puedes ser uno de ellos. Una marca personal fuerte debe huir de ese tipo de comportamientos.

Una marca personal producirá mejores resultados si la persona que hay detrás es percibida de una forma positiva. Él o ella deben estar asociados con un valor o idea que sea reconocido universalmente como positivo y que valga la pena.

Lo que queremos es ser apreciados. Comparado con la autenticidad, la consistencia y otros elementos, este **pilar** puede parecer poco importante para una marca personal. Pero es importante porque la gente prefiere tratar con personas que le gustan y huye de quienes les complican la vida. La marca se basa en las relaciones y si no hay relaciones no hay marca.

¿No debería ser lo que haces y no lo amable o positivo que seas, lo que tenga más importancia en el éxito de tu marca personal? En un mundo lógico, sí. Pero en nuestro entorno estamos rodeados de seres humanos, y no siempre somos lógicos. Queremos trabajar con los ingenieros mejor preparados, los consultores más inteligentes o los mejores directores de cine. Pero también queremos trabajar con gente a la que respetemos, cuya compañía disfrutemos y que nos haga quedar bien con otros. De modo que cuando hay que tomar la decisión entre dos personas comparables, la que gana es la mejor como persona y no la que tiene más talento. A la gente le gusta tratar con gente que le gusta. A nadie le gustan los cenizos.

Tener una actitud positiva implica buscar soluciones en lugar de centrarte en los problemas. En lugar de quejarte o llorar sobre las oportunidades perdidas, prepara las siguientes que vengan. No te preocupes con las cosas que están fuera de tu control. Céntrate en las que puedes influir.

Los anglosajones hablan con frecuencia de la regla de oro: Trata a los demás como quieres que te traten a ti. Es una forma de entender esta característica de marca personal. Para desarrollar una Marca Persona sólida tienes que centrarte en crear una actitud positiva en la mente de otros. Intenta tener un impacto positivo en todo y todos dentro de tus círculos de influencia.

Nos gustan las personas que mantienen sus promesas, que saben reconocer el trabajo de los demás y que no se rinden a las primeras de cambio. Nos gusta la gente que no está todo el día quejándose y llorando por la leche derramada.

UNIDAD O PERSONALIDAD

Peter Montoya dice en una de sus ocho leyes del personal branding que la persona que sostiene una marca personal es inseparable de la moral y la ética establecida por esa marca. La conducta privada debe ser el reflejo de la marca pública. La persona que sostiene una gran marca personal debe exhibir un comportamiento privado que coincida con la percepción exterior que se tiene de ella.

Cuando hablo de unidad, me refiero por encima de todo a la autenticidad de la que hablaba antes. Una marca personal refleja la personalidad, las fortalezas y los valores de la persona que la sostiene. No debe existir una incongruencia entre lo que eres y lo que dices que eres porque este elemento tiene más potencial que cualquier otro para destruir tu marca, ya que está asociada a la credibilidad y a la autenticidad

La conducta privada debe ser un espejo de la conducta pública. Si no sigues esta norma, te arriesgas a que tu mercado te rechace por no ser quien aparentas ser. Es cierto que existe la posibilidad de tener que ceder algo de tu libertad, pero no se pueden asumir comportamientos contradictorios con tu vida privada. No puedes construir una marca personal fuerte y duradera sin unidad. La verdad siempre sale a relucir. Desgraciadamente, hoy en día es demasiado fácil caer en la tentación.

La unidad es lo contrario a la hipocresía, es lo que haces cuando nadie te mira. No puedes asumir comportamientos que crees que puedes mantener en secreto. Tu entorno "sabe" calibrar la veracidad de las palabras, acciones e identidad de una persona. Los que te rodean pueden leer entre líneas.

Es importante que seas capaz de asumir la viabilidad a largo plazo de la marca personal que quieres desarrollar. Una marca personal debe ser sostenible día a día con un esfuerzo mínimo. Eso significa que si tu marca se sostiene sobre cimientos falsos, te será muy difícil mantener la ficción durante todo el tiempo.

En un mundo perfecto, cada marca personal debería estar basada en comportamientos naturales. Engañar a los demás o a ti mismo tiene una consecuencia: No puedes vivir con esa marca personal. La clave para crear unidad es construir una marca con que puedas mantener cuando nadie esté pendiente.

Recuerda que la conducta privada, tu forma de actuar, debe ser el reflejo de la marca pública de lo que estás tratando de transmitir.

El amoniaco, Marbella y las heces

Recuerdo que cuando en la cadena de supermercados en la que trabajé me pidieron que gestionase la categoría de droguería, perfumería e higiene, uno de los primeros productos que desarrollé fue el amoniaco para la limpieza.

Este es un producto de limpieza humilde, con tendencia a la baja en ventas y bastante desagradable de usar. Sin embargo, consideré que todavía tenía una demanda importante en pueblos y barrios de grandes ciudades y afortunadamente no me equivoqué en eso. En su segmento, fue un éxito de ventas que nos sorprendió a todos.

En mi afán por hacerlo lo mejor posible, pensé que había que dotar a ese producto sencillo de algo de dignidad y había que crear un envase "de lujo". Afortunadamente, los responsables de "packaging" me convencieron de que el amoniaco es lo que es y la gente busca un desinfectante y no Chanel nº 5. Por lo tanto, diseñaron una etiqueta que parecía sacada de una película de los años 60. ¿Y sabéis que pasó? ¡Pues que acertaron!

La conclusión que saqué es que las cosas son lo que son, cumplen una función y tratar de adornarlas solo produce confusión. Si existen incoherencias entre lo de dentro y lo de fuera, antes o después todo se viene abajo.

Al ver a los personajes de la trama de corrupción de Marbella me acordé del amoniaco.

Creo que he dejado claro que el personal branding no es asesoría de imagen. Creo que la imagen es un reflejo de lo que hay dentro. Que donde no hay no se puede sacar. Y que no se puede ocultar con operaciones de cirugía estética ni agua oxigenada (otro humilde producto químico) lo que está luchando por salir.

Hay gente muy guapa, hay gente guapa y luego estamos todos los demás. Y eso no es malo. He conocido gente que ganaría un concurso de feos pero que para mi es guapísima por lo que es, por lo que hace y por su forma de vivir la vida.

Sin embargo, creo que los intentos de los personajes de la trama de Marbella por desfigurar su aspecto nos debía indicar hace tiempo que algo no funcionaba dentro de ellos. Si metes amoniaco en un envase de perfume, cuando lo abras te vas a caer de espaldas. En cualquier caso, su mercado era la estantería virtual del equivalente al supermercado de barrio, los realities, los programas de cotilleo y los de sucesos truculentos. Si es que al final todo encaja.

Hace años hubo un artista llamado Piero Manzoni que enlató sus propias heces y las vendió como una obra de arte. Seguramente fueron muy cotizadas. ¡Ay, el dinero! Pero al fin y al cabo eran lo que eran.

Sepulcros blanqueados. Por fuera parecen bonitos pero por dentro están llenos de inmundicia.

Por eso siempre digo:

Una marca personal no se crea, SE DESCUBRE.

VISIBILIDAD

Ya hemos descubierto un montón de cosas sobre nosotros mismos. Nos hemos dado cuenta de que somos mucho más de lo que nos dicen que somos. Pero eso no sirve de nada si solo queda dentro de nosotros. Es la hora de empezar a hacer ruido y de que los demás sepan de lo que somos capaces.

Una marca personal debe ser vista una y otra vez hasta que quede impresa (marcada) en la mente de quienes forman parte de su mercado o entorno. La visibilidad crea la presunción de calidad. Las personas asumimos que porque vemos a una persona constantemente, él/ella debe ser superior a otros que ofrecen el mismo producto o servicio.

Este fenómeno se denomina calidad percibida y es tan antiguo como los negocios o como la humanidad. Un empresario abre una tienda que ofrece productos a los mejores precios. Él y su equipo ofrecen asesoramiento de expertos y un estupendo servicio. Aparentemente es un gran negocio, pero el propietario comete un error fatal asumiendo que porque el sabe que su tienda es fabulosa, todo el mundo también lo asume, por arte de magia. De modo que no hace publicidad. Al cabo del tiempo, se cruza de brazos y se pregunta: "Lo he creado. ¿Por qué no vienen?"

Muy sencillo: porque no le ha dicho a nadie que venga, porque nadie sabe que existe. La gente no encuentra un producto de calidad, o una marca personal, por telepatía; tienes que hablar de ella. Y eso es aplica a quienes tienen una empresa y también a quienes trabajan por cuenta ajena.

Este es un tema difícil de aceptar por mucha gente. Rechazan aceptar que la calidad significa menos para el éxito de una marca personal que simplemente ser visto y conocido. La calidad de tu trabajo o tu competencia como profesional es condición necesaria pero no suficiente. Si quieres tener probabilidades de éxito, antes tu marca personal debe ser conocida. Hasta entonces, lo más difícil es conseguir ser reconocido, y eso significa ser visible. La gente no encuentra un producto de calidad, o una marca, por ciencia infusa; tienes que hablar de ella.

Es frecuente que la gente te juzgue antes de conocerte porque tu reputación ha llegado antes que tú, así que la visibilidad es necesaria para asegurar que tú y tu trabajo logréis la atención que merecen. Debes diseñar un plan estratégico de marca personal para hacerte visible, como luego veremos, porque la falta de visibilidad reduce tu credibilidad. La gente asume que alguien merece la pena si han oído hablar de ella. Si no, no puede ser muy bueno.

No importa cómo sea de buena o de grande tu marca, es una pérdida de tiempo si nadie la conoce. No basta con ser bueno, hay que contarlo. Una marca debe ser vista una y otra vez, hasta que quede impresa en la conciencia de su dominio. Una marca personal debe ser vista, consistente y repetidamente, por todos los que forman su mercado.

No tienes que poner anuncios, pero debes aprovechar cualquier oportunidad de resaltar tu trabajo. Por ejemplo, participar en un proyecto con posibilidades de éxito es una oportunidad para que otras personas digan lo bueno que eres.

La reputación es un producto derivado de la promoción. La visibilidad afecta a la percepción de tu competencia. Por suerte o por desgracia, en muchas ocasiones, y una de ellas es el ámbito profesional, la visibilidad es más importante que la habilidad. Cualquiera que sea tu trabajo, ser exitoso requiere más que simplemente hacerlo bien. La visibilidad se convierte en una profecía de autocumplimiento: si dices que eres bueno es muy probable que lo seas, y al revés.

Debes tener cuidado a la hora de hacerte visible porque las manifestaciones abiertas para atraer la atención son percibidas como avasalladoras y torpes. Se obtienen mejores resultados dejando que los éxitos se difundan de "boca a oreja". Ten cuidado con la sobreexposición y aprende a gestionar las percepciones. Las Marcas se desmoronan con el tiempo y si no la mantienes se asume que estás fuera del negocio.

Recuerda que debes hacerte visible, porque la visibilidad presupone calidad y porque lo que no se ve, simplemente no existe.

Aunque este no es un libro de herramientas de notoriedad, al menos quiero que te quedes con las ideas básicas y algunas recomendaciones.

Por eso, a partir de ahora, en la última parte del libro, vamos a ver cómo podemos "materializarnos".

Notoriedad

Todo lo que hemos visto hasta ahora no tendría apenas importancia si nada hubiese cambiado desde el siglo pasado. El simple hecho de pensar que podemos tener una marca personal global sería una fantasía. Pero desde hace muy poco, en términos históricos, cualquier agente libre es capaz de convertirse en una marca planetaria.

Durante años, los profesionales han desarrollado su carrera en muy pocas empresas o incluso en una sola porque su círculo de influencia era reducido. Actualmente, cualquier persona con muy pocos medios puede llegar, literalmente, a cualquier parte del mundo. Y esto no es algo que vaya a ocurrir o que esté al alcance de unos pocos. En este momento, millones de adolescentes desde sus casas están conectados intercambiando información, apuntes, cotilleos, escribiendo en su blog o preparando la próxima fiesta.

Muchos profesionales están dándose cuenta del poder que tienen en las yemas de sus dedos. Mantienen conversaciones trasatlánticas a coste cero. Opinan sobre lo divino y lo humano con nombres reales o ficticios en sus webs personales o en sus bitácoras. Leen revistas que antes solo encontraban en los quioscos de algún aeropuerto lejano. Y como ocurría al otro lado del telón de acero, empiezan a ver lo que hay al otro lado. Y se hacen preguntas.

Los profesionales que quieren desarrollar su marca personal tienen la posibilidad de hacerse visibles, de alcanzar notoriedad como especialistas mucho más allá del despacho del director de su departamento.

El contraste entre las preocupantes cifras de productividad de nuestro país y la explosión de creatividad de la blogosfera es preocupante para las empresas y al mismo tiempo esperanzador para los profesionales.

Solo hay que encontrar la forma de reconducir ese talento al interior de las empresas, pero antes hay que encontrar la forma de devolver la confianza.

El poder que la persona más sencilla tiene a su alcance es tremendo y el uso que puede hacer de él va a depender de su actitud ante la organización. Un profesional puede acabar con una campaña millonaria filtrando una información inadecuada o puede organizar una red internacional de colaboradores para solucionar un problema. La línea que separa ambos comportamientos es muy fina. Los gestores de personas deben aprender a trabajar en este nuevo mundo de prescriptores anónimos. Ya existen personas cuya influencia es mayor que la de muchos medios de comunicación. Igual que ocurre con la dinamita, puede usarse para abrir caminos o para destruir propiedades.

En este entorno, no funcionan las normas, las reglas o los sistemas de evaluación de competencias. Es necesario bajar a la arena y mancharse las manos. Hay que entender lo que ocurre realmente.

Hace tiempo que las personas han dejado de creer en las empresas y han vuelto a confiar en otras personas. Por eso es tan importante que las organizaciones estén formadas por marcas personales poderosas que sean capaces de cambiar la percepción que se tiene de ellas.

Z2. Entorno

Ubungu Ngumuntu Ngabantu

Expresión zulú que significa que una persona es sólo una persona a través de otras personas.

En nuestro proceso de descubrimiento y desarrollo de una marca personal hemos ido de dentro a fuera. Hemos viajado desde el interior de nosotros mismos hasta llegar a vernos como integrantes de un mundo al que podemos acceder.

A estas alturas debes tener claro que en nuestro entorno estamos rodeados de "clientes" a los que damos algo de nosotros y nos valoran por ello. También hemos acordado que todos somos proveedores de servicios y satisfactores de necesidades (materiales o emocionales) de otros. Todos somos clientes, proveedores, colegas o incluso competidores de otros en función del momento y de la situación. Tenemos marcas personales que se relacionan entre sí.

Si queremos desarrollar una marca personal fuerte y reconocida debemos tener claro dónde estamos. Pero además deberemos ser conscientes de que estamos en un entorno cambiante y lo que vale hoy puede que mañana no sirva. El mercado está transformándose constantemente y solo los que se diferencien, sobresalgan y sean percibidos como más valiosos, sobrevivirán y prosperarán. Pero esta no es una mala noticia, porque ningún entorno es el óptimo y porque el cambio constantemente crea nuevas necesidades no satisfechas. Se van a producir situaciones en las que alguien va a necesitar algo y tú puedes posicionarte como la opción preferente.

MERCADO

Todos necesitamos algo y todos tenemos algo que ofrecer. La clave está en encontrar los canales para unir la oferta y la demanda, por eso necesitamos algo que nos haga visibles y accesibles: la marca personal. Porque un mercado no es sólo una conexión de personas, es también una colección de necesidades insatisfechas. Sea cual sea el mercado, siempre habrá señales de que existe en este una necesidad por satisfacer.

Si hay algo que realmente represente y ejemplifique el concepto de ganar-ganar es el del personal branding. No es posible desarrollar marcas personales fuertes si la flecha solo apunta hacia una dirección. No podemos estar cediendo siempre si no recibimos algo a cambio porque, como decía y no debes olvidar, nadie regala nada.

Por otra parte, debes tener en cuenta que si solo tomas de las personas, estas se alejarán de ti. Por eso el concepto de marca personal no es un concepto egoísta sino justo que pretende que cada uno de nosotros sea valorado y recompensado como merece. Aunque, como digo, no tenga que ser necesariamente con dinero o con otro tipo de reconocimiento material.

Si bien la marca personal es aplicable y está en todo tipo de entorno en el que haya más de una persona, en este libro estoy centrándome especialmente en el ámbito profesional. Las organizaciones no nos permiten estar aislados, porque eso impide hace que influyamos en nuestro entorno y viceversa. William Bridges habla a fondo de todo esto en su maravilloso libro "Usted, S.A.".

El mercado es todo aquel que se interesa por tus servicios. Debes pensar en tus jefes, compañeros, colaboradores o amigos como tu mercado. Casi todo trabajo que representan los "empleos" en una compañía ya puede subcontratarse. Debes dejar de pensar como empleado y comenzar a pensar como vendedor orientado a oportunidades. Debes imaginar que eres una pequeña empresa que busca un nicho.

Antes decía que estamos en cambio continuo y que eso no es malo porque el cambio destruye oportunidades sólo para la persona "con mentalidad de empleado", mientras que ofrece oportunidades a quien tiene "mentalidad de proveedor de servicios". La seguridad e identidad que todos necesitamos proviene de la microempresa unipersonal que podemos desarrollar si pensamos como marcas personales. Cada vez más, las habilidades para establecer relaciones son más importantes en el entorno laboral. Ya no es suficiente con ser competente, sino que hay que tener unos estándares altos y un estilo propio, como decía hace unas cuantas páginas.

Si todavía te consideras "empleado", necesitas olvidarte del puesto que pone tu tarjeta y empezar a buscar el trabajo que necesita hacerse, la auténtica necesidad que debes satisfacer. Necesitas cambiar el enfoque de tu empleo a un producto con marca que cumpla con las necesidades de tu cliente. Debes olvidarte de buscar "empleo" y empezar a pensar en "oportunidades" y proyectos. Tu actual trabajo es tan solo uno de tus mercados potenciales, porque estás rodeado por muchos otros. Un "empleado" cumple con su trabajo, pero vuelve al empleo en busca de seguridad e identidad.

Pero no empieces queriendo comunicarte con tu mercado, comienza con lo que el mercado trata de decirte a ti. ¿Cuál es tu negocio? ¿Qué necesidades insatisfechas detectas? ¿Qué problemas podrías resolver?

Los empleadores o quienes te pueden contratar, como cualquier otro tipo de clientes, buscan resultados. Los empleadores compran las cualidades intangibles asociadas a tu marca. O dicho en otras palabras, los empleadores no compran cerveza de marca blanca, quieren cerveza Heineken a precio de marca blanca. Tu obligación como "vendedor" es revisar constantemente el mercado en busca del trabajo que necesita hacerse.

A partir de ahora, como profesional con marca personal, debes descubrir para qué mercado estás mejor preparado. No pienses en términos de lo que tú quieres decir y hacer. Piensa en la reacción que quieres conseguir en tu mercado objetivo y lo que tienes que hacer para conseguirla. Los anglosajones denominan a esto "sweet spot", la intersección entre una buena idea y una necesidad de mercado que puedes satisfacer.

Sí, he dicho vender, no hay nada malo en ello. Constantemente estamos vendiendo ideas, proyectos o deseos a otras personas para que nos las compren. Aunque no seamos conscientes de ello. "Vender" expresa lo que eres capaz de ofrecer y puedas satisfacer una necesidad que tenga tu cliente. Para los profesionales con marca personal los límites son meras formalidades: dentro y fuera, trabajar por cuenta propia o por cuenta ajena significa muy poco.

Como marcas personales que satisfacen necesidades, debemos aspirar a proporcionar servicios que ayuden a nuestros clientes a ser quienes quieren ser. Es el producto o servicio innovador el que crea la necesidad y esa necesidad crea la demanda. Tendremos más oportunidad de competir si lo que ofrecemos es percibido como algo nuevo en lugar de una versión de algo existente. Siempre hay alguien que quiere lo que tú tienes. ¡Siempre!

La "necesidad del mercado", en la mayoría de los casos, es un argumento creado después de que algo ha tenido éxito. Los consumidores no pueden desear algo que no existe... hasta que se crea. Si solo desarrollásemos lo que nos demandan, no habríamos evolucionado nada y no existirían muchas de las cosas que nos hacen la vida más fácil. ¿Alguien habría sido capaz de demandar algo como Internet o el rock and roll?

CLIENTES

Ya estamos llegando a la última parte, a aquella en la que un profesional con marca personal como tú debe saber cuál es su mercado, hacerse visible y satisfacer sus necesidades. A partir de ahora quiero que pienses que tus clientes son todos aquellos que pueden utilizar sus servicios de la manera más amplia posible: jefes, colegas, clientes "de toda la vida" o incluso familia o amigos. Un profesional con una marca personal fuerte consigue que su trabajo sea valorado de la mejor manera posible y por eso puede llegar a permitirse elegir a sus clientes. Pero no adelantemos acontecimientos.

Cuando desarrollamos una marca personal podemos considerar clientes a todos aquellos que esperan algo de nosotros y somos capaces de dárselo. Debemos conocer profundamente a nuestra audiencia y ser conscientes de cuál es nuestra competencia.

Tom Peters dice que "tú eres tus clientes", lo que quiere decir que ellos también van a definir tu marca personal. El viejo refrán "dime con quien andas y te diré quién eres" es la forma tradicional de decir lo mismo. Aunque suene difícil cuando no has empezado a desarrollar tu marca, debes empezar a decidir qué tipo de clientes quieres tener.

Cuando actúas con consistencia, cuando te comportas como has dicho que harías una y otra vez, creas el valor más importante de los negocios: confianza. El objetivo de tu marca personal es crear experiencias satisfactorias, consistentes y, de vez en cuando, extraordinarias para tus clientes. Ellos son los que van a hablar de ti a otras personas y de lo que eres capaz de hacer. Cuando se trata de marca personal hay que ser extremadamente cuidadoso con el servicio que proporcionas a tus clientes porque ellos van a ser tus mayores valedores. Ellos son los que van a hablar bien de ti.

Pero esos mismos clientes pueden ser competencia en otro momento, y por eso es necesario conocer bien el entorno y que este te conozca a ti. No se trata de la ley de la selva sino de tratar de posicionarse como el líder en tu área. Lo importante no es a quién conoces sino quién sabe que haces lo que haces, y para eso hay que aprovechar cualquier oportunidad para hacerse visible siempre que sea posible. Y hoy lo tenemos muy fácil.

COMPETENCIA

¿Cómo puedes destacar si no sabes entre quiénes tienes que destacar? En otras palabras, ¿con quién estás compitiendo en realidad? ¿Con tus colegas actuales? ¿Con un departamento dentro de tu empresa? ¿Con otras personas dentro de tu sector? Revisa tus objetivos y echa otro vistazo a tu alrededor. Si tu intención es hacer cambios de gran envergadura en tu carrera, posiblemente tus actuales compañeros no son tu competencia. Si planeas alcanzar un puesto de mayor responsabilidad en donde estás ahora, entonces puede ser más fácil identificar a tu competencia y sus atributos de marca.

En la vida estamos rodeados de gente que desea lo mismo que nosotros y no es malo, nos empuja a mejorar. Si todos hacemos lo mismo, alguien sobra. Todo es un mercado en el que nadie regala nada y siempre espera algo a cambio aunque no sea una remuneración material o económica.

Competencia, competir, competidores, sí, aunque pretendamos vivir en un mundo de fantasía en el que todo es perfecto y todo es alegría y buen rollito, estamos inmersos en una competición vital. En el colegio, cuando vas detrás de esa chica (o chico) que te gusta a ti o a otros cuantos (o cuantas), en la búsqueda de un empleo o a la hora de conseguir un ascenso. Alrededor de las personas hay seres humanos que aspiran a alcanzar los mismos objetivos. No son solo otras personas y empresas que puedan captar a tus clientes, también tus colegas y compañeros. El entorno de la persona es por lo general muy competitivo y el personal branding es una herramienta perfecta para ocupar un lugar preferente en la mente de otros.

No estamos todo el día con el puñal preparado, pero no debemos perder de vista que la competición es algo intrínseco al ser humano y creo que es algo positivo porque nos mantiene vivos y en movimiento. La competición más interesante es la que tenemos con nosotros mismos cuando debemos elegir entre varias opciones. En cualquier caso, no tienes que tener una "personalidad competitiva" para convertirte en un gran competidor.

Al contrario de lo que pudieras pensar, la competencia no es necesariamente mala y casi todos nosotros, incluso los mejores, vamos a perder algunas veces. Puedes contar con ello porque en toda competición hay un ganador y un perdedor. No eres inferior por no haber ganado la carrera, simplemente no eres el más rápido... hoy. Lo que es seguro es que vas a aprender algo y la próxima vez tendrás más probabilidades de éxito. Además ten en cuenta que los competidores de hoy pueden ser los socios de mañana.

Competir en el mercado significa luchar por las preferencias de los consumidores. Un competidor es alguien que persigue la misma meta o mercado objetivo que nosotros, así de simple. Puede que no te des cuenta de que estás compitiendo pero lo estás. Siempre hay competencia y debe haberla porque si no hay elección, los clientes sospechan. Hay algo que no encaja. La posibilidad de elegir estimula la demanda. Con el fin de construir la categoría, una marca debería dar la bienvenida a otras marcas porque la competencia implica que tu sector es atractivo y rentable. Los clientes responden a la competencia porque la elección es vista como un beneficio mayor.

Existe competencia cuando el cliente tiene la posibilidad de elegir entre dos o más productos o servicios que son muy similares y que básicamente cubre la misma necesidad. Una pista para encontrar tu mercado es buscar allí donde encuentres productos de tu competencia similares a los tuyos.

Las marcas comerciales y personales necesitan competencia para distinguirse por ser mejores u ofrecer algo más o diferente. Debes ofrecer lo que tu competencia no tiene, por eso una de las primeras etapas del modelo ADN es tener claro qué es lo que te hace relevante y diferente. El personal branding implica buscar una idea diferente que resuene en tu mercado objetivo. Estás buscando una idea que te ayude a competir y ganar.

Recuerda que, con raras excepciones, todos nosotros estamos compitiendo y que aunque estés vigilante todo el tiempo, la competencia puede hacerte daño.

SOCIOS

En la construcción de una marca personal vas a necesitar todo el apoyo que consigas. Hemos hablado de "recursos". También te he dicho que el personal branding requiere tiempo, persistencia, trabajo y consistencia y por eso siempre es mejor contar con ayuda. Los socios son quienes pueden colaborar con nosotros para conseguir un beneficio común.

La marca personal es una metáfora de nuestras relaciones y por eso debes forjar alianzas que enriquezcan tu vida. Sin embargo, debes ser muy cuidadoso con respecto a la construcción de relaciones que fortalezcan tu marca. No te asocies, personal o profesionalmente, con quien tengas motivos de sospecha. Las buenas relaciones pueden mejorar tu calidad de vida y las malas pueden convertirla en un infierno. También te lo digo por experiencia, aunque afortunadamente no demasiado repetida.

La capacidad de construir relaciones puede ser el activo más importante personal o profesionalmente, como luego veremos al hablar de relaciones y de herramientas de visibilidad social.

Z3. Escaparate

Estamos llegando a la fase final de mi modelo ADN de descubrimiento y desarrollo de marca personal. A lo largo de este camino hemos descubierto lo que querías, por qué lo querías, con qué recursos propios y ajenos cuentas, cuáles son tus prioridades, tus miedos, tus motivaciones; hemos identificado algunos de los pilares fundamentales del personal branding y hemos descubierto nuestro mercado y los agentes que intervienen.

Una vez que te conoces a ti mismo, a tu competencia y tienes claro cuál es tu mercado, puedes identificar la combinación ideal de herramientas de comunicación para llegar a tu mercado de una manera eficaz. Esto puede variar en función de tus objetivos, pero quizás quieras escribir artículos para colaborar con el boletín interno de tu empresa. Quizá dar algunas charlas sea más apropiado para tu marca. Necesitas evaluar todas las posibles herramientas de comunicación y seleccionar aquellas que sean más adecuadas para tu mercado objetivo.

Para tener éxito hoy en día tienes que ser visible y conocido. Esto significa que debes aprovechar cada oportunidad de dejar tu sello personal, lo que te permitirá beneficiarte del patrimonio de marca que se va construyendo a lo largo del tiempo. Puedes hacer esto expresando coherentemente tu marca, aprovechando los sucesos cotidianos y las oportunidades que surgen cada día.

A partir de ahora vamos a identificar algunas herramientas que nos van a servir para dar a conocer al mundo nuestra marca personal. Vamos a ver los instrumentos que van a situarnos en un lugar preferente en el mundo profesional.

Siempre digo que el personal branding no es asesoría de imagen. La fuerza de la marca personal viene de dentro de la persona y su imagen es un reflejo de lo que es. Por lo tanto una marca personal no puede basarse únicamente en el envase, en el aspecto externo, pero si tenemos claro quiénes somos y lo que podemos ofrecer, debemos conocer los mecanismos que nos van a hacer notorios y atractivos.

Hacer las cosas bien es insuficiente. Hay que dejarse ver y hacerlo de forma adecuada, porque si algo es atractivo, le asignamos atributos positivos. Eso es lo que se denomina el efecto halo. Hay que aceptar que en muchos casos la identidad visual dice si una marca es valiosa o no, y lo mismo ocurre con el aspecto de las personas.

He dicho varias veces en este libro que todo lo que hacemos forma parte de nuestra marca personal. Cuando una persona contacta y se relaciona con otras, adquiere un valor para las demás. En todo momento somos capaces de influir, de crear experiencias en las que intervienen todos los sentidos. Nuestros atributos y la forma de comportarnos deberán ser cuidados y utilizados como herramientas específicas.

Como profesionales no debemos olvidar que somos la imagen de la empresa, propia o de otros y que una parte importante de nuestro éxito reside en las personas con las que nos relacionamos. El personal branding tiene en cuenta que una parte muy importante en los negocios son las relaciones con otras personas. Por lo tanto, un componente fundamental de la marca personal consiste en gestionar las relaciones personales estudiando sus características y requerimientos. Por eso es fundamental comprender las necesidades, problemas y preferencias de las personas cercanas a nosotros.

Como te explicaba antes, vivimos en un entorno competitivo y podemos quedar fuera de juego si nos dejamos llevar y no nos preocupamos de los demás. El personal branding crea un programa de relaciones duraderas y hecho a la medida de cada persona con la que tratamos. La comunicación y las relaciones personales son las herramientas de marketing más potentes que existen. En la comunicación es necesario transmitir unos comentarios claros, concretos y concisos, como te explicaba al hablar de los pilares de la marca personal

Tenemos muchas herramientas para conseguir visibilidad de nuestra marca personal, pero su uso se ha de traducir en forma de acciones o se convertirán en utensilios "teóricos". Según se apliquen unas u otras herramientas, obtendremos unos resultados diferentes.

No voy a hacer una traslación directa del marketing clásico o de las 4, 5 o X Pes que tradicionalmente se han usado en marketing (producto, precio, posición, presentación, percepción y promoción). Más bien quiero dar una visión más global y adaptada al ser humano.

Creo que ya tenemos claro que tú como persona ofreces algo, eres capaz de convertir tu trabajo en un producto o servicio y debes ser capaz de situarlo en el lugar más apropiado. Es curioso pero eso lo tienen muy claro quienes están más alejados del mundo corporativo: el mendigo que se sitúa en una calle transitada, la gitana que vende refrescos o vestidos en la playa, el inmigrante que vende bolsos o DVDs en el suelo o la muchacha china que da masajes en la playa.

Debemos tener claro cuál es el lugar o el canal físico o virtual en el que "colocas" tu producto, servicio o a ti mismo. Si no eres capaz de colocarte en un sitio con suficiente tráfico real o virtual, estarás perdiendo muchas oportunidades.

Además debes ser capaz de ofrecer algo más que tu competencia. El uso correcto de las promociones logra diferenciarnos a través de unas aportaciones adicionales. La promoción incentiva la demanda dando algo adicional mientras que la publicidad tiene sólo el objetivo de comunicar. Cuando hablo de promoción personal me refiero a los aspectos diferenciales y temporales que ofrecemos a quienes queremos que nos "compren". Seremos más aceptados cuantas más habilidades adicionales ofrezcamos y pongamos a disposición de otros. La promoción es equivalente a dar un 10% más de detergente o regalar un llavero. Cuando se trata de marcas personales, es el valor añadido que supone trabajar con nosotros.

Empieza a empaquetar tus ideas, proyectos o servicios como nombres, mensajes y frases que enganchan. Dar a tus proyectos o ideas un nombre y eslogan capta la atención y les hace parecer más importantes. Desde un punto de vista de marca, la decisión más crucial es el nombre del producto.

A la hora de encontrar un nombre para definir lo que haces debes tener en cuenta que debe dejar claro tu principal valor, por lo tanto evita los nombres genéricos. Si consigues encontrar un nombre descriptivo y singular será muy fácil que te encuentren y te recuerden. Un gran nombre puede ser prácticamente una marca. Diferentes nombres crean diferentes expectativas. La forma en que te etiquetas puede potenciarte o destruirte porque diferentes etiquetas producen diferentes percepciones.

Tanto si haces una presentación, participas en un debate o escribes un artículo, nunca debes dejar de lado tu marca. Pregúntate siempre cómo puedes vincular tu marca a cualquier situación. Cada reunión, cada proyecto, cada viaje de trabajo, cada comida de negocios. Todo importa. Vive y respira tu marca.

Mantente alerta durante un par de semanas, para empezar. Revisa todo lo que haces, cada artilugio que utilizas, tu comportamiento. ¿Son consistentes con tu marca? ¿Tienes una "blackberry" de última generación o utilizas una agenda para anotar tus citas? ¿Llevas portafolios? Asegúrate de que todo lo que haces comunica la esencia de tu marca. Acostúmbrate a planteártelo todo. Es una forma de conseguir que tu marca sea clara, consistente y constante.

Si hay una herramienta fundamental para desarrollar una marca personal es la gestión adecuada de la comunicación. La comunicación y las relaciones personales son las herramientas de marketing más potentes que existen.

En el colegio nos explicaron que la comunicación requiere la existencia de un emisor productor de un mensaje y la de un receptor y que la forma de decir las cosas es tan crítica como lo que dices. Por lo tanto, podemos decir que una buena comunicación es paralela al desarrollo de una fuerte marca personal.

La marca personal es diferenciación, valor, confianza, calidad, seguridad y la comunicación es su herramienta. Al mismo tiempo podemos decir que bien definida es la base de la comunicación eficaz. Y es valiosa cuando la perciben otros, lo que se consigue con la comunicación, pero antes hay que saber cuál es tu marca y qué quieres transmitir.

La comunicación es interior (con uno mismo) y externa (con los demás). La comunicación interior es la clave de la motivación, la iniciativa, la responsabilidad, la autoestima. La comunicación externa es la clave del liderazgo, de la confianza, de la seguridad. No puede haber una comunicación adecuada sin una comprensión de lo interno y lo externo.

Poco a poco hemos ido perdiendo la capacidad y la costumbre de establecer vínculos con los demás. Hemos perdido la capacidad de comunicarnos. El problema es que solo existe una verdadera influencia si conseguimos ser percibidos correctamente como personas y no como "un cargo en una tarjeta de visita". Por lo tanto, es fundamental tener claras las fases de comunicación y utilizarlas apropiadamente.

Sin embargo, la diferencia con otros tiempos es que hoy podemos llegar mucho más lejos que antes. Ya no hay que limitarse a la comunicación directa, hoy es posible llegar a todo el planeta y convertirnos en "influyentes globales". Como en la película, podríamos establecer varias fases.

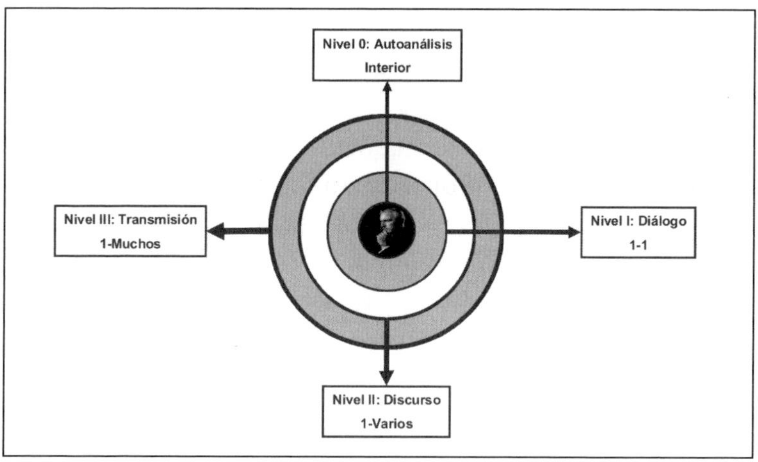

Nivel 0: Es la comunicación con nosotros mismos, el diálogo interior. Ya sé que esto suena muy a new age, a rollo chill out. Pero, definitivamente, si no tenemos claro quiénes somos, qué queremos, en qué creemos y qué podemos aportar, difícilmente podremos comunicarlo a los demás. Es necesario establecer una conversación interna, una reflexión personal profunda que fije los cimientos de lo que somos. Existe el riesgo de que descubramos que nuestros valores y los de la organización en la que estamos sean divergentes. Pero lo que tenemos dentro se va a reflejar en el exterior, antes o después.

Nivel I: Es la comunicación directa, la 1-1, la de "toda la vida", es la que establecemos en la distancia corta con cualquiera con quien contactemos directamente. Es la conversación, el teléfono, la negociación directa, la charla de café. Los gestos, el aspecto, la forma de vestir, los mensajes no verbales, la voz, etc. Todo esto va a hablar mucho más alto de nosotros que cualquier cosa que queramos decir.

Nivel II: Es la comunicación a media distancia, el discurso, la presentación de empresa, la ponencia. Suele ser unidireccional y va de uno a algunos. No es solo para elegidos o expertos, cualquiera puede acceder a ella. Posiblemente la principal barrera es interna, timidez, miedo, desconocimiento. De nuevo nos enfrentamos a nosotros mismos. Y solo hay una manera de superarlo: ¡actuar!

Nivel III: Es la comunicación a larga distancia. Es quizás la principal aportación de la tecnología y por eso la red se ha convertido en un arma de doble filo. Hoy cualquiera puede llegar a todo el planeta si sabe hacerlo bien. Es la web, el blog, los medios de comunicación, los videos de la red. Actualmente puedes salir de tu círculo próximo y darte a cualquiera que tenga acceso a estos medios.

En definitiva, podremos entrenarnos indefinidamente en las tres fases "exteriores", pero antes debemos tener claro que lo que decimos y comunicamos viene de una etapa previa. Si esto no se tiene en cuenta, cuanto más sofisticada sea la tecnología, más alta la posición en el organigrama o más rimbombante sea el título de la tarjeta de visita, más probablemente conseguiremos que el mensaje equivocado llegue más lejos. Con ello seguiremos perdiendo influencia.

Cómo convertirse en un gurú (y vivir de ello)

Gurú: persona a quien se considera maestro o guía espiritual, o a quien se le reconoce autoridad intelectual

(Diccionario de la Real Academia Española de la Lengua)

Hace algún tiempo murió Peter Drucker y como hay otros que lo hacen mucho mejor que yo, no voy a añadir nada que no se haya dicho ya sobre la importancia de su figura. Sin embargo, su desaparición me hizo reflexionar sobre el sobrevalorado mundo de la élite del management, la inflación de expertos de gestión y otros autodenominados gurús del management. Este artículo es una pequeña crítica sin mala intención y en el que todo parecido con la realidad es pura coincidencia.

Últimamente ha surgido una nueva casta de profesionales que se podrían denominar metaexpertos porque son los expertos de los expertos. Para estos profesionales lo importante no es haber tenido una experiencia real de lo que cuentan sino haber estudiado a fondo el tema y saber contarlo.

Dicen que un experto es una persona que ha leído siete libros sobre un determinado asunto. Como hoy es posible encontrar más de una docena de libros (al menos en Amazon) sobre cualquier tema imaginable, todos podemos llegar a ser gurús si nos lo proponemos.

Si quieres, puedes conseguir que tu foto aparezca en los suplementos económicos del fin de semana, codearte con Gary Hamel o Rudy Giuliani en los grandes saraos del management o dar una ponencia sobre la antropología y la gestión junto al cocinero de moda o un antiguo entrenador de fútbol

¿Por qué seguir siendo un modesto consultor, un simple trabajador del conocimiento en temas como business inteligence, compensaciones y beneficios, gestión del cambio, sistemas de información, cuadro de mando integral o cualquier otro tema de moda?

Hay formas de dejar de ser un excelente profesional desconocido para convertirte en una estrella mediática. Además, con este tema ocurre como con las pipas o las burbujas del plástico de embalar: cuando empiezas, no puedes parar. Se produce un efecto curioso que todo lo impregna. Llega un momento en que no se sabe si das clases sobre un tema porque eres el experto o eres el experto porque das clases sobre un tema.

Pero da lo mismo, porque de repente hoy todo el mundo habla de ti y en contrapartida tú hablas sobre los coleguitas gurús. Mañana formas parte del consejo editorial de una revista que promociona tus libros y de las escuelas de negocios en las que casualmente colaboras o das clases. Cuando te quieres dar cuenta, estás en todas partes y ya no te tienes que centrar en el tema en que eres experto sino que, igual que los tertulianos, puedes hablar de todo lo divino y lo humano.

A partir de ese momento, ya has dejado de ser un simple consultor. Te has convertido en una estrella mediática. Puedes pontificar sobre el liderazgo sin haber sido ni siquiera el capitán del equipo de futbito de tu colegio, puedes hablar del futuro de la sociedad de la información sin saber navegar por Internet o puedes dar clases magistrales sobre competencias y gestión de personas sin haber tenido un equipo a tu cargo.

Para ser práctico, a continuación incluyo algunos métodos contrastados que te permiten alcanzar ese nivel casi mágico del guruismo.

1. Escribir artículos (o que escriban sobre ti)

Este es el principio de todo. Hace unas semanas escribía un artículo (¿vais viendo de qué va el asunto?) sobre la importancia de la visibilidad a la hora de crear una marca personal. Cuando se es consultor de portátil y oficina en "casa del cliente", la forma de empezar a ser visible es salir al "mundo exterior". Cuando uno es especialista el algún tema y se le ocurren nuevas o mejores formas de hacer las cosas, lo que no debe hacer jamás es guardárselas por si algún día surge la oportunidad o aparece un príncipe azul. Es el momento de plasmarlas en papel y contarlas. Actualmente existen medios para dar a conocer nuestras ideas.

Los medios de comunicación, especialmente la prensa escrita, necesita diariamente contenidos interesantes. Si eres capaz de proporcionárselos y convencerles de que lo que ofreces es atractivo, solo tienes que investigar un poco sobre el contacto adecuado, hacer una llamada (o varias) y tomarte un café con él o ella.

Con el tiempo, si tus artículos alcanzan cierta notoriedad y satisfacen alguna necesidad, serán los responsables de los medios quienes te llamen a ti.

2. Escribir un libro

Esto lleva algo más de tiempo y esfuerzo, pero es el sello que define a un gurú y la mejor tarjeta de presentación. "Es Roberto Fuster, autor del conocido y exitoso libro El liderazgo en la guardería". Lo puedes colgar en tu página web. Si tu editor se mueve bien, puedes aparecer como libro recomendado en las páginas salmón, participar en un ciclo de conferencias o incluso ser entrevistado por una revista femenina, de divulgación o en un periódico gratuito. Sobre todo, a partir de ese momento serás el autor de referencia del asunto.

El tema es lo de menos, lo importante es que tenga "mensaje". Seguramente la moraleja ya la sabían nuestros abuelos y te podrían decir siete u ocho refranes que resumirían el contenido, pero esa es otra historia. Se puede hablar de queso, buena suerte, fluidez o pescados.

Últimamente están de moda los libros de gestión en forma de cuentos, con menos de cien páginas, con letra gorda y de menos de diez euros para que el directivo que lo ha comprado en el quiosco del aeropuerto mientras se aburría, pueda "enrollarse" y entregar un ejemplar a sus ejecutivos de alto potencial.

Este punto está íntimamente relacionado con el anterior. Si tu libro tiene éxito, serás entrevistado y te pedirán artículos.

3. Relaciones personales/públicas (PRM)

Como decía el mentor de Jerry Maguire en la película del mismo nombre, "Hijo, lo importante en este negocio son las relaciones personales". Cuánta razón tenía...

Si hay algo que he aprendido en mi carrera profesional es que el intercambio de tarjetas es la clave de muchos negocios. En el mundo empresarial da la sensación de que todo es parametrizable, medible y transformable en procedimientos y métodos, y si no lo es, parece que no existe. Sin embargo, he comprobado una y otra vez que son las personas las que toman las decisiones, las que hablan de ti a otras personas (no necesariamente bien), las que te compran y te venden.

Hoy las grandes decisiones se toman en los palcos de los campos de fútbol o en comidas de negocios. Los datos son solo una justificación (o no) de lo que al final decide una persona.

Como diría Ferré Trenzano, autor del excelente libro "Marketing personal", para ser conocido fuera de tu entorno habitual hay que utilizar la gestión de relaciones personales (PRM en inglés) de la misma forma que las empresas utilizan el CRM con sus clientes.

4. Crear una web/bitácora

Treinta euros, una conexión telefónica y algo de tiempo, eso es lo que necesitas para comprar un dominio en Internet, crear tu página y colgarla en la Red. Hoy existen medios para que cualquiera pueda crear su página sin ser experto en tecnologías de la información. Y como último recurso, siempre se puede pedir ayuda a una hija o a un sobrino.

La web será tu página de presentación. Se acabaron los CV, los catálogos, los envíos masivos y caros. Tu página será el escaparate de tus ideas, de tu forma de hacer las cosas. El lugar en el que colgarás tus artículos, venderás tu libro y pondrás las fotos de los actos en los que participes. Si eres capaz de crear una web atractiva y con contenidos renovados, conseguirás tener un público fiel.

Además, cuando llames al periodista que quieres que publique tu artículo, siempre podrás decir que se conecte a tu página y se descargue lo que necesite.

Me he convertido en un fanático de las bitácoras. Si tus ideas te salen por las orejas, te gusta contarlas y no encuentras el foro apropiado, crea uno hoy mismo (www.blogger.com). Que te llamen para hablar de lo que te gusta es solo cuestión de tiempo y de posicionamiento en los buscadores.

5. Dar cursos y charlas

Esta es una consecuencia lógica de lo anterior, aunque también es un medio. Me explico: si eres capaz de ser visible y conseguir cierta notoriedad, empezarán a llamarte para contar lo que sabes. Hay infinitos foros, desayunos y almuerzos especializados (por el tema, no por los canapés), presentaciones, convenciones, actos municipales y reuniones sectoriales en los que puedes aportar tu sabiduría. Por eso es importante posicionarte. Que piensen en ti cuando necesiten a alguien para ocupar el puesto de ese experto que pide seis mil euros y billete en preferente pero se nos sale del presupuesto.

Digo que es un medio, porque al principio serán los organizadores los que te hagan el favor (y asuman el riesgo) de ponerte en un cartel para que tomes la alternativa. Pero si eres suficientemente bueno, es un precio que pagarás muy a gusto.

Aunque ahora te parezca ciencia ficción, algún día pasarás de intercambiar tarjetas y ocupar un lugar perdido en esa enorme multitud que llena los megaeventos de expomanagement y similares para convertirte en el protagonista que esté debajo de los focos. Quizás no en la misma mesa que Peters o Covey o Clinton, pero sí en alguno de los actos paralelos.

Pero no olvides que antes debes tener un libro, unos cuantos artículos tuyos o sobre ti, haber hecho muchos contactos y tener una web atractiva.

6. Mezclar temas

Las ideas no se crean ni se destruyen, solo se transforman. Un buen gurú no se limita a su área de experiencia. Cuando un profesional ha conseguido cierto renombre, no hay campo que se le resista. Puede cambiar, mezclar, tomar conceptos de cualquier área de conocimiento que haya desarrollado el ser humano para crear otros nuevos.

Últimamente es frecuente tomar el centenario que corresponda (Einstein, Cervantes), un autor clásico (Aristóteles, Sócrates, Shakespeare, Maquiavelo, Leonardo), la película de moda o una mezcla de todo (Alejandro Magno, El Quijote, JFK) para dar lecciones magistrales sobre la gestión.

Como sugerencias, os propongo utilizar Mortadelo y Filemón para hablar sobre el trabajo en equipo, Britges Jones para hablar sobre el equilibrio vida laboral y profesional, Shreck para explicar la diversidad o la gestión del cambio o "La guerra de las galaxias. Episodio III" para hablar sobre la responsabilidad social corporativa o ponerlo como ejemplo de los peligros de la falta de valores.

Se está produciendo un fenómeno curioso de intrusismo y es que profesionales del mundo del deporte o de la alta cocina están dando lecciones magistrales sobre la gestión de equipos o incluso haciendo coaching, lo que no impide que pongan su cara o su firma en bolsas de patatas fritas o en piezas de menaje. Es la influencia del multiculturalismo.

7. Importar ideas en inglés

Hace tiempo decían que la frase preferida de los españoles que viajaban a NY era "Give me two" cuando íbamos a hacer compras a la Gran Manzana.

No es una mala solución para un aprendiz de gurú importar ideas transatlánticas. Aunque ya está todo inventado, siempre es posible poner nuevos nombres a viejas ideas, importadas o no. Y gracias a Dios, tenemos el inglés. Si no existiese, habría que inventarlo. Qué bien quedan esos gerundios…

Nuestro pobre idioma no es capaz de traducir términos crípticos como Training Outdoor, Assessment Centers, Coaching, personal branding, Outplacement, Outsourcing o Customer Relationship Management.

Si puedes decir que lo que estás contando tiene su origen en EEUU, aunque sea una idea de un adolescente de un instituto de Ohio, habrás ganado muchos puntos en tu ascenso a lo más alto del Olimpo gurusil.

8. Efecto halo

No te deprimas. No estás solo. Es posible encontrar a otros como tú. Querido Frodo, para encontrar el anillo, puedes unirte a Sam, Pipin, Aragorn y a algún que otro Golum.

Es posible conseguir el "efecto halo" en el que la luz de uno ilumina a los otros. Únete a gente de la que puedas aprender y que sirva para engrandeceros mutuamente.

Es posible utilizar estos consejos de forma conjunta, escribir un libro de artículos de cada uno de los componentes de la pandilla, aparecer en la prensa especializada como los expertos en algo suficientemente difuso pero al mismo tiempo atractivo, como la gestión de personas o nuevas tendencias empresariales.

Se puede crear una web que os agrupe, con un nombre genérico pero que no deje lugar a dudas. Topfive (superexclusiva y megaexperta), Toponethousand (muy democrática y popular), Topeleven (muy cinematográfica) o Topseveneleven (gurús de conveniencia).

Y con esto espero servir de orientación a todos aquellos cuya vocación sea la de convertirse en luminarias con nombre propio y en guías espirituales en el campo de la gestión de empresas.

Una sola cosa más: Aunque hay muchos elementos reales y que yo he podido experimentar en mis propias carnes, este artículo quiere ser pedagógico y al mismo tiempo entretenido. No tiene mala intención. Si hay alguien que se siente identificado, espero que no se lo tome demasiado en serio y que sepa aceptarlo con sentido del humor.

La marca personal es la forma de alinear a las personas con las organizaciones y la comunicación es el medio. En los negocios, las reuniones son el escenario principal en el que actúas. Pero para conseguir posicionar tu marca personal necesitas dos cosas:

- Que te conozcan.
- Que confíen.

QUE TE CONOZCAN

Como hemos dicho al principio, tus primeros clientes los conseguirás a través de referencias o directamente se pondrán en contacto contigo (si tienen forma de llegar a ti).

Cuando existe ese interés, ya tienes gran parte del trabajo hecho porque te conocen y están predispuestos a confiar en ti.

Este sistema es más lento y requiere más persistencia que el de la venta activa, pero a la larga es más eficaz.

La forma de conseguir que conozcan tu trabajo y posicionarte en su mente es multiplicando las posibilidades de contacto. Hay varias formas de que te tengan en cuenta sin realizar grandes inversiones.

RELACIONES PERSONALES, NETWORKING

> Tribu: pequeñas comunidades cuyos integrantes están unidos por lazos sociales, económicos, religiosos o de parentesco.

Si hay un instrumento clave para conseguir notoriedad y visibilidad de marca personal son las relaciones personales. Las personas somos animales sociales y las marcas personales tienden a asociarse; las que consiguen ser más fuertes son aquellas que apoyan a otros.

Personal branding es una forma de establecer relaciones que sean valoradas por la gente. Lo importante de la marca personal es quién te conoce, por eso es fundamental el networking o las relaciones personales, los que te conocen deben tener claro quién eres, qué quieres y cómo eres (valores). Invertir en la red social de uno es, después de todo, una de las inversiones más rentables (y con menor riesgo) que podemos hacer de cara a nuestro futuro.

El éxito en cualquier aspecto no está en el individuo ni en su visión centralizada del mundo, el éxito no depende tanto de nosotros como de la forma de relacionarnos con los demás y de la posición que ocupamos dentro de este conjunto de relaciones. Las personas que nos rodean, nuestros amigos, nuestros conocidos, personas con las que entramos en contacto a través del trabajo o de nuestras aficiones, son las que nos definen y determinan quienes somos, incluso más que nosotros mismos. Es tan importante o más importante quién conozco que lo que yo mismo sé. Todas las redes te definen a ti como persona y son claves a la hora de influir en tus decisiones y en la capacidad que tengo de acceder a personas que pueden contribuir en la consecución de mis metas personales o profesionales.

Sonia Fernández, en el fantástico libro "Dos grados: networking", nos da muchas pistas y consejos para establecer y mantener relaciones, especialmente en el mundo virtual. Dice que nuestra vida se define por el conjunto de grupos a los que pertenecemos y por la posición que ocupamos dentro de ellos. Cultivar nuestros contactos y hacerlos crecer está en nuestra mano y sólo requiere ser conscientes de la necesidad de dedicarle tiempo e incorporar ciertos hábitos en nuestro día a día.

La importancia de nuestra posición en el grupo viene determinada por la proximidad que tenemos a la información y nuestra capacidad de transmitirla al resto del grupo, pero sobre todo por nuestra capacidad de servir de enlace entre diferentes miembros del grupo. Las personas que tienen más éxito son las que sirven de puente entre diferentes grupos y no los líderes en grupos cerrados.

Los clásicos organigramas de las empresas no facilitan una visión del poder real que pueden tener ciertas personas aparentemente con menos peso en la organización. Mientras que el capital social es el conjunto de recursos disponibles para nosotros a través de nuestras redes de contactos personales y profesionales, el capital humano hace referencia al valor de lo que conocemos nosotros mismos.

Según la ley de retornos crecientes, cuando una persona tiene un gran número de buenos contactos, el resto del grupo quiere estar conectado también con ella. Si trabajamos en ampliar nuestra red y adquirimos visibilidad sobre con qué personas podemos contactar, es suficiente para dar un giro a nuestra vida. Podemos llegar a convertirnos en imprescindibles.

Existe una connotación negativa para la palabra networking, asociándola con interés, con utilizar un contacto para obtener un beneficio. Sin embargo, todos nosotros hacemos networking en cualquier momento de nuestra vida diaria. Hay gente con mayor habilidad para relacionarse y sacar partido de las personas que conocen. No hay nada de malo en hacer networking, de hecho todos lo hacemos, pero la mayoría no de forma eficiente y provechosa. Se puede aprender a hacer networking. Cada vez es más fácil hacer networking con las nuevas herramientas que nos proporciona Internet.

Networking no es encontrar un trabajo, vender un producto, conseguir financiación o extraer información. Más bien es el arte de construir y mantener relaciones que impliquen un beneficio mutuo para ambas partes. Ambas partes tienen que dar y recibir. Eso es personal branding en estado puro.

La relación no puede ser unidireccional ni el beneficio exclusivo para una de las partes. Las personas que son más efectivas a la hora de desarrollar sus contactos, son las que más piensan en lo que ellas pueden aportar a los demás.

El concepto de reciprocidad funciona de forma extraordinaria. Networking implica compartir información con otras personas, recibir ayuda de otros ayudando nosotros antes, desarrollar relaciones antes de que necesitemos algo del otro, involucrarnos en reuniones de forma activa en lugar de solo asistir.

Una de las claves para que el networking funcione para nosotros es mantenernos activos. Existe un concepto básico que funciona en todos los aspectos de la vida: la reciprocidad.

La razón por la que solemos ser reacios a entablar conversaciones con perfectos desconocidos es el miedo al rechazo. El éxito radica en tener credibilidad dentro de la comunidad y ofrecer un punto de encuentro para los miembros de esta comunidad. Lo que necesitarás para prosperar es crear una conexión significativa y relevante con otra persona.

Establece contactos en todo momento y lugar y con cualquiera. El éxito en los negocios se basa en la accesibilidad y el networking te la da. Si tu motivación es aprender e involucrarte, acabarás haciendo más contactos

Busca donde hay pesca: reuniones sectoriales, antiguos alumnos, grupos de networking reales o virtuales, grupos de inmigrantes o de género, ONGs, clubs privados. Encuentra temas comunes. Actúa como un anfitrión. Ayuda antes. Lleva tarjetas de visita siempre encima. Mantén vivos los contactos

El que no ofrece, no aprende jamás. Cuando das (en una empresa) te dan (los compañeros).

Todos los días se organizan actos y presentaciones en los que se juntan potenciales clientes. Dicen que la venta es un deporte de contacto y creo que es así. Cuando consigues que te conozcan personalmente estás rompiendo barreras de desconfianza mucho más eficazmente que con una web o un folleto. Recuerda que estamos hablando constantemente de conseguir credibilidad y de que sepan lo que hacemos para que nos tengan en cuenta.

- Asistir a estos actos requiere tiempo y no es posible ni conveniente acudir a todos.
- El objetivo es aparecer por aquellos en los que estén las personas que van a tomar las decisiones de contratar nuestros servicios.
- No basta con acudir. También hay que ser activo. Esos actos son principalmente para intercambiar tarjetas y decir: "Aquí estoy yo".
- No se puede ir con una mentalidad de venta agresiva. Se trata sobre todo de escuchar, detectar necesidades y ofrecerse para hablar de todo eso en un momento posterior.
- Hay que utilizar los datos de las personas que conocemos para ponernos en contacto unos días después. Se trata de ofrecerles nuestra ayuda, quedar para charlar o simplemente para enviarles un artículo o una página de Internet que consideras que puede serles útil.
- El networking es crear y mantener abiertos los canales de comunicación con la gente que nos interesa. Pero es un camino de dos vías, no puede ser unidireccional, o lo quemaríamos.
- Los resultados pueden venir del contacto o de personas a las que conoce el contacto. En cualquier caso se trata de ir creando un efecto de mancha de aceite con la que consigas que la gente hable de ti y te recomiende.
- No hay un tablón de anuncios en el que aparezcan los eventos. Hay que estar pendiente de lo que dice la prensa especializada o las asociaciones sectoriales. Sin embargo, lo curioso es que una vez que entras en "el circuito", las invitaciones van llegando por sí solas.

CHARLAS, CONFERENCIAS Y MESAS REDONDAS

Muchos de esos actos de networking suelen estar relacionados con conferencias o mesas redondas sobre un tema concreto. Es la forma de llegar a los directivos o a las personas que toman las decisiones pero que no saben lo que les ofreces ni lo que pueden hacer por ellos.

- La clave está en llegar a estar entre los ponentes. No es difícil, normalmente lo más complicado es encontrar a gente que quiera hablar de un asunto específico.
- La forma de acceder a ese lugar de privilegio es ofreciéndose. Es algo tan sencillo como decir que pueden contar contigo para que expliques tu visión sobre un asunto concreto. Te aseguro que te llamarán.
- Quienes aparecen como ponentes se convierten inmediatamente en los **expertos**. Todo el mundo da por supuesto que tú eres la persona que más sabes sobre el tema. Al bajar del atril, vas a tener a un grupo de personas tratando de charlar contigo. Te lo digo por experiencia.
- La ventaja sobre el networking es que vas a tener a un grupo de personas "cautivas" que van a escuchar tu mensaje predispuestos a aceptar lo que digas.
- Deberías tener media docena de temas que puedas utilizar y que estén relacionados con todo lo que estamos hablando. No puedes aparecer como experta en todo. Cuanto más cercanos y emocionales sean los títulos, más interés vas a generar. No trates de ser demasiado académico.

En cuanto a la forma de actuar, te doy algunos consejos:

- Habla personalmente, no formalmente.
- Habla despacio y con pausas.
- Vigila tu voz.
- Cuidado con el powerpoint: ´haz que tu mensaje sea la estrella, no las transparencias.
- Muestra y cuenta, utiliza metáforas, pon los números en su contexto.
- Muestra el punto de vista de tu marca personal, deja ver tu visión del mundo con un conjunto de valores y una forma de narrarlo que una todo.
- Desarrolla una imagen de marca para tus transparencias.
- Ten un enfoque claro.
- Ten un aspecto de marca distintivo.
- Ten un mensaje diferente.
- Expresa una personalidad de marca.
- Utiliza un color dominante.
- Utiliza medios complicados en contadas ocasiones.
- Pide interacción.

LA RED (BLOGS E INTERNET)

Aquí te digo lo mismo que con el networking. La Red está muy bien para que la gente investigue lo que puedes ofrecer, pero no es una buena herramienta de venta.

- Es un folleto electrónico que en el mejor de los casos va a conseguir que te escriban o te llamen para conseguir más información.
- Internet debe dejar bien claro lo que haces y sobre todo los beneficios que proporcionas a los clientes.

- Debe tener la información justa. Demasiados datos hacen que la gente presuponga cosas y haga deducciones erróneas.
- Sin embargo, un blog puede ser una buena herramienta por las siguientes razones:
  - Es algo más personal, más cercano y por lo tanto genera confianza.
  - Te posiciona bien en los buscadores y será más fácil que os encuentren.
  - Nadie o casi nadie en tu sector tiene un blog, por lo tanto es algo que puedes utilizar como elemento diferenciador.
  - La razón por la que las grandes empresas no tienen blog es que no se fían de lo que puedan decir los empleados. En tu caso no existe ese problema.
  - Te permite enseñar vuestro trabajo en tiempo real.

MEDIOS

Llegar a aparecer en medios de comunicación sigue siendo un elemento que genera credibilidad. A la gente le gusta el papel y sigue pensando que si alguien aparece en las páginas salmón, es que es un experto. Conseguir que te hablen de ti en un medio es más fácil de lo que parece.

- Debes tener unos temas concretos en los que quieras aparecer como especialista.
- Los periodistas no tienen tiempo. Es importante que les des la información muy clara, de forma breve y casi con el texto escrito.

- La forma de acceder a ellos es tan sencilla como levantar el teléfono y contactar con ellos. Cuando leas una noticia, en cualquier medio, que esté relacionada con tu especialidad, apunta al autor, busca el número de teléfono y llámale.
- Te harán más caso si te presentas como una persona que como una empresa. Todos los días reciben miles de notas de prensa que no son más que publicidad encubierta. Debes hacerlo personal y ofrecerles algo atractivo.
- Intenta que aparezca tu web o el nombre de tu empresa, pero siempre debes aparecer tú.
- Lo importante de aparecer en un medio es lo que puedes hacer con el artículo. Cuando lo tengas, debes colgarlo en tu web y enviarlo a quienes consideres que puede interesar, especialmente a tus clientes.
- No descartes ningún medio. La revista de una compañía aérea o los diarios gratuitos pueden tener más repercusión que grandes periódicos nacionales. Te lo digo por experiencia.

QUE CONFÍEN

Si hemos conseguido que nos conozcan mediante las herramientas que te he explicado, habremos conseguido que empiecen a confiar en nosotros. Lo que se ve parece que es más fiable que lo que no se conoce. "Si todo el mundo habla de ellos es que algo tendrán…".

Pero para reforzar esa confianza tenemos otras herramientas que podemos utilizar:

- **Referencias.** Posiblemente sea la mejor forma de conseguir que los "clientes" potenciales te llamen para saber lo que puedes hacer por ellos. Cuando se trata de servicios en los que una empresa se juega su reputación, solo hay una forma de conseguir llevarse el gato al agua: que otros os recomienden.
- **Pruebas, historias, muestras.** La otra forma de conseguir derribar las barreras de la desconfianza es ofrecer ejemplos de lo que has hecho o dar "muestras" de lo que puedes hacer. Se trata de ponerles la miel en los labios y que tengan la sensación de que si no os llaman piensen que se pierden algo bueno.
- **Pruebas.** Demos, vídeos, testimonios de clientes...
- **Historias de éxito.** Cómo resolviste una situación complicada, proyectos originales, premios…
- **Muestras.** La dificultad no está en vender sino en detectar necesidades. En muchas ocasiones los clientes no saben lo que puedes llegar a hacer. Si en una reunión o en cualquier momento en el que estés con un cliente potencial detectas una necesidad, trata de ofrecerle un plan improvisado sobre lo que tú harías. Es el equivalente a la muestra de detergente, no les va a solucionar el problema pero van a ver lo que eres capaz de hacer.

ASPECTO

Como te he dicho, el personal branding no es asesoría de imagen ni se dedica a aconsejar el tipo de ropa o peinado que debes llevar. Hay muchos expertos y libros que pueden darte las claves para presentar un buen aspecto.

La imagen que tienen de ti la obtienen a partir de ti y también de otras personas. No puedes controlar esa imagen pero sí puedes influir en ella. La imagen que los demás tienen de ti determina lo que piensan de ti, que piensen en ti cuando estén buscando a alguien o que te consideren como la mejor elección; una elección aceptable, alguien a quien se debe procurar evitar, o no tenerte absolutamente en consideración ante un nuevo proyecto.

¿Has notado que ser brillante, ser el mejor o incluso trabajar duramente no es suficiente para tener éxito en tu carrera? Lo que hay que entender es que el estilo personal es un factor determinante de tu valor percibido (no necesariamente de su valor real) en tu organización o en tu entorno profesional. El problema surge cuando se omite el hacer visibles los valores profesionales a través de un estilo personal.

Estamos programados para responder mejor a la gente con mejor apariencia. El que reaccionen positiva o negativamente con respecto a ti puede depender más de lo que piensen de ti que de tu propio talento. El vestuario no produce una gran diferencia en la forma de hacer el trabajo, pero tiene un gran efecto en como eres percibido en el trabajo.

Sin embargo, me gustaría darte algunos consejos generales que pueden ser útiles para que tu imagen personal vaya acorde con lo que pretendes transmitir con tu marca personal. Piensa en el vestuario como el envase, el "packaging" de tu marca personal.

- Ten un elemento que te identifique.
- Ten un aspecto diferente.
- Viste como corresponda a la posición que deseas ocupar.
- Utiliza tu imagen externa como una herramienta de marca.

- Crea un aspecto consistente.
- Ten un estilo característico.
- Ten una presencia fuerte.
- Potencia tu altura, figura o perfil.

C. Estrategia

Y llegamos casi al final del proceso. Es el momento de elaborar un plan de acción y ponernos en marcha. Todo lo que te he ido contando carece de sentido si no empiezas ahora mismo a caminar.

Se habla mucho de la importancia de la inteligencia y el talento, pero creo que están sobrevalorados. Incluso la suerte está sobrevalorada. Sin embargo, la estrategia está infravalorada y es mucho más valiosa. He dicho que cada sección del proceso es equiparable a una parte del cuerpo humano. La estrategia sería el cerebro del personal branding.

Lo que realmente funciona es la acción, las equivocaciones, la prueba y el error. Pero siempre dentro de un plan de acción. Pasar a la acción sin una estrategia previa, sin unos objetivos, solo consigue que se "hagan cosas", pero serán tan heterogéneas y divergentes que incluso en algunas ocasiones se pueden anular entre sí por ir en direcciones opuestas.

Estrategia es desarrollar una posición ganadora en el mercado, con un plan de juego inteligente y tácticas para conseguirla. Para elaborar una estrategia hay que tener claro el punto de destino y eso es algo que ya hicimos al principio de este viaje. La clave para superar los obstáculos está en desarrollar un plan de acción para cumplir los objetivos intermedios que te darán la fuerza necesaria para iniciar la travesía.

Una estrategia de marca personal exitosa es aquella que se formula en coherencia con un plan mayor: el plan de vida. Un plan que recoge nuestros propósitos, nuestros anhelos y motivaciones más profundas.

Pero no olvides nunca que todo tiene un coste y eso debes tenerlo en cuenta en tu planificación. Debes ser capaz de prever los qué, dónde, cuándo, cómo y quién de cada etapa para evitar sorpresas. Siempre van a ocurrir cosas con las que no contábamos, pero un plan nos va a ayudar a reducir la incertidumbre.

Prepara un cuadro parecido a este y fija unos hitos, unos momentos y unas acciones que consideres apropiados. Y después ponte en marcha.

	Año												Año+1
	Ene	Feb	Mar	Abr	May	Jun	Jul	Ago	Sep	Oct	Nov	Dic	
Acciones													
Web													
Blog													
Medios													
Digitales													
Periódicos													
Revistas													
Otros													
Networking													
Conferencias													
Artículos													
Libros													

D. Control

Ya has evaluado tu marca. Has desarrollado herramientas de comunicación para llegar a tu mercado objetivo. Pero ¿cómo mides el éxito de tu marca?

Después de todo, el trabajo y los sacrificios que has realizado no puedes dejar que todo se desmorone por no tener cuidado. Por eso es necesario que establezcas parámetros de control que te permitan detectar y hacer un seguimiento de las posibles desviaciones.

Juega contigo mismo a fijar hitos, medidas, tanteos, metas y plazos para cada meta y luego concéntrate en esos números y fechas. Las metas cuidarán de sí mismas. Determina una única medida que puedas usar para calibrar tu progreso y tu éxito en cada aspecto de tu vida. Remítete a ella cada día. Desglosa cada una de tus metas en partes mensurables y controlables y luego concéntrate en cumplir cada parte en un plazo fijado.

Determina la parte más importante de tu trabajo en cuanto afecta a tus objetivos y mide tus actividades diarias en ese campo. El control sirve para asegurarte de que tu persistencia obtiene resultados, si son los que esperas y lo que debes ajustar en tu plan.

La clave es tener visible una medida de tu evolución. Si trabajas en una empresa, puedes usar evaluaciones de rendimiento y retroalimentación informal de tus jefes y compañeros. Consigue un grupo de personas que pueda convertirse en tu grupo de control: gente de confianza que pueda darte una visión sincera. Podría ser un asesor o un mentor. Si eres consultor o profesional independiente, puedes dar a tus clientes un cuestionario para que opinen sobre tu trabajo después de cada proyecto o servicio. Pide retroalimentación desde tu página web. Consigue toda la información que puedas, de manera que tu servicio sea lo mejor posible.

Fija una cantidad mínima y específica para ahorrar e invertir cada día, cada semana y cada mes y disciplínate para reservar esas cantidades. Toma la resolución de llevar a cabo, cada día, por lo menos una parte específica de una meta mayor y no dejar de hacerlo ningún día.

Conclusión

La gente culpa siempre a las circunstancias de lo que son y lo que les ocurre. Yo no creo en las circunstancias. La gente que sale adelante en este mundo es aquella que se levanta y busca unas circunstancias favorables y, si no las encuentra, las crea.

Hacer algo es mejor que no hacer nada. Emprende acciones que te acerquen a tu meta. Pero haz algo. Actúa. ¿Cuántas cosas podrías haber hecho en el tiempo que has empleado pensando en hacerlas?

En este libro he prescindido de cuentos, historietas o anécdotas demasiado particulares. Estoy cansado de los libros benevolentes y políticamente correctos. He preferido ir al grano y darte consejos para que empieces a actuar ahora mismo, en cuanto pases la última página. Pero quiero recordarte que el camino es difícil y no apto para todos.

El personal branding es inútil a menos que actúes. Es importante entender que todo lo que pueda ocurrir, incluso lo malo, puede tener buenos resultados. Las únicas personas que no cometen errores son aquellas que jamás hacen nada, y eso también es un error.

La forma de que tu marca personal mantenga su relevancia en tu mercado es evolucionar con los tiempos. Esto implica modificar la forma de comunicar tu marca o aumentar el número de atributos de marca a medida que evoluciona tu carrera o dar nuevos servicios, por ejemplo.

Sea cual sea la decisión que tomes, asegúrate de seguir siendo auténtico, diferente y consistente. En un mundo donde los países, las carreteras, los directores generales, los políticos y hasta las guerras tienen marca, necesitas pensar en ti del mismo modo que hacen ellos. Por lo tanto, descubre y desarrolla tu marca.

Los tres elementos de mi modelo ADN de personal branding son muy simples y fáciles de recordar y te ayudarán a desarrollar tu marca personal con facilidad. Pero solo quedarán en un acrónimo, más o menos brillante, si no te pones en marcha.

Ahora, a trabajar. Mucho ánimo y a descubrir y desarrollar tu marca personal. Por ti y por todos nosotros.

El manifiesto sherpa

Acompañantes, asesores, ayudantes, coaches, consultores, entrenadores, expertos, facilitadores, formadores, especialistas, mentores, especialistas, consejeros, confesores, orientadores...

En número de vocablos que se utilizan para denominar a quienes se ganan la vida ofreciendo sus conocimientos a quienes los necesitan, no para de crecer. Términos religiosos, deportivos, históricos o literarios. Conceptos humildes o prepotentes. En inglés o en español. Todo vale para tratar de explicar unos servicios vinculados muy directamente con la persona que los ejecuta.

Podríamos estar discutiendo hasta el infinito sobre las diferencias entre unos y otros. Es curioso, pero gran parte de la bibliografía de algunos conceptos más recientes como el coaching dedica casi más espacio a explicar lo que no es que lo que realmente significa.

Esta obsesión por desmarcarse de otras prácticas, de definirse en negativo ("no somos..."), posiblemente está impidiendo su desarrollo con la velocidad con que lo ha hecho en otros países con menos prejuicios. El hecho de aparecer en un artículo sobre consultoría ya debe parecer una herejía a algunos puristas. Vale, ya sabemos lo que no es coaching, pero entonces, ¿qué es?, ¿para que sirve?, ¿qué gano yo con ello?

Por otra parte, empieza a ser poco práctico y nada clarificador utilizar conceptos genéricos como consultor, asesor o experto. Los cambios en el mercado laboral están consiguiendo que en el historial de cualquier profesional exista un "momento consultor". Por lo tanto, es necesario completarlo con una coletilla que explique la metodología, la especialidad, el sector o la gran consultora en la que ha "crecido".

Pero en definitiva, y por muy exquisitos que nos queramos poner, podemos decir que hablamos de personas que utilizan sus conocimientos y metodologías para resolver problemas o conseguir una mejora de otros profesionales u organizaciones.

La visión popular de estos servicios está asociada a precios elevados, trabajo intenso, resultados dudosos y un documento final de varios centenares de páginas.

Las bromas, chascarrillos e historietas que circulan por la Red pueden parecer anecdóticas pero son un buen indicador de la forma en que estos servicios son percibidos, la marca en definitiva.

En mi opinión, la diferencia no está en si se dirigen a un individuo o a una organización, si utilizan metodologías cerradas o aplican el sentido común, si imponen sus herramientas o emplean el método socrático, si son asesores independientes o pertenecen a una gran multinacional de la consultoría. Creo que lo realmente importante es el tipo de relación que mantienen con el cliente.

Considero que la imagen y el prestigio de estos servicios se dispararía si estableciésemos un nuevo tipo de "contrato moral" con el cliente.

Si nos fijamos en los términos que he indicado al principio, veremos que todos indican una relación maestro-pupilo, orientador-ejecutor, preparador-entrenado. Pero, por lo general no hay una verdadera asunción de riesgos ni reparto de méritos. Parece que más bien estamos diciendo aquello de “tú haz lo que digo, pero no lo que hago”.

En nuestro entorno cultural hay un profesional que se aproxima mucho más a la forma como deberíamos trabajar. Es un experto que vincula sus resultados al de su cliente. No es un oficio que encontremos a la vuelta de la esquina, al salir de nuestros edificios de cristal y acero, pero está incorporado a nuestro subconsciente colectivo: **sherpa** (nombre que se da a las personas que viven en los valles que rodean el Everest).

Cualquiera podría haber establecido antes esta analogía y haberla definido en profundidad, pero los pocos que asocian este duro oficio a su servicio se han quedado en la faceta de guía y no dicen ni pío del resto de las implicaciones y características de este grupo humano.

Por todo esto, quiero describir aquellos atributos que hacen de los sherpas un modelo a imitar en el mundo de los servicios profesionales. Lo denominaré:

El manifiesto sherpa

1. El sherpa es un guía que conoce el terreno.

Esta es la función más conocida, la de acompañar al cliente a la cumbre y hacer más fácil y seguro el ascenso. Pero para poder hacerlo ha de conocer perfectamente el terreno. Sabe dónde pisa porque ha pasado infinidad de veces por el sitio, no porque lo haya estudiado en una escuela de montañismo, lo haya leído en algunos manuales o haya practicado la escalada mediante el método del caso.

Ha cometido errores, se la ha jugado y ha conseguido la experiencia, los conocimientos y el prestigio suficientes como para acompañar a otros en su aventura.

2. **El sherpa es capaz de establecer una relación de empatía y de estrecha amistad con el cliente.**

La devoción que sienten escaladores y sherpas entre ellos va mucho más allá de la cortesía profesional, pero al mismo tiempo son capaces de mantener una distancia crítica.

En algunos momentos, incluso en los que se arriesga la propia vida, una sonrisa o un gesto son suficientes para saber lo que ocurre. Son capaces de escuchar activamente, leyendo incluso los silencios.

3. **El sherpa es un planificador, un coordinador.**

Los guías de la montaña no solo se encargan de acompañar al cliente sino también de coordinar al grupo y a otros escaladores.

Además, son los responsables de crear el equipo que formará la expedición, por lo tanto han de ser capaces de establecer relaciones y prioridades.

4. **El sherpa asume riesgos.**

Para ganarse la vida, un guía debe asumir que la forma apropiada de moverse en un entorno desconocido y cambiante es combinar la decisión y la cautela.

Entiende que el equipo debe guardar un margen de seguridad. La ascensión no debe ser una empresa imprudente, desarrollada atolondradamente sin atender al peligro. La aceptación desconsiderada de todos y cada uno de los riesgos no tiene nada que ver con el valor bien entendido.

5. El sherpa quiere llegar más alto.

Acompaña a otros que también quieren superarse a sí mismos. No puede desligarse de su instinto de explorar, de desafiar los límites y de alcanzar objetivos. Por eso se une a otros con ambiciones similares.

6. El sherpa se caracteriza por sus valores positivos.

La sonrisa y el buen humor forman parte del trabajo. Son personas leales, íntegras, de vidas sencillas y capaces de resistir en situaciones muy difíciles. Tienen buen carácter si se los trata con justicia.

Poseen personalidad, extremada profesionalidad y una excepcional sensibilidad respecto al mundo. Esto les permite establecer relaciones con el cliente con facilidad.

Son flexibles, rápidos, resistentes y con una gran devoción al servicio.

Su manera de ser individualista, exuberante, amante del riesgo y de las recompensas, ha sido la base de un estilo de vida alegre, jovial, abierto, plácido y hospitalario que les ha hecho ganarse el cariño de generaciones de escaladores occidentales.

7. El sherpa es un ejemplo de responsabilidad social y sostenibilidad.

Los sherpas han tejido mitos en sus relaciones con la montaña. Todas las acciones contaminantes, del tipo que sean, son una ofensa para la montaña y es probable que acarreen desastres.

Los sherpas se ponen muy nerviosos y tristes cuando presencian una confrontación o la exhibición de sentimientos negativos como la ira y la agresividad. La consideran algo contaminante, una enfermedad emocional.

8. El sherpa es competente.

Los sherpas aportan el conocimiento y la destreza en el trabajo. Están acostumbrados a las grandes alturas y al frío desde que nacen. Son capaces de inducir al cliente a recuperar capacidades apagadas.

Predicen el clima que hace el ascenso difícil o imposible. Conocen el terreno y diseñan rutas para el ascenso.

Ofrecen sugerencias, ideas y las herramientas, habilidades y recursos necesarios para el ascenso.

Posibilitan, aconsejan y asesoran en entornos difíciles con opciones limitadas. El sherpa sabe lo que hay que hacer en situaciones apuradas.

9. El sherpa trabaja por una remuneración justa y eligen a sus clientes.

Un sherpa se molestará si le ofrece menos de lo que espera, pero lo aceptará. La tradición comerciante de los sherpas dice que son gente amistosa, entusiasta, optimista... y astuta en asuntos de dinero.

La experiencia de numerosos accidentes ha obligado a los sherpas a juzgar con ojo mucho más crítico a quienes los contratan.

10. El sherpa defiende su identidad y trabaja en equipo.

Los sherpas se esfuerzan en conservar su identidad y proteger, de este modo, su fama.

Entienden que si quieres encontrar un trabajo a gran altitud, prestigioso y bien pagado, tienes que ser sherpa.

Son compañeros excelentes que defienden ferozmente su nombre y muestran un ingenio considerable para mantener un gremio cerrado a los demás. Los sherpas tienen un código propio, espíritu de camaradería y un profundo sentido del honor.

Los sherpas forman un grupo fuertemente unido que abre nuevos territorios.

Si encuentras un sherpa en cuyo buen juicio puedas confiar del todo, merece la pena encargarle la tarea de elegir a sus propios compañeros porque nadie conoce tan bien a los sherpas como ellos mismos.

11. El sherpa está motivado.

A los sherpas les sobra fuerza mental para acometer la empresa. La ascensión requiere más determinación y resistencia que habilidad.

Comparten la emoción de la empresa y acogen con satisfacción la oportunidad de viajar y ver cosas distintas, de convertirse en hombres de mundo y dejar de ser campesinos de un remoto valle nepalí.

12. El sherpa es discreto.

Esconden sus desavenencias y resentimientos de los ojos de los extranjeros.

13. El sherpa no hace el trabajo de sus clientes.

Los clientes del sherpa deben superar dificultades, seguir adelante y asumir los riesgos derivados de alcanzar sus objetivos. Deben alcanzar la cima mediante sus propias habilidades y determinación.

14. El sherpa es independiente.

La sociedad sherpa siempre fue más libre y orgullosa que la del resto de los pueblos de la zona. No tenían obligaciones con terratenientes que los coartaran. Si salían con una expedición lo hacían por voluntad propia y por un salario. A la larga, esta libertad de trabajar y ganar dinero de la forma que escogieran fue una ventaja crucial.

El deseo de los sherpas es servir sin ser serviles, detestan que les impongan disciplina.

15. El sherpa es realista.

La cumbre solo tiene un valor especial para los montañeros que la coronan, no para los aldeanos que viven a sus pies. Lo único que satisface son las acciones y a las personas se las recuerda sólo por sus acciones, sean buenas o malas.

Los sherpas no acaban de entender por qué tienen que escoger deliberadamente una ruta más difícil a la cima de la montaña: "lo consideran una pérdida de tiempo infantil"

Tener la oportunidad de hacer algo trascendental y único requiere destreza y tenacidad para estar entre los pocos aspirantes a ser quien lo logre. Pero saben que el éxito final contiene un elemento de suerte.

16. El sherpa sabe gestionar la presión.

El budismo tibetano enseña a sus adeptos a evitar la agitación que producen las emociones fuertes. En un mundo lleno de incertidumbre, la capacidad de desprenderse incluso de las relaciones personales más íntimas es un mecanismo de defensa, una manera de seguir adelante. Sin embargo, no sería acertado pensar que los sherpas son inmunes a la pena.

Los sherpas están más acostumbrados a soportar privaciones. También tienen más experiencia en la alta montaña y se lo toman todo de una manera más relajada

17. El sherpa no deja de aprender nunca.

Aprende sobre la marcha, basándose en su afinidad intuitiva con la montaña. Lo consigue confiando el uno en el otro y aprendiendo todo el tiempo, porque cada ascenso es único.

Desde la cumbre no se ve todo el mundo. Desde allí, la vista te recuerda lo grande que es y lo mucho que nos queda por ver y aprender.

Creo que todas estas características pueden ser aplicables a un buen asesor profesional. No creo que haga falta ser más explícito. Reúne todo lo necesario para hacer un trabajo por el que sentirse orgulloso y en el que se comparten riesgos y recompensas. De modo que:

Practica el sherping.

NOTA FINAL

Actualmente, la cima del Everest se parece más a una playa de Levante en temporada alta que a una meta inalcanzable, pero su conquista y las implicaciones políticas de la hazaña fueron equivalentes a las de la llegada del hombre a la Luna. Y si se pudo lograr fue gracias al trabajo entre cliente y sherpa.

A quienes deseen profundizar en las características de este pueblo y la historia de la conquista de las montañas del Himalaya les recomiendo el libro “Tenzing Norgay. Héroe del Everest” de Ed Douglas y editado por National Geographic.

Bibliografía y enlaces

El personal branding es la suma de muchas disciplinas que van desde la psicología al marketing pasando por la economía y el diseño. Sin embargo, si quieres conocer cuáles son mis fuentes preferidas que se centran en este concepto te doy algunas sugerencias.

También te doy mi valoración sobre 10 de cada uno de ellos por si te sirve como orientación.

Libros

Título	Autor	Editorial	Año	Nota
Construya su marca personal	Eleri Sampson	Editorial Gedisa	2002	3
Yo S.A.	Barrie Pearson Neil Thomas	Amat Editorial	2002	4
Construyendo la propia marca	Manuel Schneer	Granica	2003	6
El marketing personal	Javier García San Vicente	Díaz De Santos	1998	6
Become The Brand Of Choice	Jason Hartman	Hartman Media	2002	6
Conquista tu carrera profesional	David F. D'alessandro	McGraw-Hill	2004	7
El meollo del branding	Tom Peters	Nowtilus	2002	7
Brand Yourself	David Andrusia Rick Haskins	Randomhouse	2000	7
Managing Brand Me	Thomas Gad Anette Rosencreutz	Pearson	2002	7

Título	Autor	Editorial	Año	Nota
Branding Yourself	Mary Spillane	Pan Books	2000	7
La ventana de Johari	Silvino Jose Fritzen	Sal Terrae	1982	7
Career Distinction	William Arruda Kirsten Dixson	Wiley	2007	7
Y tú, ¿qué marca eres?	Neus Arqués	Alienta	2007	7
Personal Publicity Planner	Marion E. Gold	Brittany Publications	1997	7
Sea su propia marca	David Mcnally Karl D. Speak	Gestión 2000	2002	8
Marketing personal	Jose Mª Ferre Trenzano	Gestión 2000	2003	8
The Brand Called You	Peter Montoya	Personal Branding Press	2003	8
Make A Name For Yourself	Robin Fisher Roffer	Broadway Books	2002	8
Build Your Own Life Brand	Stedman Graham	The Free Press	2001	8
30 minutos... para venderse bien	Tony Atherton	Gránica	1999	8
Microbranding	T. Scott Gross	Leading Authorities	2003	8
Brain Tattoos	Karen Post	Amacom	2005	8
The Obvious Expert	Elsom Eldridge Mark L. Elrigge	Mastermind Publisihing	2004	8
The Personal Branding Phenomenon	Peter Montoya	Personal Branding Press	2002	9
The Leader's Edge	Susan Hodgkinson	Iuniverse	2005	9
U R A Brand	Catherine Kaputa	Db Publishing	2005	9

Enlaces

Marca propia	www.marcapropia.net
Branding personal	www.brandingpersonal.com
Marca personal	www.marcapersonal.es
Tom Peters	www.tompeters.com
Peter Montoya	www.petermontoya.com
Personal Branding Blog	www.personalbrandingblog.wordpress.com
Reach Communications Consultancy	www.reachcc.com
i-define living	www.i-define.co.uk
Fast Company Magazine	www.fastcompany.com
Manfatta	www.manfatta.com

EX LIBRIS
Montse Calvo